KA JOOGSADA QOF YIRI
"Laa ilaaha illallaahu"
XAQEEDA MOOYEE

KA JOOGSADA QOF YIRI "Laa ilaaha illallaahu" XAQEEDA MOOYEE

Waxaa weheliya
BAARKA SARE EE ISLAAMKA

Laga Soo Rogey Muxaadarooyinkii
SHIIKH SHARIIF CABDINUUR SHARIIF XASAN

Qorid, Tifaftir & Faahfaahin
CABDULQAADIR CABDULLE DIINI

DIINI PUBLICANTIONS & LOOH PRESS
2024

LOOH PRESS LTD.
in Partnership with Diini Publications

Copyright © Cabdulqaadir Cabdulle Diini 2024.
Dhowran © Cabdulqaadir Cabdulle Diini 2024
Secod Edition, First Print January 2024.
Soo Saariddii 2aad, Daabacaaddii 1aad January 2024

All rights reserved.
Xuquuqda oo dhan waa dhowrantahay.

Buuggan dhammaantiis ama qayb ka mid ah sina looma daabici karo loomana kaydsan karo elegtaroonig ahaan, makaanig ahaan ama hababka kale oo ay ku jirto sawirid, iyada oo aan oggolaansho laga helin qoraaga. Waa sharci-darro in buuggan la koobbiyeeyo, lagu daabaco degellada internetka, ama loo baahiyo si kasta oo kale, iyada oo aan oggolaansho laga helin qoraaga ama cid si la caddayn karo ugu idman maaraynta xuquuqda.

WAXAA DAABACAY / PUBLISHED BY:
Looh Press Ltd.
56 Lethbridge Close
Leicester, LE1 2EB
England. UK
www.LoohPress.com
LoohPress@gmail.com

Wixii talo ama/iyo tusaale ah kala xiriir qoraaga:
Diini1991@gmail.com

Galka: Looh Press
Naqshadeynta: Kusmin (Looh Press)

Cinwaankan wuxuu ka diiwaangashan yahay Maktabada Qaranka ee Birittan
A catalogue record of this title is available from the British Library.

ISBN:
978-0-9573180-6-9   Gal khafiif ah (Paperback)

Tusmo

Taariikh-nololeedkii Sh. Sh. C/nuur oo kooban 7
Hordhaca Daabacaadda koowaad 9
Hordhaca Daabacaadda Labaad 12
Hordhaca Sh. Shariif Cabdinuur 14
Fadliga Kalmadda Laa Ilaaha Illallaah 18
    Xadiiska Koowaad 18
    Xadiiska Labaad 19
    Xadiiska Saddexaad 20
    Xadiiska Afraad 21
    Xadiiska Shanaad 23
    Xadiisda Lixaad 24
    Xadiiska Toddobaad 25
    Xadiiska Siddeedaad 25
    Xadiiska Sagaalaad 26
    Xadiiska Tobnaad 28
    Xadiiska Kow iyo Tobnaad iyo Labo iyo Tobnaad 28
Khatarta Gaalaysiinta Qofka Muslimka Ah 31
    Xadiiska Kowaad 31
    Xadiiska Labaad 32
    Xadiiska Saddexaad 32
    Xadiiska Afraad 33
    Xadiiska Shanaad 33
    Xadiidka Lixaad 35
Ka-dabo-Tag(استدراك) 37
Maxaa Islaannimada Lagu Galaa? 40

Bulshada Muslimka Ah Maxaan Ku Tirinaynaa? 62
Gaalnimada Weyn Iyo Midda Yar 86
Manhajka Ahlu-Sunna -Waljamaaca Ee Gaalaysiinta 98
    Qawaaciddii ay salafku isticmaali jireen 98
    Qaybinta muuqaalka (daahirka) iyo qarsoodiga (baadinka) 103
Dardaaran 124
    Dardaaranka Koowaad 124
    Dardaaranka Labaad 125
    Dardaaranka Saddexaad 126
    Dardaaranka Afraad 127
Su'aalaha 130
    Su'aasha koowaad 134
    Su'aasha 2aad 136
    Su'aasha 3aad 138
    Su'aasha 4aad 141
    Su'aasha 5aad 143
    Su'aasha 6aad 145
    Su'aasha 7aad 146
    Su'aasha 8aad 148
    Su'aasha 9aad 153
    Su'aasha 10aad 157
    Su'aasha 11aad 159
    Su'aasha 12aad 160

Taariikh-nololeedkii Sh. Sh. C/nuur oo kooban.

Shiikhu wuxuu dhashay sanadkii 1941[dii], wuxuuna ku dhashay dhulka beeraleyda ah ee ku yaal dusha togga Daakhato ee degmada Fiiq, dhulka Soomaali Galbeed. Halkaa ayuu yaraantisii Quraanka ku dhammeeyey. Dhulkaas wuxuu caan ku ahaa barashada Naxwaha, wuxuuna ka akhristay Shiikh Axmed Baaruud. Sidoo kale, Magaalada Jigjiga, wuxuu Sarfiga iyo Fiqiga ka akhristay Shiikh Maxammed Xaaji.

Waxbarashadiisii, laga soo bilaabo Dugsiga Sare ilaa darajada Master, wuxuu ku soo qaatay jaamacadda Al-azhar ee Qaahira, Masar.

Soomaaliya wuxuu, shiikhu, ku soo noqday sannadkii 1972, wuxuuna macallin ka soo noqday kulliyadihii Lafoole iyo Gahayr. Halkaa ayuu macallin ka ahaa ilaa ay ka dheceen dagaalladii sokeeye, sannadkii 1991[dii].

السلام عليكم ورحمة الله وبركاته

الحمد لله والصلاة والسلام على رسول الله صلى الله عليه وسلم وبعد،

Waxaan halkan ka caddaynayaa in cajaladihii aan ka duubay ee lu saabsanaa KA JOOGSADA QOF YIRI LAA ILAAH ILLA LAAH inuga oo laga soo diigay buug laxoo gaay oo ay soo qoreen walaalo allaha ajar hana siiye la igu dul aqriyay.

Waxaan rajaynayaa in dad badan ay ka faa'iidaysan doonaan

والسلام عليكم ورحمة الله وبركاته

عبد النور حريري عمر

18/04/1432

Hordhaca
Daabacaadda koowaad

Mawduucani waa mid aad muhiim u ah, gaar ahaan xilliyadan dambe ee ay badatay fitnadu. Waqtiyadan sida fudud loogu xadgudbo shareecada islaamka, qof walbaana uu dhurihiisa siduu doono u darsaday. Wuxuu si gaar ah mawduucani ugu saabsan yahay gaalaysiinta iyo xukunkeeda, iyo khatarta ay leedahay in qofku wax gaalaysiiyo, isagoon daliil cad u haysan. Culimo badan ayaa arrinkan ka hadashay, gaar ahaan culimmadeenna Soomaaliyeed. Bilowgii 1994[tii] ayaa shiikh Shariif Cabdinnuur Shariif Xasan (Allaah ha xafidee) wuxuu ku qabtay magaalada Nayroobi muxaadaro dhawr habeen socotey oo uu cinwaan uga dhigay;

«كفّوا عن من قال لا اله إلا الله إلا بحقّها»
"ka joogsada qof yiri Laa ilaaha illallaahu, xaqeeda mooyee"

Shan cajaladood oo laga duubay muxaadaradaas ayaan, sanadkii 1997[dii] bilaabay inaan qoro, buugna ku diyaariyey markii aan arkay mawduuca waxtarkiisa. Qoraalka aan sameeyey ma ahayn mid aan wada koobayey dhammaan hadalka shiikha. Waxaan qorayey inta aan muhiimka u arkayey, inkastoo aanan wax badan ka tegin. Kaddib, waxay ila noqotay inaan si dhammaystiran cajaladahaa qoraal ugu rogo. Muddo dheer ayaan ku hamminayey inaan qoraalkaa sameeyo, kaddibna, intaan shiikha u tago ku dul akhriyo. Waqti dheer arrinkaasi iima suurtogalin, iyadoo mar walba aanay maankayga ka bixin.

Iyadoo ay muddo dheer ka soo wareegtey waqtigii uu shiikhu muxaadarada jeediyey, ayaa waxaa si weyn u muuqda baahida weyn ee loo qabo, gaar ahaan xilligan ay waddankii hareeyeen dagaallo tiro badan oo wejiyo kala duwan leh oo dadkii; kii daalibu-cilmi ahaa iyo caammadiiba ay ku wareereen. Baahidaa muuqatay waxay igu dhiirriggelisey inaan qoraalkaa deddejiyo oo aan waqti geliyo. Allaah mahaddii, waan ku guulaystey, iyadoo arrintaasi muddo bilo ah igu qaadatay.

Markii aan qoraalkii ebyey ayaan baadi-goobay sidii aan shiikha idan uga heli lahaa, qoraalka aan soo guuriyeyna loo hubin lahaa. Waxaan nasiib u helay in walaalo ay isyaqaanneen wiil uu shiikhu dhalay oo Maxammed lagu magacaabo, ahna ninka gacanta ku haya shiikha ay isku kaaya xiraan. Wada-xiriir kaddib, wuxuu Maxammed ii sheegay in shiikhu uu fasax ku bixiyey inay u furan tahay qofkii cilmigiisii dadka gaarsiinaya. Waxaan u baahday in shiikha la tuso, ama lagu dul-akhriyo qoraalkii aan ka sameeyey muxaadaradiisii. Khayr Allaha siiyee, Maxammed ayaa arrintaa culayskeeda iga qaaday, shiikhana ku dul-akhriyey.

Markii aan hadalka shiikha qoraalka u beddelayey, waxaan ku dedaaley inaanan waxba ka tegin. Maaddaama hadalka caadiga ah iyo midka qoraalku kala duwan yahay, ayaa waxaan isku dayey inaan xoogaa isbedel ah ku sameeyo, laakiin waa inaanay macnaha waxba u dhimayn. Ereyada qaar waxaan ku beddeley mid kale oo la mid ah. Jumladaha qaar ayaan kala hormariyey, qaarna waan soo gaabiyey. Sidoo kale, ereyo, ama jumlado soo noqnoqday waan ka saaray. Mararka qarkood, shiikha oo hadal ku jira, welina aanu dhammayn ayuu hadal kale bilaabayaa, sida dhacda qofku marka uu hadlayo. Dhawr meelood ayey dhacday, waxaanse isku dayey inaan dhammaystiro, anigoo tixraacaya hadalku qaabka uu ku socdey.

Cinwaannada shiikha ayaa doortay, laakiin qaar ayaan ku daray, si ay akhrintu u fududaato.

Buuggu waa daabacaaddiisii koowaad, sidaa darteed waxaa ku soo bixi kara khalad, waxyaabo uu mudnaa in lagu darona waa laga waayi karaa. Daabacaddiisa labaad ayaa, haddii ALLAAH idmo, la turxaan bixin doonaa, wixii khalad ahna laga sixi doonaa.

Hordhaca
Daabacaadda Labaad

Sidii aan hore u ballanqaadey, waxaa ii suurtogashay inaan soo saaro daabacaaddii labaad ee buuggii "Ka joogsada qof yiri,`Laa Ilaaha Illallaahu' xaqeeda mooyee." Waa muxaadaro uu soo jeediyey Sh. Shariif C/nuur, ALLAAH ha xafidee, oo qoraal loo rogey.

Waxaan isku dayey inaan daabacaaddan soo raaciyo faahfaahin, ama sharrax dheeraad ah oo ay raaciyaan qaar ka mid ah culimmadeenna, laakiin maanay suurtoobin, anigoo weliba ka codsaday. Sidii aan akhristayaasha ugu ballanqaadeyba, waxaan ku sameeyey khalad-sax intii awoodeyda ah.

Waxaa weheliya daabacaaddan oo aan ku soo lifaaqay muxaadaro kale oo uu shiikhu jeediyey oo aan qoraal u rogey. Waa muxaadaro cinwaankeedu yahay, "Baarka sare ee Islaamka" oo ka hadlaysa Jihaadka.

Mahad-naq

Mahad oo dhan Alle ayaa iska leh oo ay u sugnaatay. Intaa kaddib, waxaan mahad ballaaran u soo jeedinayaa walaalihii i barbar-istaagey, buuggana hawl aad u weyn igala qabtay. Sidoo kale, waxaan mahad u jeedinayaa walaalihii kale ee aad iigu dhiirrigeliyey inaan muxaadarooyinkaa qoraal u rogo.

Anigoon fududaysanayn walaalahaa abaalka ay ii galeen, ayaa waxaan jeclaystay inaan si gaar ah ugu mahad-celiyo Cabdurrazaaq Shiikh Cali Maxammuud oo habeenno dhan u soo jeedey samaynta muuqaalka buugga (design). Sidoo kale, wuxuu talo ku lahaa qaab-qoraalka buugga.

Hordhaca
Sh. Shariif Cabdinuur

إن الحمد لله نحمده ، ونستعينه ، ونستغفره ، ونعوذ بالله من شرور أنفسنا ، ومن سيئات أعمالنا من يهده الله فلا مضل له ومن يضلل فلا هادي له وأشهد أن لا إله إلا الله وحده لا شريك له وأ شهد أ ن محمداً عبدُه ورسولُه ، فبلغ الرسالة وادى الامانة وجاهد في الله حق جهاده حتي أتاه اليقين وتركنا علي محجة كالبيضاء ليلها كنهارها لا يزيغ عنها إلّا هالك وصلوات الله وسلامه عليه وعلي آله طيّبين طاهرين وأصحابه الأكرمين وأزواجه أمّهات مؤمنين ، أمّا بعد:

Mawduucu, sidii la soo iclaamiyey, wuxuu ku saabsan yahay:

«كفّوا عن من قال لا اله إلا الله إلا بحقّها»

"ka joogsada qof yiri Laa ilaaha illallaahu, xaqeeda mooyee"

Mawduucan wuxuu ku saabsan xukunka qof lagu xukumayo inuu muslim yahay, iyo kan lagu xukumayo inuu gaal yahay oo uu diintii ka baxay. Mawduucaas oo waqtigan dambe loo yaqaanno "Gaalaysiin" (التكفير), ahna arrintii ugu horreysey ee khilaaf xagga caqiidada ku saabsan ee muslimiinta ka dhex dhacay. Wuxuu ku dhowaa, lana waqti ahaa khilaaf kale oo isna caqiidada ku saabsanaa oo ahaa Khilaafkii Qaddarka (إختلاف القدر). Labadaa arrimood ayaa ugu horreeyey khilaaf xagga caqiidada ah oo muslimiinta dhex-mara.

Midka hore waxaa kiciyey niman loo yaqaannay Alkhawaarij, Xaruuriyana loo yaqaannay. Sidoo kale,

Ashuuraa lagu magacaabi jirey oo saddexdaa magac lahaa. Waqtigii Cali Ibnu Abii Daalib ayey labada arrimoodba soo baxeen, gaar ahaan dagaalladii Sifiin markii ay socdeen.

Labadaa arrimood midkooda hore nimanka curiyey ee Khawaarijta ahaa waxay ahaayeen, sida runta ah, muslimiin, mutaqiin ah oo mukhlisiin ah, aad iyo aadna u cibaado badan. Waxay ahaayeen niman cilmi gaaban, gaar ahaanna xagga sunnada aqoontoodu ay ku gaabnayd. Aad iyo aad ayey dadka muslimiinta ah dhibaato badan ugu gaysteen, dagaal badanna waa la galeen. Niman mintidiin ah oo sooma-jeestayaal geesiyaala ah ayey ahaayeen, laakiin geesinnimadoodii iyo mintidnimadoodii iyo dagaal-yahannimadoodii meeshii ku habboonayd meel aan ahayn u isticmaalay. Halkii gaalada iyo jihaadka fidintiisii loogu isticmaali lahaa, muslimiintii ayey dib ugula soo noqdeen, turaanturrooyin badanna quwadii islaamka ee kor u socotey ku sameeyeen. Dhiig aad u badan ayaa muslimiinta dhexdooda ku daatay, jihaadkii muslimiinta ee la wadeyna aad ayey dagaaladaasi u hakiyeen, muddo badanna waa socdeen. Ilaa hadda haraagoodii meelo caalamka islaamka ah ayaa laga helaa, aaraa'doodiina dad badan ayaa la dhacay.

Mawduucaas oo waqtiyadan dambe baraarugga islaamiga ah ee barakaysan la soo baxay, qaar badan oo dhallinyarada muslimiinta ka mid ah ayuu khilaafkiisu jidkii toosnaa ka leexiyey. Dadkii ugu horreeyey ee arrintan soo cusboonaysiiyey waxay ahaayeen dhalinyaradii reer Masar, asbaabtooda iyo duruuftoodana lahaa. Mawduucan casrigan aan joogno, Ilaah mahaddii, khilaafka ka socdaa weli maanu gaarin dagaal, sidii Khawaarijta iyo kuwo kaleba ay ahaan jireen, laakiin dagaal afka ah; qoraal iyo afka-dhihid la isticmaalo ayaa taagan.

Bidcadaa khawaarijta ee ay dadka muslimiinta ah daliil la'aan u gaalnimo-xukumi jireen waxaa ka dhalatay bidco kale oo fal dib-ugu-celin ah (ردّ الفعل), laakiin bidco bidco lagala hortagey ahayd, ama, sida casrigan loo yaqaan adayg, adayg kale lagala hortagey ahayd. Bidcadaasi Waxay ahayd bidcatu Murji'a oo iyaga manhajkoodu ahaa in qofku marba haddii uu ashahaato wax kasta oo uu sameeyo oo macsi ah, ama kufri ah, ama shirki ah aanu waxba yeelaynin, iimaanka oo dhanna uu yahay hadalka LAA ILAAHA ILLALLAAH. Labadaa qolo waxay kala joogsadeen labo dhinac oo kala fog.

Ahlu Sunna-waljamaaca, iyagu manhaj xadaysan oo u go'an, saxaabadiina ﷺ ay asaaskiisii ugu horreeyey dejiyeen ayey lahaayeen. Qofku sidu uu ku islaamayo, ama islaannimadiisa loogu xukumayo iyo siduu kaga baxayoba way xaddideen, qawaacid, xeerar, raadraac iyo addilona way u yeeleen. Inshaa ALLAAH manhajkooda dib ayaan ka faahfaahin doonaa.

Mawduucu waa mid ballaaran oo baahsan. Arrinka soo socdey laga soo bilaabo taariikhda Hijrigu markii ay ahayd 37 iyo ilaa hadda! Marka, waa mawduuc aad u ballaaran oo baahsan. Hal habeen iyo labo toona kuma dhammaanayo. Inshaa ALLAAH, waxaan isku deyi doonaa saddex habeen, ama afar habeen inaan intiisa muhiimka ah aan ku sheego. Dariiqada aan ku socon doonaa, inshaa ALLAAH, waxaa weeyaan inaanan qolana ku xadgudbin oo aanan eedayn bilaash ah ku samaynnin. Inaan ka fogaado aflagaaddo, muran iyo af-xumo iyo waxyaalo la isticmaalo, dhaqankaa oo aan aad u necbahay. Sida xaqa ah ee ay ila tahay, dariiqadii dadkii hore ee wanaagsanaana ah, laga soo bilaabo saxaabada, kuwii ka dambeeyey iyo a'immada ehlu xaqa ahayd ee muslimiinta, toodii inaan ku socdo. In wixii aan sheegayo addillo Kitaabka iyo sunnada iyo hadalkii Salafka ah aan cuskiyo. Inshaa ALLAAH, sidaas ayaan ku socon doonaa.

وما توفيقي الّا بالله عليه توكّلت واليه أنيب

Wixii khalad ah, qof kasta oo wax gef ah oo aan sheegay ogaada laakiin caddayntiisa iyo addilladiisii u haysta, waxaan ka codsanayaa inuu i toosiyo oo uu ii sheego, waxaanan rajeynayaa inaan ka aqbalayo.

وأن لا تأخذني العزة بالاثم

﴿ وَمَا أُبَرِّئُ نَفْسِي ۚ إِنَّ ٱلنَّفْسَ لَأَمَّارَةٌۢ بِٱلسُّوٓءِ إِلَّا مَا رَحِمَ رَبِّىٓ ۚ إِنَّ رَبِّى غَفُورٌ رَّحِيمٌ ﴾

[يوسف:٥٣]

Fadliga Kalmadda
Laa Ilaaha Illallaah

Caawa waxaan soo qaadan doonaa labo mawduuc oo hordhac ahaan ah. Labadaa mawduuc midkooda hore waa, fadliga kalmadan wanaagsan, LAA ILAAHA ILLALLAAH Muxammadun rasuulullaah ﷺ. Kalmaddaa wanaagsan, ee kalimatu tawxiid ah, kalimatu shahaada ah, fadliga iyo qiimaha ay leedahay. Axaaddiista ku soo aroortay arrintaas ayaan halkan ku tixi doonaa, inshaa ALLAAH. Xadiis walba kitaabka weriyey iyo darajadiisa iyo a'immada muslimiinta midka saxiix yeelay, ama xasan ka dhigay ayaan u tiirin doonaa. Dabcan, waxaa la ogyahay xadiisku haddii saxiixaynka (Bukhaari iyo Muslim) ama midkood uu weriyo inuu yahay mid aan in la sixiixiyo u baahnayn.

Xadiiska Koowaad.

Waxaa weriyey Anas Ibnu Maalik. Axaadiista qaarkood waa dhaadheer yihiin, marka inta khulaasadooda ah ayaan soo qaadanayaa, haddii aan isku dayo inaan naskooda wada akhriyo waqtiga ayaa dheeraanaya. Xadiiska soo gaabintiisu waxaa weeye:

Nabigu isagoo Macaad Ibnu Jabal ؓ uu gaadiid la fuushan yahay, oo uu u fangashan yahay ayuu Nabigu ﷺ dhawr jeer Mucaad u dhawaaqay, "Macaadow!" Macaadna uu dhahayey,

《لبّيك يا رسول الله وسعديك》

Saddex jeer markuu sidaa ku celceliyey ayuu yiri,
«ما من عبد يشهد أن لا اله الا الله وأن محمدا عبده ورسوله صدقا من قلبه الا حرمه الله على النار»

(صدقا من قلبه, ayaan ku celcelinayaa si aan manhajka Murji'ada uga fogaado).

"Addoon ma jiro ALLAAH waxdaaniyo (kelinnimo) u qira, rasuulkana risaalo u qira" oo tusaale ahaan yiraahda,

أشهد أن لا اله الّا الله وأشهد انّ محمدا رسول الله

"oo arrintaasi dhab ay ka tahay, oo qalbigiisu waxa carrabka uu ka leeyahay uu waafqasan yahay oo aan munaafaqnimo ku jirin, Ilaahay Naarta wuu ka xarrimay."

Macaad ayaa yiri, "Rasuulkii Ilaahayow, dadka miyaanan u sheegaynin ha ku bishaaraysteen oo ha ku farxeene?" Markaas ayuu Nabigu  yiri,«لا تخبرهم فيتكلوا»

"Ha u sheegin yaanay isku hallayn oo camalka iska dhaafine!" Oo yaanay is dhihin, `kolba haddii ashahaadataynka keliya janno lagu gelaayo maxaan camal ku falaynaa! Dariiqadii Murji'ada ayuu Nabigu ﷺ ka sii digtoonaanayey. Anas ﷺ ayaa yiri, «فأخبر بها معاد عند موته تأثما»

"Macaad ayaa sheegay markii uu geriyoonayey, isagoo ka baqaya dambi iyo cilmi qarin." Cilmi uu Rasuulka ﷺ ka maqlay, oo aanu ummadda gaarsiin inuu la dhinto iyo dambi isagoo ka baqaya, ayuu kolkii uu geeriyoonayey sheegay. Waa la isku waafaqay⁽¹⁾ (متفق عليه)

Xadiiska labaad.

Waxaa weriyey Cubaadata Ibnu saamit ﷺ. Wuxuu

---

(1) "Waa la isku waafaqay" macneheedu waxaa weeyaan: waxaa weriyey Bukhaari iyo Muslim oo xadiisku isku waafaqay. متفق عليه

sheegay inuu Rasuulka ﷺ ka maqlay:

«من شهد ان لا اله الا الله وان محمدا رسول الله حرّمه الله علي النّار»

"Qofkii qira ALLAAH mooyee Ilaah kale inaanu jirin, Muxammedna rasuulkii Allaah yahay, ALLAAH wuxuu ka xarrimay Naarta"

Waa xadiiskii hore oo kale, laakiin shardi kamaanu dhigin, صدقا من قلبه (haddii uu ka run-sheegayo), laakiin waa lagama maarmaan, isagana waa u taallaa.

Muslim ayaa wariyey.

Xadiiska Saddexaad.

Waxaa weriyey Abuu Hurayra. Waa xadiis dheer oo ku saabsan xilligii duullaankii Tabuuk qiso dhacday, soo gaabinteeduna ay tahay:

Markii dagaalkaa lagu jirey ayaa muslimiintii sahaydii ka gabaabsiday oo ay Nabiga ﷺ u yimaadeen, iyagoo ka dalbanaya inay geelooda qashaan oo ay hilibkiisana cunaan, xaydhiisana ku subkadaan, maqaarkiisana kabo ka dhigtaan, waana u idmay Nabigu ﷺ. Cumar ﷺ ayaa u yimid oo talo soo jeediyey ahayd, " Rasuulkii Ilaahayow, haddii ay geela qashaan, gaadiidka ayaa yaraanaya oo dhex ayey ku dhimanayaan. Oon iyo gaajo ayey u bakhtiyayaan haddii geelii ay ku jid-mari lahaayeen ay qashaan. Laakiin, waxaad amartaa in sahaydooda wixii haray ay isku soo uruuriyaan, kuna ducee, waxaa suurtowda arrinkaa in Ilaahay barako geliyee." Rasuulku, ﷺ wuxuu yiri, "Waa yahay." Nabiga ﷺ waxaa lagu yaqaannay inuu talada wanaagsan uu qaadan jirey, qofkii marka horeba u soo jeediyana waa ka qaadan jirey, saxaabadiisana waa la tashan jirey.

Nabigu, ﷺ arrintii ayuu qaatay, wuxuuna yiri, "Maqaar ha la keeno." Maqaarkii ayaa la fidiyey, wuxuuna yiri, "Sahayda ha la soo uuuriyo." Ninba wuxuu hayey ayuu keenay. Nin sacab timir ah keena, nin sacab haruur ah keena, mid jab rooti ah keena. Nin walba wuxuu hayey ayaa la isku keenay. Wax yar ayaa lagu soo uruuriyey maqaarkii, markaa ayuu Nabigu, ﷺ ku duceeyey. Kaddib, wuxuu amray dadka in loo dhawaaqo oo ay weelashooda ku gurtaan. Weelashoodii ayey ku gurteen. Ciidankii weel keliya oo maran kamaanay tegin, weelashii oo dhan ayey ka buuxsadeen, iyagiina waa cuneen oo ka dhargeen, markaasaa weliba xoogaa meeshii ku soo hadhay oo aanay dhamaannin. Mucjisaadkiisii ayey ka mid ahayd ku saabsanayd cuntada iyo cabitaanka barakayntooda, aad iyo aadna waa u faro-badan tahay. Markii uu Nabigu, ﷺ uu arkay sida Ilaah ducadiisii u ajiibay iyo mucjisadaas weyn ee Alle uu siiyey ayuu yiri,

«اشهد ان لا اله الا الله واني رسول الله لا يلقي الله بها عبد غير شاك فيحجب عن الجنة»

Isagaa markii hore iska bilaabay oo shahaadataynka qiray, kaddibna xukunkan caamka ah sheegay, labadii xadiis oo horena la macne ah, weliba xadiiskii Anas aad u waafaqsan.

"Addoon ma jiro labada shahaadatayn ALLAAH kula kulma, isagoon ka shakisanayn oo aan uur-ka-gaalnimo ku jirin, markaana Jannada laga horjoogsado."

Muslim ayaa weriyey.

Xadiiska Afraad.

Waxaa weriyey Citbaan Ibnu Maalik . Xadiiskani qiso dheer ayuu lahaa, waxayna ahayd: Ninkaa Citbaan Ibnu Maalik la yiraahdo xaafad Madiina ah (Banuu

Saalim) ayuu iimaam ka ahaa. Wuxuu ahaa nin waayeel ah oo aad u laf weyn oo culus, wuuna indho-yareeyey. Nabiga, ﷺ ayuu u sheegtay inuu dhib ku qabo masaajidka tolkiis-Banuu Saalim- tegitaankiisa, gaar ahaan habeennada gudcurka ah iyo waqtiga roobabka oo togag isaga iyo masjidka u dhexeeya ay soo rogmadaan, gudbitaankiisuna ay dhib ku tahay. Sidaa darteed, inuu u baahanayo habeennada qaar inuu gurigiisa ku tukado. Nabiga, ﷺ ayuu ka codsaday inuu gurigiisa ugu yimaado oo ugu tukado meel uu masjid ka dhigto, kuna tukado habeennada aanu masjidka iman karin. Rasuulkuna, ﷺ wuxuu yiri, "Waan samaynayaa, Inshaa ALLAAH." Waqti barqo ah ayaa Rasuulka oo qaar saxaabada ka mid ah ay la socdaan u yimid. Markii uu soo galayba, Nabigu, ﷺ wuxuu ku yiri, "Xaggee jeceshahay inaan kuugu tukado?" Meel ayuu farta ku fiiqay. Meeshii ayuu ugu tukaday, dadkii guriga joogayna la safteen oo laba rakcadood uu tujiyey, waqti barqo oo duxa ah.

Dadkii xaafaddu markii ay maqleen in Nabigu, ﷺ gurigaa joogo, ayey salaan ugu yimaadeen. Citbaan Nabiga ayuu celiyey inta ay ka bislaanayso xoogaa cunto ah oo loo samaynayey. meeshii ayaa la iska sheekaystay. Nin dadkii ka mid ah ayaa yiri, "Aaway Maalik Ibnu Dukhshum ma arkee!" Nin ayaa yiri, "Ninkaasi waa munaafaq oo ALLAAH iyo Rasuulkiisa ma jecla! Ma kaas ayaad ka filaysey Rasuulka inuu u yimaado! Munaafaq weeye Alle iyo rasuulkiisa aan jeclayn" Markaa ayaa Rasuulku ﷺ yiri,

《لا تقل هكذا》

"Ha dhihin sidaa!" Waxaa taas la yiraahdaa:

《الدفاع عن عرض المسلم》

(Difaaca sharafta qofka muslimka ah.) Qofkii qof muslim ah ka celiya iyadoo si xun loo hadal hayo, isagana aakhiro ayaa ALLAAH wejigiisa naarta ka celiyaa, sida ay axaadiis sheegtay.

"Miyaadan arag inuu Laa ilaaha Illallaahu yiri, oo uu Ilaahay darti ula jeedo?" Ninkii ayaa yiri, "Ilaah iyo Rasuulkiisa ayaa og inuu dar Alle u ashahaatey iyo in kale, laakiin annagu waxaan aragnaa inuu la socdo, jecel yahay, lana sheekaysto munaafiqiinta." Sabab uu ugu maleeyey inuu munaafaq yahay ayuu ku arkay, markaas ayuu ku qiray, Nabiguna, ﷺ kama aqbalin. Rasuulku ﷺ wuxuu yiri,

«فان الله حرّم علي النّار من قال لا اله الا الله مبتغيا بها وجه الله»

"ALLAAH Naarta waa ka xarrimay qofkii yiraahda, ALLAAH mooyee Ilaah kale ma jiro, isagoo wejiga Ilaahay ula jeeda." waa la isku waafaqay. (متفق عليه)

Xadiiska Shanaad.

Waxaa weriyey Abuu Hurayra. Waa xadiis dheer oo isna qiso leh, soo gaabintiisuna ay tahay: Maalin ayuu Rasuulku ﷺ kacay isagoo saxaabadiisa ﷺ dhex fadhiya. Inuu xaajo-gudasho u kacay ayey u maleeyeen oo maanay raacin. Wuu daahay oo hore u soo noqon waayey. Waxay uga cabsadeen Yuhuuddii, Mushrikiintii, Munaafiqiintii iyo cadowgiisii inay dhexda uga bexeen oo waxa uu la soo noqon waayey uu cadow helay. Waa kala yaaceen oo gurmad ay rasuulka ku raadinayeen galeen. Abuu Hurayra ayuu ahaa qofkii ugu horreeyey ee la kulma. Beer nin Ansaari ah uu lahaa ayuu Nabigu, ﷺ galay oo uu dhex-fadhiyey. Beertii ayuu Abuu Hurayra ku wareegaystey oo meel uu ka galo raadiyey, albaab furanna waa waayey. Meel keli ah oo biyuhu ay ka galaan- derbi ayaa ku wareegsanaaye- ayuu ka xuluushay oo ka galay, markaas ayuu Rasuulka, ﷺ u tegey. Markii Nabigu ﷺ arkay Abuu Hurayra argaggaxa ka muuqda ayuu weyddiiyey waxa dhacay, markaas ayuu wixii dhacay u sheegay, oo yiri, "Rasuulkii Ilaahayow, waad nala fadhidey, waad naga kacday, waad naga daahday, markaas ayaan ka baqnay in cadow ku helay. Waan argaggaxnay oo kala yaacnay, dadkana aniga ayaa kuugu soo horreeyey, intii kalena waa igu dabo-jiraan. Markaas, ayuu Nabigu, ﷺ yiri;

«اذهب فمن لقيت وراء هذا الحائظ يشهد ان لا اله الا الله مستيقنا بها فبشره بالجنّة»

"Orod, oo tag, qofkii aad kula kulanto derbiga gadaashiisa oo qiraya ALLAAH mooyee Ilaah kale inaanu jirin, laakiin yaqiinsan ugu bishaaree Jannada"

Muslim ayaa weriyey.

Xadiisda Lixaad.

Waxaa weriyey Abuu Hurayra. Rasuulku ﷺ wuxuu yiri;

«الإيمان بضع وسبعون أو بضع وستون شعبة فأفضلها قول لا اله الا الله وأدناها اماطة الأذى عن الطريق والحياء شعبه من الإيمان»

"Iimaanku waa dhawr iyo toddobaatan, ama dhawr iyo lixdan, kan ugu fadliga badanna waa Laa Ilaaha ILLALLAAHU, kan ugu hooseeyana waa jidka oo waxa dhibka ah laga qaado, xishoodkuna waa qayb ka mid ah Iimaanka"

Iimaanka qaybihiisa markii uu sheegay iyo inuu yahay dhawr iyo toddobaatan ama dhawr iyo lixdan-ninka xadiiska werinayey ayaa ka shakiyey- oo "Iimaanka Qaybihiisa" loo yaqaan, ayuu sheegay inay kalmaddaas Laa ilaaha Illallaah laamihiisa ugu fadli badan tahay. Iimaanka laamihiisa Laa ilaaha illallaahu waxay ka joogtaa halka madaxu jirka ka joogo. A'immada qaarkood arrintaa kutub ayey ka allifeen, uuna ugu weyn yahay kitaabka Bayhaqi ee Shucabu Iimaan, isagana ay uga horreeyeen Ibnu Xibbaan iyo Abii Cabdillaahi Al-xaliimi. Mid walba kitaab "Shucabu Iimaan" la yiraahdo ayuu allifay.

Bukhaari iyo Muslim ayaa weriyey.

Xadiiska Toddobaad.

Waxaa weriyey Abuu Saciid. Isaguna waa sidoo kale,

«من قال لا اله الا الله مخلصا دخل الجنّة»

"Qofkii yiraahda Laa Ilaaha ILLALLAAHU isagoo saafi yeelaya, Jannaduu galay"

Waxaa weriyey Bazaar, Axmed iyo Ibnu Xibbaan, Shiikh Albaani wuxuu Sixiix uga dhigay kitaabkiisa Jaamicu Saqiir.

Xadiiska Siddeedaad.

Waxaa weriyey Abuu Hurayra. Rasuulku wuxuu yiri,

«من قال لا اله الا الله نفعه يوما من دهره يصيبه قبل ذلك ما اصابه»

Axaadiistii hore, "Naar ma galayo, jannaa u waajibaysa iyo Jannada lagama horjoogsanayo" ayaan ku soo arkayney, xadiiskanna wuxuu sheegayaa in mar ay noqotaba, in "Laa Ilaaha illallaahu" qofkii yiraahdaa ay maruun anfacayso, waxaase u shardisan, ama ku xiran, صدقا من قلبه (inuu ka run sheegayo).

Wax kastaa marka hore ha ku dhaco, xataa haddii uu doono naar kolka hore ha galo, naartaa inaanu ku waareyn.

Axaadiis kale oo la macno ah ayaa iman doonta oo sheegaya in naarta laga soo bixin doono qofkii "Laa Illaaha

Illallaahu" yiraahda. Marka, axaadiista labadaa noocba waa jiraan. Dad Laa ilaaha Illallaahu Jannada ku gelaya, iyagoo aan Naar arkin, iyo kuwo Laa ilaaha Illallaahu Naarta looga soo bixinayo oo aan midkoodna camal kale lahayn. Axaadiis sidaa ku cad ayaa soo socota.

Xadiiska Sagaalaad.

Waa xadiis loo yaqaan xadiiskii biddaaqada/kaarka (حديث البطاقة)

Xadiiska khulaasadiisu waxaa weeyaan in Rasuulku, ﷺ uu sheegay nin ummaddiisa ka mid ah in qiyaamaha dadka dhexdiisa looga yeeri doono oo magaciisa loogu yeeri doono oo hebel hebel la dhihi doono. Magaciisa iyo kan aabbihi ayaa loogu yeeri doonaa. Waxaa loo soo bixin doonaa 99 kitaab oo mid walba ishu intii ay ku daasho le'eg yahay oo danbigiisii ah. Aragtida caadiga ah intee lagu xaddidaa? 10 km. Qofka caadiga ah markii aanay jirin daruur iyo boodh iyo dhado 10 km ayey ishiisu wax ka arki kartaa. Maahan inuu shay walba arkayo, laakiin inta aanay ishu dhaafayn. Toban kiiloomitir qofkii loogu dhufto 99 meeqa ayey noqonaysaa!? Waa 990 km. Danbi intaa buuxiyey ayaa ninkaa loo keeni doonaa.

Danbigiisa marka la tuso ayaa waxa la dhihi doonaa, "Wax cudurdaar ah ma leedahay? Waxaad sheeganaysaa ma jirtaa? Malaa'igtaydii wax kaa soo qortay miyaa ku dulmidey?" Wuxuuna leeyahay, "Maya, Rabbigayow, la ima dulmin!" waa qiranayaa. Waxaa la oranayaa, "Wax xasano ah ma leedahay?" Bal u fiirsada! "Wax xasano ah ma leedahay" ayaa la weydiinayaa. Wuu wareerayaa, markaas ayuu oranayaa, "Maya, Rabbigayow!" Markaa ayaa ALLAAH oranayaa,

«بلى، إنّ لك عندنا حسنة إنّك لا ظلم عليك»

"Hal xasano ayaad leedahay, laguna dulmin maayo, anigaana kuu og." Adigu haddii aad cabsidii la illowdey, anigaa kuu og oo hal xasano ayaad leedahay. Markaas ayaa waxaa la soo bixinayaa kaar ay ku qoran tahay Laa ilaaha Illallaahu. Markaas ayuu oranayaa,

«يا ربّ، وما هذه البطاقة من هذه السّجلّات»

"Rabbigayow, danbiga intaa buuxiyey maxay ka taraysaa biddaaqaddani(Kaarkani)!?" ALLAAH wuxuu oranayaa, "Lagu dulmin maayee, camalkaaga ayaa laguu miisaamayaa kaalay la joog sida laguugu miisaamayo." Waa loo miisaamayaa. Kaarkii kafad ayaa la saarayaa, kitaabbadiina kafad kale ayaa la saarayaa.

«فثقلت تلك البطاقة وطاشت تلك السّجلّات»

Biddaaqaddii ay Laa ilaaha Illallaahu ku qornayd ayaa la degaysa oo ka xoog-roonaanaysa, oo buugaagtii oo dhan Miisaanka kaga xoog-roonaanaysa. Waa hal xasano oo uu shahaadataynka ku helay, danbigiisu intuu le'ekaana waa taan sheegnay!

﴿فَمَن ثَقُلَتۡ مَوَٰزِينُهُۥ فَأُوْلَٰٓئِكَ هُمُ ٱلۡمُفۡلِحُونَ﴾[الأعراف: ٨]

Shahaadataynka keliya ayuu ku liibaaney. Qirid uu qiray Alle mooyee Ilaah kale inaanu jirin ayuu Jannada ku galay.

Xadiisku waa sixiix, waxaana weriyey Tarmidi, Ibnu Xibbaan iyo Xaakim wuxuuna yiri, waa shardul Muslim, Dahabina waa ku raacay. Shiikh Albaani wuxuu yiri, "Waa sida ay yiraahdeen," wuxuuna saxiix uga dhigay kitaabkiisa Silsiladda. Shiikh Cali Ibnu Sinaan isna wuxuu saxiix uga dhigay takhriijka axaadiista Fatxul Majiid-ka.

Xadiiska Tobnaad.

Waxaa weriyey Cabdullaahi Ibnu Camar. Rasuulku wuxuu yiri,

«خير الدعاء دعاء يوم عرفة وخير ما قلتها انا والنبيون من قبلي لا اله إلّا الله»

"Duco waxaa ugu khayr badan ducada Carafa, waxaana ugu khayr badan waxaan iri, aniga iyo nabiyadii iga horreeyeyba La ilaaha Illallaahu" Marka, Laa ilaaha Illallaahu wax u dhigmaa ma jiraan.

Waxaa wariyey Bazaar iyo Tarmidi, Shiikh Albaani wuxuu Xasan uga dhigay, bishawaahidiha, kitaabka Silsiladda.

Xadiiska Kow iyo Tobnaad iyo Labo iyo Tobnaad.

Waxaa weriyey Anas Iyo Abuusaciid Alkhudri. Labadaa xadiis waan isku soo qabanaynaa, waxaana loo yaqaan Xadiiska Shafaacada.

Xadiiska Anas wuxuu sheegayaa in Nabigu, ﷺ markii uu shafaacadiisa ka hadlaayey ee uu u shafaaco qaadayo dadka danbiyada waaweyn sameeyey ee ummaddiisa ah, naartana la geliyey, uu dhawr goor hadba shafaaca-qaadayo. Xad loo xadeeyey ayaa hadba la oranayaa, "qofkii aad ku aragto Naarta dhexdeeda oo ashahaadanaya, qalbigiisana wax khayr ah ku jiro, ka soo bixi." Markii uu ka soo bixiyo wixii shahaadada dadkeeda ahaa oo qalbigooda wax yar oo camal ahi uu ku jirey, ayna ku soo harayaan dad shahaadataynka uun haysta, camal kalena aan lahayn, ayuu Nabigu, ﷺ ALLAAH ka idan dalbayaa oo uu dhihi doonaa, "Rabbiyow, ii idan inaan naarta ka soo bixiyo qofkii yiri Laa ilaaha Illallaah." ALLAAH ayaa oranaya,

«وَعِزَّتِي وَجَلَالِي وَكِبْرِيَائِي لَأُخْرِجَنَّ مِنَ النَّارِ مَنْ قَالَ لَا إِلٰهَ إِلَّا اللَّهُ»

(Sharaftayda, weynaantayda iyo isla-weynidayda ayaan ku dhaartaye anigaa ka soo bixinaya naarta qofkii yiraahda, Laa ilaaha Illallaahu.) Aniga ayaa tawallinayo. ALLAAH ayaa fadligiisa kaga soo bixinaya qof kasta oo yiri, Laa ilaaha Illallaah. Intii Laa ilaaha Illallaah waxuun ku dartay Rasuulka shafaacadiisa ayey ku soo baxayaan, intii aan Laa ilaaha Illallaah wax camal ah ku darinna, ALLAAH ayaa fadligiisa kaga soo bixinaya.

Xadiiska Abuu Saciid waa la macne oo wuxuu sheegayaa in ugu dambayn Allaah oranayo, "Malaa'igtii, Nabiyadii iyo Muuminiintii waa shafaaca qaadeen, ma harin illaa Arxamu raaximiin mooyaane." Aniga uun baa haray; addoommadaydii saalixiinta ahaa; anbiyadii, malaa'igtii iyo muuminiintii waa u shafaaco-qadeen dadkii ehlu-iimaanka ahaa, aniga ayaa haray.

«فَيَقْبِضُ قَبْضَةً مِنَ النَّارِ فَيُخْرِجُ أَقْوَامًا لَا حَسَنَةَ لَهُمْ»

"Qabasho ayuu Naarta qabanayaa, wuxuuna ALLAAH ka soo bixinayaa dad aan xasano lahayn," Laa ilaaha Illallaahu mooyaane.

Waxaa wariyey xadiiska Anas Bukhaari iyo Muslim, kan Abuu Siciid-na Muslim iyo Axmed.

Xadiiska qaybtan ugu dambeeya waa xadiis uu werinayo Ibnu cabbaas . (Axaadiista qaarkood dib ayaan ugu soo noqon doonnaa oo arrimo khaas ah ayaan u soo daliishan doonnaa, sida labada xadiis ee shafaacada iyo biddaaqadda iyo xadiiskan aan hadda sheegayno). Xadiiskan waa Xadiiskii Mucaad ee Yaman loo diray, wuxuuna yiri,

«إنَّك تأتي قوما أهل الكتاب فليكن أول ما تدعوهم شهادة أن لا إله إلَّا الله وأنَّي رسول الله، فإن هم أطاعوك بذلك..»

"Waxaad u tegi doontaa qoom Ehlu-kitaab ah, ugu yeer marka ugu horraysa, Laa ilaaha Illallaahu, aniguna aan rasuulkiisii ahay. Haddii ay taa kaa yeelaan, u sheeg in Allaah shan salaadood ku waajibiyey, haddii ay taa kaa qaataan u sheeg in Allaah maalkooda sako ku waajibiyey..." Waxa ugu horreeya ee aad ugu yeertaa nimankaa ahlu kitaabka ah(ehlu kitaabka qisadoodu waa iman doontaa) شهادة أن لا إله إلَّا الله ha noqoto.

Bukhaari iyo Muslim ayaa soo saaray.

Waa intaa axaadiista aan ka soo doortay fadliga shahaadataynka. Laa ilaaha Illallaahu oo keliya in dadka qaar Jannada ku gelayaan, qaarna naarta looga soo bixinayo ayaa axaadiistan ku cad. Sidaa macneheedu maahan, sida Murji'adu yiraahdeen iyo inaan camal loo baahnayn. Camal waa loo baahan yahay, waana qayb Iimaanka ka mid ah, laakiin waxaa jiri doona dad camal la'aan ah, oo shahaadataynka keliya bilowgaba jannada ku geli doona, ama Naarta looga soo bixin doono. Ma ahan dadkoo dhan ayaa ku geli doona, ee waa dadkuu Alle doono.

Khatarta Gaalaysiinta Qofka Muslimka Ah

Mawduuca labaad waa: Khatarta gaalaysiinta qofka muslimka ah daliil la'aan. Daliil la'aan waxaan ugu darayaa waa in qof muslim ahi oo islaamay uu gaaloobi karo, oo sida Khawaarijtu⁽¹⁾ ay yiraahdeen aanay ahayn, laakiin daliil cad iyadoo loo hayo mooyaane aan lagu xukumi karin. Qofku mar haddii uu islaamay oo ashahaato ma gaaloobi karo lama dhihi karo, bilaash iyo daliil la'aan iyo male iyo dambi uu sameeyayna laguma gaalaysiin karo. Taas weeyaan jidkii salafka oo aan inshaa ALLAAH sheegi doono.

يقول الله سُبْحَانَهُ وَتَعَالَى: ﴿ وَٱلَّذِينَ يُؤْذُونَ ٱلْمُؤْمِنِينَ وَٱلْمُؤْمِنَٰتِ بِغَيْرِ مَا ٱكْتَسَبُواْ فَقَدِ ٱحْتَمَلُواْ بُهْتَٰنًا وَإِثْمًا مُّبِينًا ﴾ [الأحزاب:٥٨]

"Dadka muuminiinta dhiba; rag iyo haweenkoodaba, oo wax aanay galabsan oo aanay mudannin ku dhiba, dambi iyo been-abuurasho cad ayey qaadeen" ayaa ALLAAH leeyahay.

Dhib ka weyn ma jiro qofka oo diintiisa laga saaro iyadoon daliil cad loo hayn. Xataa naftiisa oo la gooyo koley ku tahay dhibka ugu weyn weeye.

Xadiiska Kowaad.

Waxaa weriyey Ibnu Cumar ﷺ. Nabigu, ﷺ wuxuu yiri,

---

(1) Khawaarijtu waxay yiraahdeen, markii saxaabadu damceen inay dhexdhexaadiyaan Cali iyo Mucaawiye "xukunkii Alle lahaa ayaad dad u dhiibteen, sidaa darteed waad wada gaalowdeen, dhiiggiinnuna waa bannaan yahay."

«اذا قال الرّجل لاخيه يا كافر فقد باء بها أحدّهما، ان كان كما قال والّا رجعت عليه» متفق عليه

"Haddii nin walaalki ku yiraahdo gaal, midkood ayey u noqonaysaa. Haddii uu siduu sheegay gaal yahay isaga ayey ku dhacaysaa, haddii kalena kii yiri ayey ku noqonaysaa."

Bukhaari iyo Muslim ayaa weriyey.

Haddii qof mid kale ku yiraahdo "gaalyohow," ereygaasi bilaash u dhici maayo, labadooda midkood ayaa eraygaa xukunkiisa oo gaalnimo ah meesha kala dhaqaaqaya. Kan uu kaafir ku leeyahay haddii uu yahay, isagu waa ka nabad galayaa, illeyn xaq buu sheegaye. Sida qof muslim ah lagu gaalaysiin karo oo gaalnimo loogu caddayn karo, inshaa ALLAAH, xeerkeeda waan sheegi doonnaa.

Xadiiska waa la isku waafaqay (متفق عليه)

Xadiiska Labaad.

Waxaa weriyey Abuu Dar, ﷺ. Nabigu, ﷺ wuxuu yiri,

«من دعا رجلا بالكفر أو قال عدوّ الله وليس كذلك الّا حارت عليه» متفق عليه

"Ruuxii qof ugu yeera gaalnimo, ama yiraahda cadowgii Alle ayaad tahay, oo aanu sidaa ahayn isaga ayey ku noqonaysaa." Gaalnimada iyo cadawnimada uu ugu yeeray haddii aanu ahayn, ama ehlu-naaryahow-la mid weeyaane-isaga ayey ku noqonaysaa.

أي رجعت عليه حارت عليه

Bukhaari iyo Muslim ayaa weriyey.

Xadiiska Saddexaad.

Waxaa weriyey Abuu Hurayra ﷺ. Nabigu, ﷺ wuxuu yiri,

«إذا قال رجل هلك النّاس فهو أهلكهم»

"Qofkii yiraahda dadkii waa halaagsadeen isagaa ugu halaagsan" Muslim ayaa weriyey.

Khalaas! dadkii waa halaagsadeen- waa gaaloobeen haddii uu yiraahdo ka warran- diintii waa ka tageen oo waa xumaadeen oo waa fasahaadeen, isagaa ugu horreeya oo ugu halaagsan. (أهلكهم) Kaafka oo la kordhigo iyo in la godo waa soo arooreen. Labadaa riwaayo ayaa jirta, laakiin waxaa rajaxan in Kaafka la godo, sida Nawawi Riyaadka ku sheegay (أكثرهم هلاكا). Isagaa ugu halaagsan, uguna halaag badan "dadkii waa halaagsadeen" hadii uu yiraahdo. Marka, haddii la yiraahdo "dadkii waa gaaloobeen oo wax muslim ah dunida ma joogo, illaa koox yar mooyaane!" maxaad u malaynaysaa?

Xadiiska Afraad.

Waxaa weriyey Jundub Ibnu Cabdillaah .

قال رسول الله ﷺ: «قال رجل: والله لا يغفر الله لفلان، وقال الله: من ذا الذي يتألَّى عليَّ ان لا اغفر لفلان، اني قد غفرت له واحبطت عملك».

Nin ummadihii hore ahaa oo reer Banii Israa'iil ahaa ayaa nin faasiq ahaa, danbiilena ahaa raxmaddii Alle ka fogeeyey. "Wallaahi kaa inaan Alle u dambi dhaafayn, kaas ehlu-naar weeye!". Markaas ayaa ALLE yiri:

"Aaway midka igu dhaartay inaanan addoonkayga hebel ah u dambi dhaafayn? Isagana waan u dambi dhaafay, adigana camalkaagii waan daadiyey."

Muslim ayaa weriyey.

Xadiiska Shanaad.

Xadiiskaa hore, xadiis Abuu Hurayra werinayo ayaa qisadaa sharxaya oo xadiiska shanaad ah, wuxuuna leeyahay, "Laba nin oo reer Banii'israa'iil ah ayaa saaxiibbo ahaa. Mid wuxuu ahaa Caabid kan kalena faasiq xadgudub badan. Markuu arko isagoo dambi samaynaya ayuu wacdin jirey oo "iska daa waxan, xaaran weeyaan," ku dhihi jirey. Maalin ayuu ku arkay isagoo ku jira dambi inuu mid weyn yahay uu u arko, markaas ayuu canaantay oo wacdiyey, kuna yiri, "Waxaan xaaraan weeye ee iska dhaaf." Wuxuu ku yiri, "war iska kay dhaaf oo aniga iyo rabbigay noo kala dhexbax, ma adiga ayaa ninkaa ilaali lagu yiri oo camalkayga lagu raaciyey?" Waa hadal xun laakiin ninka kale hadalkuu dhihi doono ayaa ka sii xun. Wuxuu yiri:

«واللّٰهِ لا يغفر اللّٰهُ لك أو لا يدخلك اللّٰهُ الجنّة»

"Wallaahi Alle inaanu kuu dambi dhaafayn, ama Jannada ku gelineyn."

«فقبض اللّٰه أرواحهما»

Waa dhinteen labadii nin, markaas ayaa Alle soo nooleeyey, Alle hortiisana la keenay. Midkii ninka dambiilaha ah Alle ka quusiyey, raxmaddiisana ka fogeeyey ayuu ALLAAH ku yiri, " Ma adigaa ogaa waxaan addoonkayga ku samaynayo, mise waxa aniga gacantayda ku jira ayaad awood u leedahay oo aad iga celin kartaa!?" Markaas ayuu ninkii u dambi dhaafay oo ku yiri, "Jannada aad," kii kalena yiri, "Naarta u kexeeya." Naarta ayaa la geliyey!

Qofka ka quusta raxmadda Alle waxaa Quraanka lagu sheegay inuu mid khasaaray yahay,

﴿وَمَن يَقْنَطُ مِن رَّحْمَةِ رَبِّهِ إِلَّا ٱلضَّآلُّونَ﴾ [الحجر: ٥٦]

kan addoomada Alle raxmadda ka quusiyana waa sidaa oo kale, waa mid halaagsadey.

Abuu Hurayra ﷺ wuxuu yiri, markuu xadiiskaa weriyey:

«وَالَّذِي نَفْسِي بِيَدِهِ لَقَدْ قَالَ كَلِمَةً أُوبِقَتْ دُنْيَاهُ وَآخِرَتَهُ»

"Allahii naftaydu gacantiisa ku jirtey ayaan ku dhaartaye, wuxuu yiri erey aakhiradiisii iyo adduunkiisiiba seejiyey oo halaajiyey." Nin weligii caabid ahaa oo aan xaaraan samayn, ereygaa keliya, ninkiina Alle ugu dambi dhaafay, isagiina ku halaagsadey oo ehlu naar ku noqday.

Waxaa weriyey Abuu Daa'uud, waana xadiis Xasan ah.

Xadiidka Lixaad.

Waxaa weriyey Cabdullaahi Ibnu Camar . Nabigu, wuxuu yiri:

«المسلم من سلم المسلمون من لسانه ويده والمهاجر من هاجر ما نهى الله عنه»

"Qofka muslimka ah waa midkay ka nabadgalaan muslimiintu afkiisa iyo addinkiisa." Marka, qofkii muslimiintu ka nabadgeli waayaan waa inaanu muslim ahayn.

Bukhaari iyo Muslim ayaa weriyey.

Aayadda iyo intaa axaadiista ahiba, iyo kuwo kale oo badan waxay tusinayaan khatarta ay leedahay qof muslim ah oo sabab la'aan; sabab cad, maahan shubho iyo male, diinta looga saaro. Qofka nusuustaa arka waa inuu aad isu ilaaliyo. Waa inuu daa'imo shuruuddii iyo xeerarkii ay daa'imi jireen dadkii hore ee wanaagsanaa (السلف الصالح), ALLAAH raalli ha ka noqdee.

Waxaan arki doonnaa salafka agtooda in qof gaal ahaan jirey islaanimo ku xukunkiisa oo "muslim buu noqday" ay dhihi jireen, iyo mid muslim ahaan jirey, "Diintii wuu ka baxay oo waa gaaloobey" ay dhihi jireen, ay u fududayd islaannimo ku xukunka. Ruux gaalnimo lagu ogaa oo islaannimo lagu xukumo waa la fududayd agtooda, muuqaalka(daahirka) ayey ka qabsan jireen, Laakiin qof muslim ah oo gaalnimo lagu xukumo, muuqaalka (daahirka) iyo qarsoodiga (baaddinka) inay caddaan u ogaadaan mooyaane kuma dhici jirin.

Waa inuu qofku isjiro oo iska ilaaliyo dadka muslimiinta ah, ehlu iimaanka ah. Dadka ehlu qiblaha aha, inuu diinta ka saaro isagoon daliil cad u haysan.

Ka-dabo-Tag

« استدراك »

Mawduucii hore waxaan ku soo qaadannay axaadiistii ka hadleysey qiimaha weyn ee ay leeyahay kalimadda tawxiidka;

«شهادة أن لا اله الّا الله وأشهد أنّ محمّدا رسول الله», iyo axaadiistii kale ee ka digaysey in qof muslim ah daliil la'aan la gaalaysiiyo. Axaadiistaa intii aan soo sheegnay, waxaan rabaa laba arrimood inaan ku kordhiyo.

Kan hore, cinwaanka uu iimaam Nawawi u doortay axaadiistaa kitaabka sharxul Muslim. Imaam Muslim qaybo iyo cinwaanno uma samaynin kitaabkiisa, imaam Nawawi isagaa kitaabka u sameeyey cinwaannada. Cinwaanka uu doortay wuxuu ahaa:

باب دليل على من مات على التوحيد دخل الجنّة قطعا

Wuxuu baab ka dhigtay in qofkii tawxiidka ku dhinta uu Jannada galayo si go'an oo aan shaki lahayn.

Kan kale, waa xadiis aad u qiimo badan oo rasuulkeennu, ﷺ ka weriyey rasuul kale oo ka horreeyey, rasuulkaasina waa rususha kii ugu horreeyey; Nuux ﷺ.⁽¹⁾ Nabigu wuxuu sheegay in Nuux markii uu geeriyoonayey uu wiilkiisii la

---

(1) Waxaa weriyey: C/llaahi Ibnu Camar Ibnu Caas, Bukhaari ayaana kitaabkiisa Adabul Mufrad ku soo saaray, Bayhaqina kitaabkiisa Al islaam, Albaanina Silsiladda, xadiiska 134.

dardaarmay. Saddex arrimood ayuu kula dardaarmay, waxaana ka mid ahaa inuu ku yiri, «اوصيك بلا اله الا الله»

Waxaan kugula dardaarmayaa Laa Ilaaha Illallaah." Waa Nabi waalid ah oo sakaraadaya, wiilkiisiina u nasteexaynaya.

Markaas ayuu cilleeyey oo yiri, "Toddobada dhul iyo toddobada cir haddii kafad la saaro, Laa ilaaha Illallaahuna kafad la saaro, waxaa cuslaan lahayd Laa ilaaha Illallaah!" Haddii toddobada samo iyo toddobada dhul oo wada jira kefed la saaro, Laa ilaaha Illallaahuna keligeed kefed la saaro, Laa ilaaha Illallaah ayaa ka rajaxnaan lahayd, kana xoog badnaan lahayd oo la degi lahayd, sidii aan xadiisu biddaaqa(kaarka) ku soo ogaannay. Haddii toddobada samo iyo dhulku ahaan lahaayeen wax xajmi leh oo Laa ilaaha Illalaahu dusha laga saaro waa kala jabin lahayd.

Xadiiskani kaba xoog badan Xadiisu biddaaqa ee aan soo marnay, sheegayeyna in kutub aan dhererkooda ku qiyaasnay 990 Kiiloomitir in biddaaqaddii Laa ilaaha Illallaahu ay ku qornayd ay ka xoog roonaatay. xadiiskan ayaa ka sii cajab badan.

Waxaan rabaa arrin kalena inaan baraarujiyo oo digniin ahaan ah. waa inaan loo qaadan in axaadiista, gaar ahaan kuwa sheegaya in Laa ilaaha Illallaah keliya oo aan camal la jirin Janno lagu galo, dad ku gelayaana ay jiraan, sida xadiiska biddaaqada iyo kan shafaacada iyo kuwa la midka ah, in arrintaa macnaheedu yahay in camalka la fududaysto oo aanu qiimo lahayn. Inaan la oran, "Mar haddii Laa ilaaha Illallaahu keliya janno lagu gelayo maxaan camalka ku falaynaa!?" Taasi waa middii uu Nabigu ﷺ uga digey

Macaad Ibnu Jabal iyo Abuu Hurayra. "Dadku yaanay isku hallayn oo dhihin Laa ilaaha Illallaah keliya ayaan janno ku gelaynaa, camalkana yaaney ka tegin, ee ha u sheegina." (Xadiiska) waan sheegaynaa, laakiin digniintaa ayaan raacinaynaa.

Midda kale ee digniinta ah, waa inaan loo qaadan in qof kasta oo yiraahda, "Laa ilaaha Illallaahu," oo aan camal kale lahayn, uu janno ku galayo, laakiin ay jirto in badan oo cusaadda muslimiinta ahi inay Naarta gelayaan. Dad ehlu-tawxiid ah oo Laa ilaaha Illallaah dadkeeda ah naar waa gelayaan, waa hubaal, laakiin kuma waarayaan, taasna waa tii aan xadiiskii shafaacada iyo kii Abuu Hurayra aan ku soo marnay. Marka la leeyahay, "Laa ilaaha Illallaahu qofkii yiraahda jannada ayuu gelayaa," waa in la ogaadaa inay leedahay labo shardi oo aan axaadiistaba ku soo marnay. Midka hore, waa in qalbigiisa iimaan ku jiro, sidii aan axaadiista ku soo marnay,

《صدقا من قلبه، مستيقنا بها، غير شاكّ》

iyagoo shardigaa ku xiraya. Taas waa lagama maarmaan, macneheeduna waxaa weeyaan, dad Laa ilaaha Illallaahu yiraahda oo munaafiqiin ah ayaa jira, marka kuwaasi kuma jiraan. Shardiga kale, waa inuu ku dhinto Laa ilaaha Illallaahu oo aanay ka kala go'in, joogtana ay u noqoto, sida xadiiska Abuu Hurayra ee uu Nabigu  yiri,

《لا يلقي الله بها عبد غير شاكّ》

Labadiiba xadiiskani wuu isku daray. Intaasi waa in hordhac ahaan ah.

Maxaa Islaannimada Lagu Galaa?

Mawduucan waxaan uga hadli doonnaa maxaa islaannimada lagu galaa? Qof gaal ahaan jirey inuu muslim noqday oo diinta soo galay maxaa lagu ogaadaa, looguna xukumi karaa inuu muslim noqday.

Intaynaan jawaabkaa sheegin afar arrimood ayaan rabaa inaan kala saaro oo laboba iska soo horjeedaan. Labada hore waxaa weeyaan, inuu jiro iimaan daahir (muuqaal) ah iyo mid baadin (qarsoon) ah. Midda labaad, inay kala duwan yihiin bilowga iyo joogtayntu «الإبتداء والدّوام». Bilowga in la xukumo in qofkii diinta soo galay iyo inay arrintaasi joogto u noqonayso iyo inay ka kala go'ayso waa labo arrimood oo kala duwan. Labada hore ee iimaanka muuqda iyo kan qarsoon, ama iimaanka aan dhabta ahayn iyo midka runta ah: midka muuqda waxaa laga wadaa kan carrabka iyo wixii la mid ah keliya ah oo aanu qalbigu saacidin, midka qarsoon ama xaqiiqiga ahna waa midka carrabka iyo qalbigu ay wada jiraan. Labadaas noocba islaannimadu waa noqotaa. Iimaanka ay axaadiistu ka hadlaysey midka dambe ayuu ahaa[1], midka hore kuma jiro. Bilowga qofka loo xukumayo inuu diinta soo galay oo uu muslim noqday, iyo joogtada ay arrintaasi u noqonayso waa labo arrimood oo kala duwan. Waxaa suurtowda inuu

---

(1) Axaadiistu waxay ka hadlaysey iimaanka qarsoodiga ah.

qofku marka hore muslim noqdo, kaddibna-Allaah ayaan ka magangaleynaa- uu ka baxo. Ka bixiddaa iyo wuxuu qofku diinta kaga baxo, inshaa ALLAAH, mawduuc kale ayey noqonaysaa.

Su'aasheennii jawaabteedii haddii aan u soo noqonno, qofku islaannimada wuxuu ku galaa, laguna ogaadaa oo loogu xukumayaa inuu muslim yahay, bilowga hore, qiridda iyo ku dhawaaqidda shahaadataynka iyo wixii booskooda gelaya oo u dhigma. Tusaale ahaan, addoontii Nabigu  uu imtixaamayey markii sayidkeedii uu ka shakiyey. Allaah sarayntiisa iyo Rasuulka risaaladiisa markii ay qirtay ayuu u xukumay inay muuminad tahay, wuxuuna yiri,

$$ \text{أَعْتِقْهَا فَإِنَّهَا مُؤْمِنَةٌ} \text{ (1)} $$

Ashahaadataynka maanu weyddiin oo shahaadataynkii wax u dhigma ayey ku hadashay. Xadiiska Miqdaad Ibnu Aswad ﷺ, isagana qofku haddii uu yiraahdo "waan islaamay" in laga joogsado. Xadiiska Ibnu Cabaas ee soo socda ee ku saabsanaa aayaddii,

$$ \text{﴿ يَٰٓأَيُّهَا ٱلَّذِينَ ءَامَنُوٓا۟ إِذَا ضَرَبْتُمْ فِى سَبِيلِ ٱللَّهِ فَتَبَيَّنُوا۟ وَلَا تَقُولُوا۟ لِمَنْ أَلْقَىٰٓ إِلَيْكُمُ ٱلسَّلَٰمَ لَسْتَ مُؤْمِنًا تَبْتَغُونَ عَرَضَ ٱلْحَيَوٰةِ ٱلدُّنْيَا ﴾ [النساء: ٩٤]} $$

iyadana sidoo kale weeyaan. Ninkii saxaabada salaamay ee "Asalaamu calaykum" yiri ee la diley ayuu Allaah ku canaantay. Xataa haddii uu ashahaadataynka ku hadalkeeda sixi waayo, laakiin laga fahmayo inuu qofkaasi ashahaadanayo, wuu soo gelayaa oo waa loo xukumayaa, sida xadiiskii qafaalashada (حديث الاسرى). Xadiiska Qafaalka wuxuu ahaa in Rasuulku ﷺ koox ciidan ah (سرية) oo uu

---

(١) أحمد ومسلم وأبوداود وغيرهم.

Khaalid Ibnu Waliid hoggaaminayo uu diray. Qabiilkii loo diray-Banuu cabdi maddaam ayaa la dhihi jirey ayaan u malaynayaa-[1] ayey weerareen. Dadkii weerarka lagu soo qabtay waxay yiraahdeen "saba'naa, saba'naa." "Aslamnaa" inay yiraahdaan iyo Laa ilaaha Illallaahu waa garan waayeen, "saba'naa" ayey yiraahdeen. Eraygaa carabi ahaan marka loo fiiriyo, qofkii diintiisa ka baxay ayey "saabi'" ku magacaabi jireen, gaar ahaan qofkii diin xun qaatay ayey cay uga dhigi jireen. Rasuulka ﷺ saabi' ayey ku magacaabi jireen, asxaabtiisa subaa. Nimankaa waa laayey markii ay isdhiibeen oo la qabqabtay, Khaalidna amar ku bixiyey in la laayo. C/llaahi Ibnu Cumar, oo ninka xadiiska werinaya ah, iyo intii la socotey oo iyagu dadkoodii sii daayey mooyaane, dadka intiisii kale waa laayeen. Nabigu ﷺ markii uu maqlay wuxuu yiri,

»اللّهمّ انّي أبرئ لك ممّا فعل خالد«

"Ilaahow beri ayaan ka ahay wuxuu Khaalid sameeyey," nimankiina magtoodii ayuu bixiyey. Marka, "saba'naa" ayey yiraahdeen.

Qofku haddii uu yiraahdo, "Muslim ayaan ahay," ama "Assalaamu calaykum" yiraahdo, ama isagoo masjid ka soo baxaya aad aragto, xataa qof aad gaal ku ogaan jirtey, ayna ka muuqato inuu masjidka ku soo tukadey, isagoo wayso qaadanaya, isagoo sooman; waxyaalahaas haddii aad ku aragto inuu islaamay ayaad u qaadanaysaa, islaannimona u xukumaysaa. Arrinkaasi waa bilowgii, waanan ku celcelinayaa, waayo dad ayaa isku qalda labadaa arrimood. Bilowga horeba, qofkii shacaa'irtaa islaamiga ah oo kalimadda tawxiidka ay ugu weyn tahay lagu arko, ama laga maqlo,

---

(1) Magaca qabiilku waa Banuu jadiima sida shiikhu gadaal ku sixi doono.

bilowga hore waxaa loo xukumayaa inuu islaamay. Inay arrintaasi u sii socon doonto iyo in kale, waa masalo kale.

Arrintaas waxaa ina tusinaya, Rasuulka ﷺ sunnadiisa hadalka ahayd iyo siiradiisii ficilka[1] ahayd. Labaduba sidaas ayey ku socdeen. Rasuulka ﷺ erayadiisii waxaa ka mid ahaa:

« أمرت أن أقاتل النّاس حتى يشهدوا أن لا اله الّا الله وأنّ محمّدا رسول الله »[1]

Axaadiista qaar aan Muxammed rasuulullaah ku darin waa jiraan, oo shahaadada hore keliya ku daayey.

« فاذا فعلوا ذلك عصموا منّي دماءهم وأموالهم الّا بحقّها وحسابهم علي الله »

Xadiiskaas oo saxiix ah waxaa weriyey Cumar Ibnu Khaddaab, Abuu Hurayra, Jaabir Ibnu Cabdillaah iyo rag kale. Qaarkiis waa la isku waafaqay, qaarkiisna shaykhaynka[3] midkood ayaa weriyey. Nabigu ﷺ wuxuu dadka ku wargeliyey in qofku, qof dhiig iyo maalba u dhawran uu noqonayo mar haddii uu Laa ilaaha illaallahu, ama Laa ilaaha ilaallaahu Muxammedu rasuulullaah ku dhawaaqo.

Sida runta ah, axaadiista ka hadlaysa dhawrsanaanta dhiigga iyo maalka ee ku dhawaaqidda ashahaadataynka waa dhawr xadiis, sidaan sheegnay. Qaarkood shahaadataynka keliya ayey ku daayaan, qaarkood shahaadada hore keliya ayey ku daayaan, qaarna wax kale ayey sii raaciyaan , sida Sakada iyo Salaadda. Qaar waxay sii raaciyaan,

---

(1) Siirada hadalka ah waa wixii nabiga NNKA ahaatee laga maqlay, midda ficilka ahna waa wixii uu sameeyey

(٢) أحمد والبخاري ومسلم وغيرهم.
(3) Shaykhaynka waxaa laga wadaa labada shiikh ee Bukhaari iyo Muslim

«وكفر بما يعبد من دون الله»

"Inuu ku gaaloobo wixii Ilaahay sokadi la caabudayo." Qaar waxay sii raaciyaan,

«وأمن بما جئت به»

"Rumeeyey wixii aan la imid." Axaadiistaas iskama hor imanayaan. Asal waxaa ah axaadiista la soo gaabiyey ee inta hore ku gaabsata. Axaadiista kale waa caddayn iyo waadixin, waayo qiridda Alle mooyee Alle kale inaanu jirin waxay keensanaysaa in lagu kufriyo waxa Alle sokadiisa la caabudayo. Macneheeda ayaa sidaa ah. Marka,

«من قال لا اله الّا الله وكفر بما يعبد من دون الله»

waa labo arrimood oo isfasiraya, ama labo erey oo kala duwan o isku macne ah, ee labo shay ma kala aha.

«وأمن بما جئت به أو أقام الصّلاة وآت الزّكاة»

axaadiista ku daraya, "Maxammed rasuulullaah" waxay keensanayso weeyaan.

"Maxammed rasuululaah" waxay keensanaysaa labo arrimood: Rumayn iyo raacid; rumayn wax alla wuxuu ka warramay inay run yihiin loo rumeeyo, iyo raacitaan la raaco, iyadoo la fulinayo wuxuu amray, wuxuu reebayna laga harayo, iyo in lagu daydo oo qudwo wanaagsan laga dhigto. Taasi waxay ahayd axaadiista hadalka ah. Saxaabadiisa ﷺ markii uu u diro jihaadka sidaas ayuu kula dardaarmi jirey. Inay, qofkii "Laa ilaaha illallaahu" yiraahda ay bedbaadiyaan. Waxaa ka mid ah axaadiista arrintaa ka hadlaysa xadiiska Abuu Hurayra ﷺ. Nabigu ﷺ wuxuu ku yiri hoggaamiyihii ciidanka:

« قَاتِلُهُمْ حَتَّى يَشْهَدُوا أَنْ لَا إِلَهَ إِلَّا اللهُ وَأَنَّ مُحَمَّدًا رَسُولُ اللهِ فَإِذَا فَعَلُوا ذَلِكَ فَقَدْ مَنَعُوا

«مِنْكَ دِمَاءَهُمْ وَأَمْوَالَهُمْ إِلَّا بِحَقِّهَا وَحِسَابُهُمْ عَلَى اللَّهِ».

"La dagaallan inta ay qirayaan Allaah mooyee Ilaah kale inaanu jirin, Muxammedna yahay rasuulkiisii. Haddii ay sidaa yeelaan waxay bedbaadiyeen dhiiggooda iyo xoolahooda, illaa xaqeeda mooyaane, xisaabtooduna Alle ayey saaran tahay"

Waxaa weriyey Muslim, Axmed iyo Abuu daa'uud Addayaalisi

Sidaas ayuu Nabigu  kula dardaarmi jirey. Haddii ay dhacdo xadgudub iyo dardaarankiisaa oo la khilaafay, oo qof "Laa ilaaha ilallaahu" ama wax u dhigma yiri la dilona, waa ka caroon jirey. Tusaaleyaasheedu waa badan yihiin, waxaanse isaga soo gaabsanaynaa saddex xadiis.

Xadiiska hore waa qisadii Usaama. Ciidan qabiilo Al-xuraaqaat la yiraahdo oo Juhayna ka mid ah uu u diray, Usaamana uu madax ka ahaa ayaa waxaa dhacday in, markii la weeraray nin cadawgii ka mid ahaa uu saxaabadii aad dhibaato ugu gaystey oo rag badan ka laayey. Usaama iyo nin Ansaari ah ayaa goostay inay muslimiinta ninkaa ka qabtaan, kaddibna waa baacsadeen. Ninkii markii ay qabteen oo hubka u qaadeen (riwaayo waran ayey leedahay, riwaayana seef) ayuu ashahaatey. Ninkii Ansaareed waa ka joogsadey, Usaama oo nin aad u da' yar ahaana, kama waabinnine, ninkii ayuu diley. Kolkii la soo noqday oo Rasuulka looga warramay, aad iyo aad ayuu uga carooday oo u canaantay.

"Ma isagoo Laa ilaaha illallaahu yiri baad dishay!?" Usaama waa cudurdaartay oo yiri, "Rasuulkii Ilaahayow wuu ku gabbanaayey, hubkuu ka cabsanaayey, dhab kama ahayn. Muslimiinta ayuu dhibay, oo hebel iyo hebel ayuu diley!" Intaas oo dhan Nabigu ﷺ kama aqbalin. Wuxuu yiri,

$$ \text{أَقَتَلْتَهُ بَعْدَ أَنْ قَالَ لاَ إِلَهَ إِلاَّ اللهُ} $$

"Ma waxaad dishay kaddib markuu yiri, `Laa ilaaha Illallaahu!?" Markuu yiraahdo, "Rasuulkii Ilaahayow, ii dambi dhaaf weyddii" wuxuu yiraahdaa,

$$ \text{ومن لك بلا إله إلا الله إذا جاءت يوم القيامة} $$

"Sidee samayn Laa ilaaha Illallaah haddii ay kuu timaaddo maalinta qiyaame!?" Ilaa Usaama ka tamanniyey inuu maalintaa soo islaami lahaa. Wuxuu goostay inaanu dib dambe u dilin qofkii "Laa ilaaha Illallaahu" yiraahda, fitnadii muslimiinta dhexdooda dhacdayna uu ka joogsadey. Cali Ibnu Abii Daalib wuu u cudurdaaran jirey kolkuu inuu soo raaco oo uu taageero ka dalbado, wuxuuna dhihi jirey,

«لو أدخلت يدّك علي فمّ ستّين-نوع من الثعبان- أو في شقّ الأسد لأدخلتها معك لأدخلت يدّي معك ولكنّي قتلت رجلا قال لا إله إلا الله فقال لي رسول الله كذا وكذا..»

"Haddii aad gacantaada geliso mas afkii ama libaax daanki waan kula gelin gacantayda, laakiin waxaan diley nin Laa Ilaaha Illallaahu leh, markaas ayaa rasuulkii Ilaahay i yiri sidaa iyo sidaa..."

Qof ashahaadanaya inaanu sinnaba ku dilin, isagoo aaminsanaa in Cali xaq yahay ayuu goostay. Inaanu dagaallamin oo dad Laa ilaaha illallaahu leh aanu hub u qaadannin.

Saxaabada qaar ayaa waxay fiirsan jireen Usaama, waqtigii fitnada, sida Sacad Ibnu Abii Waqaas ﷺ, wuxuuna dhihi jirey, "Anigu dili maayo qof Laa ilaaha Illallaahu yiraahda ilaa uu ka dilayo calooley" «حتى يقتله ذو البطين» Usaama ayuu uga jeedaa oo xoogaa calool ah ayuu lahaa. Waa xadiis saxiix ah oo la isku waafaqay.

Miqdaad Ibnu Aswad ayaa wuxuu Nabiga  su'aalay, "Haddii aan nin gaal ah dagaallanno oo labada gacmood middood intuu seef iiga dhufto iga gooyo, oo geed intuu iiga gabbado oo dhinacaa ka maro yiraahdo, 'أسلمت لله' ma dilayaa, rasuulkii ilaahayow?" Bal u fiirsada labadaa xaaladood, weliba xaaladdan ayaa ka sii daran oo kani ninka hadlaaya ayuu dhaawacay, kaana asxaabtiisii ayuu laayey. "Ma dilayaa kol hadii uu waan islaamay" yiraahdo. Rasuulku wuxuu yiri, " Ha dilin" "Rasuulkii Ilaahayow labadaydii gacmood middood ayuu gooyey" ayuu ku celiyey. Rasuulku wuxuu yiri:

« لا تقتله فإن قتلته فإنه بمنزلتك قبل أن تقتله وإنك بمنزلته قبل أن يقول كلمته التي قال»(١)

"Ha dilin! Haddii aad disho, adiguna heerkiisii intaanu Laa ilaaha Illallaahu ku dhawaaqin ayaad joogaysaa, isaguna heerkaagii intaadan dilin ayuu joogayaa." Ujeeddada xaddiiska, si walbaba ha lagu fasiro, Ibnu Xibbaan wuxuu ku fasiray, "Inuu noqday qof dhiiggiisu dhawran yahay markii uu yiri Laa ilaaha illallaahu, adiguna (aad noqotay) qof dhiiggiisu duudsi yahay oo aan wax-ka-sooqaad lahayn markii aad dishay, oo gaalnimo dhab ah ugama jeedo." Sidaas ayuu ku fasiray. Si kastaba ha ahaatee, Nabigu arrinkaa aad ayuu u adkeeyey.

Taasi waxay ahayd Nabigu hadalladiisii; sunnadiisii qawliyadda (hadalka) ahayd. Sunnadiisii ama siiradiisii falka (camaliyada) ahayd, weligii lagama sheegin inuu wax kale ka sii dalbay qof Laa ilaaha illallaahu, ama wax u dhigma yiri. Intaas keliya ayuu ku dayn jirey. Haddii uu xaalad dagaal ku jiro, iyo haddii uu mid nabad ku jiroba,

---

(١) أحمد والبخاري ومسلم وأبوداود وغيرهم

qofkii "Laa ilaaha illallaahu" yiraahda muslim ayuu ka dhigi jirey oo ciidankiisa ayuu ku dari jirey.

Waxaa jira culimada waaweyn qaarkood inay faahfaahin sheegeen, oo qofka ehlu-kitaabka ah iyo midka mushrigga ah ay kala qaadeen. Qaarkood waxay leeyihiin, "Waxaa loo shardiyayaa inuu qiro inuu beri ka yahay diin kasta oo khilaafaysa diinta nabi Muxammed, ama yiraahdo waxaan qirayaa Maxammed inuu yahay rasuul khalqiga oo dhan loo soo diray." Culimadaa waxaa ka mid Imaamu Shaafici, wuxuuna masaladaa ku sheegay kitaabkiisa "Um". Imaam Abuu Maxammed Al Baqawi, isaguna sidaas oo kale ayuu sheegay. Kala-qaadkaa, midkoodna wax daliil ah uma sheegin. Waa wanaag-u-arag iyaga ah. Waxaa jira axaadiis khilaafsan oo raddinaysa, axaadiistaana waxaa ka mid ah xadiiskii Ibnu Cabbaas ee uu Nabigu ﷺ Macaad u diray yaman:

«إنّك تأتي قوماً أهل الكتاب فليكن أول ما تدعوهم إليه شهادة أن لا إله إلّا الله وأنّي رسول الله، فإن هم أطاعو لك بذلك فأعلمهم أنّ الله افترض عليهم خمس صلوات فإن هم أطاعو لك بذلك فأخبرهم أنّ الله افترض عليهم صدقة تؤخذ من أغنيائهم وتردّ إلي فغراءهم...»[1]

Ahlu-kitaab weeyaan ayuu yiri, shahaadataynka keliya ayuuna kaga haray. Dad badan oo Majuus ahaa, ama murtaddiin ahaa oo soo noqday, ama Ehlu-kitaab iyo Mushrikiin ahaa ayaa soo islaamay waqtigii Nabiga ﷺ iyo Khulafada ﷺ. Inay kala qaadeen, oo qaarkood wax gaar ah u shardiyeen lagama sheegin.

---

(١) أحمد والبخاري ومسلم وأبوداود وغيرهم

Alxaafid Ibnu Rajab iyo Al imam Shiikhul islaam Ibnu Taymiyah labo hadal oo ay leeyihiin ayaan naskoodii soo guurinayaa.

Marka hore, xadiiska qisada Mucaad ayaa waxaan ka qaadanaynaa in qofku markuu islaannimada soo galo, tallaabooyin kale ay ku sii xigayso. Tallaabooyinkaasina waa in la baro mabaadi'da islaamka. Islaannimada axkaamteedii iyo waxyaabaha looga baahan yahay oo inuu sameeyo la rabo, ayaa la barayaa. Intaas looga hari mayo, oo "muslim baad noqotay iska dhaqaaq," lama oranayo. Gacantaa lagu dhigayaa, waxaana la barayaa waxyaabaha waajibaadka ku ah iyo waxyaabaha xaaraanta ka ah, waana la farayaa inuu ku dhaqmo.

Wuxuu leeyahay Alimaam Alxaafid Ibnu faraj Ibnu Rajab:

ومن المعلوم بالضرورة أن النبي ﷺ كان يقبل من كل من جاءه يريد الدخول في الإسلام الشهادتين فقط ويعصم دمه بذلك ويجعله مسلماً فقد أنكر على أسامة ابن زيد قتله لمن قال لا إله إلا الله لما رفع عليه السيف واشتد نكيره عليه ولم يكن النبي ﷺ يشترط على من جاءه يريد الإسلام أن يلتزم الصلاة والزكاة

Macnaha hadalku waxaa weeye, in Nabigu ﷺ uu shahaadataynka uga kaaftoomi jirey qofkii islaamka soo gelaya. Kaddib, waxyaabihii kale ee la midka ahaa ayuu laasimin jirey oo u sheegi jirey, barina jirey, inuu ku dhaqmana ku waajibin jirey. Jaamicul Culuum walxikam ayuu ku sheegay, safxada 79.

Ibnu Taymiyah wuxuu leeyahay,

«فقد علم بالضّرار من دين الرّسول ﷺ واتفقت عليه الأمّة أنّ أصل الإسلام وما يؤمر به

الخلق شهادة أن لا إله إلا الله وأنّ محمداً رسول الله فبذلك يصير الكافر مسلماً والعدوّ وليّاً ومباح دمّه وماله معصوم الدّم والمال ثمّ إن كان ذلك من قلبه فقد دخل في الإيمان وإن قاله بلسانه دون قلبه فهو في ظاهر الإسلام دون باطن الإيمان.»

Sidaas ayuu Ibnu Taymiyah isna yiri. (الضّرار) ayuu yiri, Daruurana waxaa la yiraahdaa waxaan feker iyo tacliin u baahnayn. Waa arrin daruuri ah, qof kasta oo diinta islaamka wax ka yaqaannana uu garanayo. Sidaas ayey rasuulka iyo khulafadiisu ahaayeen, salafkii saalixa ahaana ay kaga dabo-mareen.

Dadka salafka jidkoodii khilaafsan, sida kuwa dadka gaalaysiiya ee Ahlu takfiirka (أهل التكفير) loo yaqaanno, waxyaabo cusub oo aan daliil ahayn ayey la yimaadeen oo ay leeyihiin waa loo shardiyayaa, loogana kaaftoomi maayo qofka ku hadalka ashahaadataynka keliya, ee waxaa laga rabaa inuu wax kale ku daro. Qaarkood waxay shardiyeen inuu camal la yimaado, "Laa ilaaha illallaahu" intuu yiraahdo. Markii la weyddiiyey, "camalkaas qaddarkiisu waa intee, acmaasha islaamku waa faro badan tahaye," waxay yiraahdeen, "Waajibaadka waa inuu la yimaado, hal waajibba ha ahaatee. Waxuun waajib ah ha la yimaado." Kuwaas waxaa loo yaqaannaa, «أصحاب الحدّ الأدنى», Macnaha, inta ugu yar waa inuu hal waajib la yimaado.

Qolyahaas waxaa lagu raddiyey: Rasuulku ﷺ wuxuu u bandhigay dad sakaraadaya ashahaadataynka. Kuwii ku dhawaaqay wuu ku farxay oo Alle ugu xamdiyey, inay naar ka badbaadeenna uu sheegay, kuwii kalena ahlu-naar inay noqdeen ayuu sheegay. Dadkaas waxaa ka mid ahaa adeerkii Abuu Daalib. Abuu Daalib oo lagu soo xaadiray ayuu Nabigu ﷺ u yimid, oo islaannimada u bandhigay,

«يا عمّ قل لا إله إلّا الله كلمة أشهد لك بها عند الله، وفي رواية أحاج لك بها عند الله» (1)

" Adeerow hal erey keliya ii dheh aan kuu shafaaco qaadee, Alle agtiisana aan qabsado, sababna ka dhigtee. Laa ilaaha illallaahu dheh." Abuu Daalib oo Nabiga  runtiisa ogaa, aadna u jeclaa, khilaafkiisa iyo wuxuu ka qabsado inuu ku diidona ay dhib ku ahayd, waxaa laga dareemay inuu soo dhawaaday. Laakiin shayaaddiin la joogtey oo qaraabadiisa iyo reer abtigiis ahaa- Abuujahal iyo miduu abti u ahaa, Zuhayr Ibnu Abii Umaya, laakiin soo islaamay- ayaa odaygii ficiladii jaahilayadda xusuusiyey. "Abuu daalibow ma waxaad ka fiican tahay Cabdimudalib!? Ma diintii Cabdimuddalin ayaad nacaysaa!?" Ilaa odaygii isbeddelay, oo intuu diidey yiri,

«أنا علي دين عبدالمطلب»

Wixii ugu dambeeyey ee uu ku dhawaaqay waxay ahayd diintii Cabdimudallib. Rasuulku  wuxuu sheegay inuu ehlu-naar yahay, inkastoo uu sheegay in laga fududeeyey. Waa xadiis sixiix ah oo la isku waafaqay.

Sidoo kale, waxaa jirey xadiis kale. Wiil yar oo Yuhuudi ahaa oo Nabiga  u adeegayey ayaa jirradey, markaas ayuu Nabigu  booqasho ugu tagey. Isagoo aabbihi agfadhiyo ayuu u tagey, kaddibna shahaadada ayuu u bandhigay. Yarkii aabbihiis ayuu fiiriyey isagoo ka idan dalbaya, markaas ayaa odaygii yiri, «أطع أبا القاسم»

"Wuxuu kaa doonayo u yeel; dheh!" Waa garanayaa inuu xaq yahay oo wiilkiisu haddii uu ka diido uu ehlu naar noqonayo, laakiin isagu ma yeelayo. Wiilkii wuu ashahaatay. Nabigu wuxuu ka soo baxay isagoo leh,

---

(1) متفق عليه.

«خرج من عنده وهو يقول الحمد لله الّذي أنقذه من النّار»⁽¹⁾

"Allaah ayaa mahad leh ka bedbaadiyey naar"
Waa xadiis saxiix ah oo Bukhaari iyo qayrki ay weriyeen.

Waa qof sakaraadaya oo hadda dhimanaya, welibana riwaayaadka qaar ayaa waxay yiraahdaan,

«فما لبث أن مات»

"wax yar kama soo wareegin inuu dhinto wiilkii yaraa." Nin gogoshii dhimashada dusheeda saaran oo wax yar kaddibba dhintay, camalna aanu ka suurtoobayn, maxay tahay faa'iidada ku jirta in islaannimada loo bandhigo haddii aan laga aqbalayn haddii aanu camal ku darin.

Qaarkood waxay yiraahdeen, "Waa la imtixaanayaa, ilaa la ogaado inay dhab ka tahay iyo in kale. Shahaadataynka keliya looga kaaftoomi maayee, waa la imtixaanayaa." waxay soo daliishadeen aayado Qur'aan ah iyo axaadiis. Tusaale ahaan, waxay soo daliishadeen qisadii Usaama ee aan mar dhowayd soo sheegnay. Riwaayadda la isku waafaqay waan soo sheegnay laakiin riwaayaadka xadiiska middood, ahna mid muslim gaar la noqday, ayaa waxay leedahay inuu Nabigu ﷺ Usaama ﷺ ku yiri,

«أفلا شققت عن قلبه حتى تعلم أقالها صادقا أم لا»

"Maxaad qalbigiisa u jeexi weydey si aad u ogaato inay dhab ka tahay iyo inaanay dhab ka ahayn?" Taas ayaa waxay ku fasirayaan inuu Nabigu ﷺ uu Usaama ku canaananayo inaanu imtixaanin, oo ninkii isagoon imtixaanin ayuu iska diley.

---

(١) البخاري وابن حبّان في صحيحه والبغوي في شرح السنة

Arrinku sidaa ma ahan, iyo Nabigu inuu farayey inuu imtixaano, taasna waxaa ina tusinaya saddex arrimood:

Midda hore: Nabigu ﷺ wuxuu yiri,

«إنِّي لم أُومَر أن أنقُبَ عن قلوبِ الناسِ ولا أن أشقَّ بطونَهم» ⁽¹⁾

Waxaa suurtowda in Nabigu ﷺ uu hadalkan yiri mar uu qof ku tuhmay qayb uu qaybinayey inay xaqdarro u dhacday, markii Khaalid ؓ Nabiga ﷺ ka idan dalbay inuu dilo ayuu wuxuu yiri,

«لعلَّه يصلِّي»

"Inuu tukado ayaa laga yaabaa," markaas ayaa Khaalid yiri,

«وكم من مصلٍّ ليس في قلبه ما يقوله بلسانه» أو كما قال

"Intee qof tukanaya oo aanay qalbigiisa ku jirin wuxuu carrabkiisu leeyahay." Markaas ayuu Nabigu ﷺ hadalkaa yiri, "Aniga la ima amrin inaan dadka quluubtooda dalooliyo iyo inaan calooshooda jeexo." Macnaha, inaan fatasho la ima amrin. Nabigu ﷺ inuu asxaabtiisa amro waxaan isaga la amrin, sharciggiisana ku jirin waa mid aan suurtoobin.

Midda labaad, waa middaan hadda ka hor soo sheegnay. Nabiga ﷺ iyo khulafadiisu, dadka ma imtixaani jirin oo ashahaadada ayey uga gaabsan jireen.

Midda saddexaad, waa sida ay ku fasireen xadiiska, una sharraxeen shurraaxda axaadiista, gaar ahaan imaam Nawawi iyo Xaafid Ibnu xajar. Hadalka asalkiisa Nawawi ayaa lahaa, Xaafidna waa ka soo xigtey, xoogaana waa ku daray.

---

(١) أحمد البخاري ومسلم :sidan ayey u weriyeen إني لم أومر أن أنقب عن قلوب الناس ولا أشق بطونهم

وَمَعْنَاهُ أَنَّكَ إِنَّمَا كُلِّفْتَ بِالْعَمَلِ بِالظَّاهِرِ وَمَا يَنْطِقُ بِهِ اللِّسَانِ وَأَمَّا الْقَلْبُ فَلَيْسَ لَكَ طَرِيقٌ إِلَى مَا فِيهِ، فَأَنْكَرَ عَلَيْهِ تَرْكَ الْعَمَلِ بِمَا ظَهَرَ مِنَ اللِّسَانِ فَقَالَ ﴿أَفَلَا شَقَقْتَ عَنْ قَلْبِهِ﴾

Fiiriya hadalkaa! (فأنكر عليه) Nabigu ﷺ wuxuu ku qoonsaday oo ku diidey oo ku canaantay ka tegitaankiisii wixii uu carrabka ka yiri.

"Adiga waxaa lagu raaciyey camalka muuqda iyo waxa carrabka looga hadlo, laakiin qalbiga waxa ku jira jid uma lihid, sidaana wuu ku inkiray iyo inaanu ku camal-falin wixii uu carrabka ka yiri, markaas ayuu ku yiri, 'maxaad qalbigiisa u jeexi weydey?'" Hadalkaa uu Nabigu ﷺ yiri waa raddin iyo ku inkirid uu Usaama ku inkiray cudurdaarkiisii uu soo qaddimay mooyaane, ma ahan inuu u idmayo oo uu amrayo. Inkaarkaas oo kale waa midka ay culimada luqaddu ku magacaabaan, diidmo-su'aaleed (استفهام الانكاري). Macnuhu waxaa weeye; Maxaad qalbigiisa u jeexi weydey!

Xaafid wuu sii wadey, wuxuuna yiri,

«والمعني: أنَّكَ إذا كنتَ لستَ قادرا علي ذلك فاكتفِ منه باللِّسان» فتح الباري

"Macnuhu waxaa weeyaan; haddii aadan sidaa yeeli karin ka joogso oo uga kaaftoon carrabka." Hadalkaasina waa kii Xaafid Ibnu Xajar, asalkiisana uu lahaa Nawawi, inkastoo aanu u tiirin.

Sidoo kale, Xaafid wuxuu hadalkiisa soo naqliyey Abul Cabbaas Alqurdubi oo sharraxay saxiixul Muslim, wuxuuna yiri: Qurdubi wuxuu yiri,

وفيه دليلٌ علي ترتب الأحكام علي الأسباب الظاهرة دون الباطنة

فتح الباري ج ١٢ ص ٢٠٤ طبعة دار الريان للتراث

"Waxay u tahay daliil in axkaamtu ka dhalanayso waxyaabaha muuqda ee aanay ahayn waxa qarsoon."

Iimaam Nawawi wuxuu, isna ku sheegay juzka labaad, bogga 104, macnahooduna waa isku mid, kalmado uu Xaafid ku daray mooyee.

Saddexdaa arrimood waxay ina tusinayaan in sida ay ⁽¹⁾ axaadiista u qaateen aanay ahayn.

Waxa kale oo ay soo daliishadeen aayadda Quraanka ah:

يَا أَيُّهَا الَّذِينَ آمَنُوا إِذَا ضَرَبْتُمْ فِي سَبِيلِ اللَّهِ فَتَبَيَّنُوا وَلَا تَقُولُوا لِمَنْ أَلْقَى إِلَيْكُمُ السَّلَامَ لَسْتَ مُؤْمِنًا تَبْتَغُونَ عَرَضَ الْحَيَاةِ الدُّنْيَا فَعِندَ اللَّهِ مَغَانِمُ كَثِيرَةٌ كَذَٰلِكَ كُنتُم مِّن قَبْلُ فَمَنَّ اللَّهُ عَلَيْكُمْ فَتَبَيَّنُوا إِنَّ اللَّهَ كَانَ بِمَا تَعْمَلُونَ خَبِيرًا

"Kuwa iimaanka laga helayoow, haddii aad jidka ilaahay ku socotaan caddaysta." Sida ay u soo daliishanayaan waxaa weeyaan, "(فَتَبَيَّنُوا) waa «أطلبو البيان» macneheeduna waa, "imtixaana" ayey yiraahdeen.

Sababta aayaddu ku soo degtey xadiis sixiix ah ayaa Ibnu Cabbaas  ku sheegay, qisadiisuna waxay ahayd: Rasuulku ﷺ ciidan ayuu u diray qabiil Banuu Sulaym la yiraahdo. Waxay saxaabadii soo mareen nin ari wata oo soo haray markii dadkii kale carareen. Markii ay u yimaadeen ayaa ninkii salaamay, oo "assalaamu calaykum" yiri. Ninkii waa dileen iyagoo u malaynaya, sidii Usaama oo kale in cabsi u gaysey, arigiina waa soo kaxaysteen. markaas ayey aayaddu soo degtey.

«تَبْتَغُونَ عَرَضَ الْحَيَاةِ الدُّنْيَا» Ibnu Cabbaas wuxuu ku fasiray

---

(1) Waxaa laga wadaa qolada dadka gaalaysiiya ee Takfiirka

arigii ay soo kaxaysteen. Canaantii ayaa la sii waday, "Sidaas ayaad ahaan jirteen oo iimaankiinna ayaad qarsan jirteen markaad gaalada ku dhexjirteen" (فَتَبَيَّنُوا) labo goor ayuu ku soo celiyey. "Aayaddan ayaa tusinaysa in qofka la imtixaanayo, ilaa la imtixaamona aan laga aqbalayn." ayey yiraahdeen,

Sida runta ah aayadda markuu Ibnu Xajar sharxaayey jidkaas ayuu isaguna maray oo aayaddu inay imtixaan farayso ayuu sheegay. Ibnu Xajar wuxuu yiri,

»وفي الأية دليل علي أنّ من أظهر شيئا من علامات الإسلام لم يحلّ دمّه حتي يختبر أمره لأنّ السّلام تحيّة المسلمين وكانت تحيّتهم في الجاهليّة بخلاف ذلك«

"Aayaddu waxay daliil u tahay qofkii muujista calaamadaha islaamka inaan dhiiggiisu bannaanayn illaa arrinkiisa laga baaro, waayo assalaamu calaykum waa salaantii muslimiinta, salaantii jaahiluguna sidaa waa ka duwanayd."

(حتي يختبر أمره) ayuu yiri. Imtixaankii ay sheegayeen hadalka Ibnu xajar waa ku dhacday, laakiin hadalka Ibnu Xajar dhawr arrimood ayaa ku jirta:

Arrinta hore, waxa ninka ka soo fulay salaam ayey ahayd, marka, haddiiba uu imtixaan sheegayo inuu ku daayo oo yiraahdo, "Qofkii salaan la yimaada inaanay salaantaasi caddayn u noqonaynin illaa la imtixaano" ayaa qummanayd, inuu guud yeelona ma ahayn. Weliba hadalkiisii waa sii socday oo wuxuu leeyahay,

»بل لا بدّ التّلفظ بالشّهادتين«

"Waxaa lagama maarmaan ah inuu ashahaadada ku hadlo."
Waa la imtixaanayaa oo shacaa'irta iyo calaamaadkaa lagaga kaaftoomi maayee, waa lagama maarmaan inuu ku

dhawaaqo shahaadataynka. Waxa Ibnu Xajar uu leeyahay waa lagu imtixaanayaa waa ku dhawaaqidda shahaadataynka. Marka, qofka ku hadla shahaadataynka uma baahna imtixaan, Ibnu xajar iyo cid kaleba.

Midda kale, sida uu sheegay waxa lagu imtixaamayaa waa ku hadalka ashahaadataynka, haddii uu la yimaadona wax kale lala imaan maayo. Laakiin Takfiirku qofka ay leeyihiin ha la imtixaano waa qofka la imanaya ashahaadataynka. Sidaa darteed, ma qabsan karaan hadalka Inbu Xajar, haddiiba aan ku raacno oo qofkii calaamaad la yimaadoba waa la imtixanayaa aan ku raacno, laakiin qofka shahaadataynka la yimaada isaga lama imtixaanayo. Shahaadataynka, iyaga ayaa wax lagu imtixaanayaa.

Midda kale, hadalka Xaafid Ibnu xajar iska-hor-imaad ayaa ku jira. Markii uu fasirayey xadiiska Usaama,

أفلا شققت عن قلبه

Wuxuu ku sheegay in arrimuhu muuqaalka ku xiran yihiin oo qofka islaannimada muuqata la yimaada waa laga aqbalayaa. Markii uu fasirayey xadiiskii Nabiga ﷺ ee ahaa;

«من صلى صلاتنا واستقبل قبلتنا وأكل ذبيحتنا فذلك المسلم الذي له ذمة الله وذمة رسوله فلا تخفروا الله في ذمته»

"Qofkii tukada salaaddayada, qibladayadana u jeesta, waxaan gawracnana cuna kaasi waa muslimka leh Alle iyo rasuulka nabad-gelintooda..." Isna sidoo kale ayuu yiri, "Xadiisku wuxuu tusinayaa in arrimuhu muuqaalka ku xiran yihiin oo qofkii islaannimada muuqata la yimaada aan wax kale loo sii raacanayn, lagana aqbalayo." Xaafid Ibnu Xajar hadalladiisa iska-hor-imaadkaas ayaa ku jira.

Midda kale ee hadalka Ibnu Xajar sii raddinaysa waa sida uu yiri qoraaga kitaabka (ضوابط التكفير عند أهل السّنّة والجماعة), "Haddii aayadda loo qaato sida uu Ibnu Xajar ku fasiray horteeda iyo gadaasheeda ayaa isburin lahaa, waayo aakhirkeedu wuxuu sheegayaa inaan la imtixaanayn, awalkeedana-haddii sidaa lagu fasiro-in la imtixaanayo."

﴿وَلَا تَقُولُوا لِمَنْ أَلْقَىٰ إِلَيْكُمُ ٱلسَّلَٰمَ لَسْتَ مُؤْمِنًا تَبْتَغُونَ عَرَضَ ٱلْحَيَوٰةِ ٱلدُّنْيَا﴾ [النساء:٩٤]

Intaasi waxay keenaysaa, oo hadalkaasi tusinayaa in salaantaa laga aqbalo. Laakiin (فَتَبَيَّنُوا), siduu ku fasiray, waxay keeni lahayd in la imtixaano.

Ugu dambayntii, hadalka Ibnu Xajar waxaa isna raddinaya inuu khilaafay nin ka rajaxan, waana Ibnu Jariir Addabari (shiikhii mufasiriinta iyo imaamkii taariikh-yahannada). Aayadda markuu fasirayey wuxuu ku fasiray (فَتَبَيَّنُوا) (فَتَأَنَّوْا) "kaadsada" oo qof Laa ilaaha Illallaahu yiraahda dilkiisa ha ku degdegina. Sidaas ayuu ku fasiray mooyaane, wax imtixaan ahna maanu sheegin, mana soo qaadin. Waa canaan lagu canaananayo degdeggii mooyaane, amar la amraayo inay wax imtixaanaan ma ahan. Ibnu Jariir wuxuu ku sheegay juzka shanaad ee tafsiirkiisa bogga 139-140- ee suuratu Nisaa, daabacadda Daarul Fikir. Intaas oo dhan waxay faa'iideyneysaa in Nabigu ﷺ, sidii Usaamaba aanu u farin imtixaan, Allena dadka aanu u farin imtixaan.

Qaarkood ayaa waxay yiraahdeen, "Towba ayaa laga rabaa oo waa inuu shirkigii ka soo noqdaa." Waa arrin cajiib ah! Ku hadalka shahaadataynka ayaaba towbo ah. Allaah sokadiisa waxa la caabudo oo laga beri noqdo iyo shirkigii oo laga soo noqdo weeye. Arrintaa waxay u daliishadeen aayadda suuratu Towba:

﴿ فَإِذَا انسَلَخَ ٱلْأَشْهُرُ ٱلْحُرُمُ فَٱقْتُلُواْ ٱلْمُشْرِكِينَ حَيْثُ وَجَدتُّمُوهُمْ وَخُذُوهُمْ وَٱحْصُرُوهُمْ وَٱقْعُدُواْ لَهُمْ كُلَّ مَرْصَدٍ فَإِن تَابُواْ وَأَقَامُواْ ٱلصَّلَوٰةَ وَءَاتَوُاْ ٱلزَّكَوٰةَ فَخَلُّواْ سَبِيلَهُمْ إِنَّ ٱللَّهَ غَفُورٌ رَّحِيمٌ ﴾[التوبة:٥].

Waxay leeyihiin, Allaah wuxuu aayadda ku sheegay towbad. Waa sax, Alle towbad waa sheegay, laakiin towbadu maxay ku xasilaysaa? Towbad ka dheeraad ah ku hadalka shahaadataynka miyuu Alle sheegay? Mise waxay ku xasilaysaa ku hadalka shahaadataynka? Ku hadalka shahaadataynka ayey ku xasilaysaa. Waxaa arrinkaa na tusaya sida uu u fasiray imamu Bukhaari. Wuxuu iimaamu Bukhaari cinwaan ka dhigtay aayaddan. Wuxuu yiri,

(باب فان تابوا وأقاموا الصلاة وآتوا الزّكاة فخلّوا سبيلهم)

Markaa ayaa wuxuu soo arooriyey xadiiskii Ibnu Cumar:
أمرت أن أقاتل الناس حتى يشهدوا أن لا اله الا الله وأن محمدا رسول الله ويقيموا الصلاة ويؤتوا الزكاة فإذا فعلوا ذلك عصموا مني دماءهم وأموالهم الا بحق الاسلام وحسابهم على الله

"Waxaa la i amray inaan dadka la dagaallamo...." Aayadda fasirkeedii ayuu xadiiska ka dhigay. Xaafid Ibnu Xajar markii uu xadiiska sharraxayey ayuu yiri, "Sidee xadiisku aayaddan fasir ugu noqonayaa?" Kaddib, ayaa wuxuu sheegay inuu labo meelood ka fasirayo: Midda hore, xadiisku wuxuu fasirayaa waxa loola jeedo towbadda "فَإِن تَابُواْ". Midda kale, wuxuu xadiisku fasirayaa "فَخَلُّواْ سَبِيلَهُمْ" takhlídda(sii daynta) waxa loola jeedo. Markaa kaddib ayuu Xaafid yiri, "Xadiisku sida uu aayadda u fasirayaa waxaa weeyaan: Towbada aayaddu sheegtay (فَإِن تَابُواْ) iyo shahaadataynka xadiisku sheegay ayaa isku mid ah oo isfasiraya, towbada ujeeddadeeduna waa in ashahaadataynka lagu dhawaaqo. Sidaa darteed, towbad-keenka macneheedu wuxuu noqonayaa inay ka soo noqdaan shirkiga, inay qiraan

Allaah mooyee Alle kale inaanu jirin, Muxammedna ﷺ rasuulkiisii yahay, oo towbad kale oo ka dheeraad ah ma jirto.

Nabigu ﷺ markuu leeyahay (عصموا منى دماءهم) "Dhiiggooda waa iga ilaaliyeen," iyo (فَخَلُّوا سَبِيلَهُمْ) "sii daaya" uu Alle aayadda ku leeyahay, iyana waa isku mid." Takhliyada waxaa laga wadaa inuu dhiiggoodu xaaraan noqday.

Saddexdaa arrimood ee ay shardiyeen-Camal, imtixaan iyo towbad- midna waxba kama jiraan, wixii ay daliilka ka dhigteenna wax daliil noqonaya ma ahan.

Daliilka ugu weyn oo aan daliil kale la raadinayn waxaa weeye, Nabiga ﷺ siiradiisii camaliyadda (falka) ahayd. Ma la sheegay weligii qof ashahaadataynka ku dhawaaqay oo uu sii imtixaanay!? Addoontii uu imtixaanay shahaadada kuma dhawaaqin, sayidkeedii ayaana u baahday oo xukun sharci ah kaga xirmay[1]. Markaas ayuu ku imtixaanay wax shahaadataynka u dhigma, markii uu ku arkayna, islaannimo ayuu u xukumay.

Gabogabadii, qof walba oo la yimaada ashahaadataynka iyo wax meeshoodii gala, oo shacaa'ir diini ah, qofkaana gaal inuu ahaa lagu ogaa, waxaa loo qaadanayaa inuu muslim yahay, wax burinaya inuu la yimaado mooyaane. Wuxuu yeelanayaa agteenna, ugu yaraan, xuquuqdii muslimiintu lahayd oo dhan oo uu mudanayaa. Wuxuu yeelanayaa xiriirintii, nikaaxiisa saxiixnimadiisa oo laga guursanayo oo loo guurinayo, gawraciisa oo la cunayo, salaadda oo lagu

---

(1) Arrinkaa sharciga ah ee kaga xirmay islaanimadeeda waxaa weeyaan, inuu ogaado in addoontaasi neef ay gawracday hilibkiisa la cuni karo, iyo in kale.

dabo-tukanayo, haddii uu dhinto oo lagu tukanayo, qubuuraha muslimiintana lagu aasayo. Wax kasta oo ay muslimiintu lahaayeen ayuu yeelanayaa, ilaa uu la yimaado wax cad oo shahaadada uu ku dhawaaqay burinaya oo si caddaan ah loogu arko. Haddii kale inuu muslim yahay ayaa loo qaadanayaa.

Haddii uu munaafaq yahay oo gaalnimo u qarsoon tahay, shahaadataynka uu ku dhawaaqayona uu dan kale ku wato, innagu waan bedbaadinaynaa, waana anfacaysaa oo waan la macaamaloonaynaa. Muslinnimo ayaan ula macaamaloonaynaa, haddii aannan xaqiiqadiisa ogaannin, ficilkiisa iyo qawlkiisa wax burinayana aannan si cad u arkin, illeyn si kale kuma ogaan karnee. Ilaahay agtiisa ma anfacayso oo waa cadow Ilaahay oo kaafir ah, naartana meesha ugu hoosaysa ka galaya. Annagu walaal ayaan ka dhiganaynaa oo muslim ayaan u qaadanaynaa, illeyn xaqiiqadiisa Alle ayaa og, innaguse ma ogin. Haddii arrinkaasi dhab ka yahay, muuqaal iyo qarsoodiba, Allaah agtiisa iyo innaga agteennaba waa anfacaysaa, aakhirona ehlu janno ayuu noqonayaa. Waa haddii uu sidaa ku dhinto, wax buriyana aanu la imaan.

Bulshada Muslimka
Ah Maxaan Ku Tirinaynaa?

Mawduucan wuxuu ku saabsan yahay xukunka bulshada muslimka ah iyo waxa aan ku tirinayno, waxaase ka horrayn doona wax yar oo ka-dabo-tag ah oo ku saabsan mawduucii hore. Qaar waa caddayn, qaarna waa sixid.

Caddayntu waxaa weeye inaan niri, "Ra'yiga Ibnu Jariir Addabari wuu ka rajaxan yahay midka Xaafid Ibnu Xajar." Waa inaan loo qaadan guud ahaan. Waxaan ka wadney baabka tafsiirka ee markaa aan joogney. Baabab kale haddii ay tahay, sida haddii la joogo baabka xadiiska, sida sixiixintiisa, daciifnimadiisa, waxyaabo sanadkiisa ah iyo wixii la mid ah, haddii ay isku khilaafaan Ibnu Jariir iyo Xaafid Ibnu Xajar Alcasqalaani, shaki waxaan lahayn in ra'yiga Xaafid Ibnu Xajar Alcasqalaani uu ka rajaxnaanayo midka Ibnu Jariir Addabari. Laakiin baabka tafsiirka marka la joogo Ibnu Jariir ayaa ka rajaxan, sababtuna waxaa weeye waa mid walba iyo takhasuskiisa. Xaafid Ibnu Xajar takhasus dheer ayuu u leeyahay xadiiska, kutub badan oo daboolay noocyada xadiiska oo dhan ayuuna ka qoray. Ibnu Jariir Addabari, inakstoo uu muxaddis weyn, oo xaafid ah uu ahaa, kitaabkiisa (تهذيب الآثار) afarta jus ee laga helay qofkii akhriyaana uu garanayo, haddana waxaan shaki lahayn inuu uga hooseeyo, kagana takhasus yar yahay Xaafid Ibnu Xajar, kitaabkaas waxaan ahayn oo uu ka allifay baabka xadiiskana ma jiro. Tafsiirka ayuu kutub weyn oo lagu tiriyo inuu yahay kutubka ugu wanaagsan, guud ahaan kutubta tafsiirka ee daabacan, allifey. Kitaab aanay Ibnu kathiir iyo Qurdubi iyo mid kale toona gaari karin ayuu ka allifay. Marka, waa kaga fiican yahay baabka tafsiirka Ibnu Xajar. Sidaas ayaan u lahayn ra'yigiisa ayaa ka rajaxan.

Sixidda koowaad waxaa weeyaan, nimankii qafaalka (asrada) ahaa ee Khaalid Ibnu Waliid iyo ciidankiisii ay laayeen "saba'naa" markii ay yiraahdeen, qabiiladooda waxaa la dhihi jirey Banuu Jadiima, ma ahayn Banuu Cabdimaddaam, sidii aan markii hore u malaynnay.

Sixidda labaad ee ugu dambaysa, waa dardaarankii nabi Nuux uu la dardaarmay wiilkiisa. Waxay ka koobnayd afar shay oo laboba ay is raacsan tahay; labo la iska reebay (manhiyaad ah) iyo labo la is amray (ma'muuraad ah.) Wuxuu yiri

«آمرك باثنتين وأنهاك عن اثنتين. أنهاك عن الشرك والكبر» (١)

"Waxaan ku amrayaa labo shay, waxaanan kaa reebayaa labo. Waxaan kaa reebayaa shirkiga iyo kibirka" Labadaas waa labaduu ka nahyiyey, mana faahfaahin.

«وآمرك باثنتين قول لا إله إلّا الله فإنّه لو وضع في السّموات السبع والأرضون السّبع....إلى آخره»

"Waxaan ku amrayaa qawlka Laa ilaaha illallaahu. Haddii samaawaadka iyo arlada la saaro..," intii aan sheegnay, waana u cilleeyey. Haddii toddobada samo iyo toddobada dhul kafad la saaro ay ka cuslaan lahayd, haddii

---

(١) أحمد في مسنده.

ay wax xajmi leh yihiin oo dusha laga saarona way kala goyn lahayd.

«وَآمُرُكَ بِسُبْحَانَ اللّٰهِ وَبِحَمْدِهِ فَإِنَّهَا صَلَاةُ الْخَلَائِقِ وَبِهَا يُرْزَقُ الْخَلَائِقُ»

وَإِنْ مِنْ شَيْءٍ إِلَّا يُسَبِّحُ بِحَمْدِهِ وَلَكِنْ لَا تَفْقَهُونَ تَسْبِيحَهُمْ

aayaddaas ayuu tafsiir u noqon karaa xadiisku.

Xadiiskani wuxuu ka mid yahay addillada dhawrka ah ee tusinaya in dhulku toddobo yahay, sida cirka oo kale.

Mawduuceennii ayaan bilaabanaynaa. Waxaan ka soo hadalnay dadka gaalada ahaan jirey waxay islaamka ku soo galaan. Haddaba, dadka islaannimada ku soo dhaqmay ee ku soo abtirsaday, dalalka islaamka loo yaqaanna ku nool maxaan ku tirinaynaa? Ma muslimiin ayaan ku tirinaynaa, mise kuma tirinayno?

Waxaan shaki lahayn in bulshada dhulalka islaamka ku nool ee ashahaata, wax badan oo shacaa'irta diinka ka mid ahna la yimaada, in muslimiin lagu tirinayo, muslinnimona loola dhaqmayo. Guurkooda iyo waxa raggoodu haweenkooda ku qabaan uu sax tahay, ubadka ugu dhashaa ay ubad xalaal ah yihiin, wixii ay gawracaan la cunayo, masaajiddooda lagu tukanayo, a'immadooda salaadda lagu xiranayo, qofkii dhinta muslinnimo loo dhaqayo, loona kafmayo. In lagu tukanayo oo qubuuraha muslimiinta lagu aasayo, muslinnimona loo aanaysanayo, xiriirkii, maxabbadii iyo iskaashigii muslimiinta ka dhaxeeyey loo fidinaayo.

Arrinkaa daliil uma baahna oo mawduucii ka horreeyey ayaa ku filan. Qof gaalnimo lagu ogaan jirey haddii ashahaadataynka oo uu ku dhawaaqay keliya looga kaaftoomay, sidii aan soo marnay oo addilladeedii aan ku soo qaadannay, dad quruumo badan islaannimada ku soo abtirsan jirey waa ka sii xoog badan yihiin. Islaannimadoodii ayaa sugnaatay, ilaa ay sugnaato wax islaannimada ka bixinaya oo si cad inay uga bexeen tusaya, islaannimo ayaa loo qaadanayaa. Waxaa kale oo arrintaa tusinaya xadiiskii Anas; Rasuuska Alle :

«انه اذا غزا قوما لا يغير عليهم حتي يصبح فاذا اصبح وسمع اذانا كفّ عنهم وان لم يسمع اذانا اغار عليهم» ابن اسحاق في سيرته

"Nabiga caadadiisu waxay ahaan jirtey haddii uu dad ku soo duulo oo uu gaalnimo ku ogaa, dagaalna ugu soo duulo, uu oo habeennimo soo kor dego, habeennimo ma weerari jirin oo ma miri jirin ilaa waagu ka beryo. Waagu markii uu beryo waa dhegeysan jirey. Haddii wax adaan ah oo ka baxaya uu maqlo oo salaadda subax loo addimayo, waa ka joogsan jirey oo ma weerari jirin." Hal adaan oo uu ka maqlay reer meel deggan wuu kaga joogsan jirey, weerarkana waa ka deyn jirey, islaannimo ayuuna ku tirin jirey. Haddii uu adaan ka maqli waayo, markaas ayuu weerari jirey. Xadiiskaa Ibnu Isxaaq wuxuu ku weriyey siiradiisa, wuxuuna yiri, حدثني من لا اتّهمه عن انس,

"Waxaa Aanas iiga warramay mid aanan tuhunsanayn" Ibnu Isxaaq sidaas ayuu ku weriyey. Hadalkaas waa midka ay culimada Musdalax ay ku magacabaan "توثيق المبهم" (kalsoonaanta qof aan la garanayn). Haddii la yiraahdo,

حدثني ثقة أو حدثني من أثق به أو من لا اتّهمه

"Qof lagu kalsoon yahay, ama aan ku kalsoonahay, ama aanan tuhunsanayn ayaa ii warramay," qofkiina aan la magacaabin, in la aqbalayo oo ay kalsooni u noqonayso iyo inkale waa la isku khilaafay.

Xadiiskan waxaa kabaya labo arrimood:

Midda hore, asalkiisa labada shiikh (Bukhaari iyo Muslim) ayaa weriyey. Xadiiska inta aan siyaadada lahayn- xadiiska Anas- oo aanay ku jirin adaanka qisadiisu, sixiix weeyaan oo waa la isku waafaqay oo labada shiikh iyo abuu Daa'uud ayaa ku weriyey qisadii dagaalkii Khaybar, Ibnu Isxaaq ayaa intaa siyaadada ah ku daray.

Arrinta kale ee taageeraysa waxaa weeyaan, waa axaadiistii faraha badnayd ee aan soo marnay, markhaatina waa u noqonaysaa, ee gaalada lagaga kaaftoomayey haddii laga maqlo wax shacaa'irta islaamka ka mid ah, shahaadada ayaana asalka ahaan jirtey, kanina waa ka sii mudan yahay. Adaanku wuxuu ka mid yahay kuwa ugu weyn shacaa'irta islaamka, waayo shahaadataynkii, takbiir iyo dadkii oo loogu yeerayo salaadda ayaa ku jira. Marka, addinku shicaar weyn weeyaan oo ku filan.

Waxa kale oo daliil u ah asal raacin (استصحاب الأصل). Kol haddii ay islaannimadoodu sugnaatay asalka waa inay muslimiin yihiin. Illaa la arko wax ka saaray islaannimadii oo si cad loogu hubsado, islaannimada lagama saari karo. Qofkii lagu arko wax islaannimada ka saara oo uu ku riddoobo, isaga naftiisa ayaa lagu xukumayaa inuu kaafir yahay oo murtad yahay, laakiin mujtamicii uu ku dhex noolaa lama dhihi karo, "Dad sidaa yeela ayaa jira, iyo dad waxaa sameeya ayaa jira, iyo qof sidaa yiri ayaa mujtamicii ku jira oo mujtamicii kulligood waa isla wada nijaasoobeen. Baruurtii keligeed ahayd ee tobanka baruurood qurmisay weeye." Waa qof walba iyo masuuliyaddiisa.

﴿وَلَا تَزِرُ وَازِرَةٌ وِزْرَ أُخْرَىٰ﴾[الأنعام:١٦٤].

Intaasi waa mawqifka Ehlu-sunna-waljamaaca ee bulshooyinka muslimka ah. Waxay u qaadanayaan inay dad muslimiin ah yihiin, illaa qofkii isaga lagu arko wax riddo loogu xukumo, keligiisna dusha laga saarayo.

Kuwa ka soo horjeeda ee khilaafsan Ehlu-sunna-waljamaaca, masaladii hore iskumaanay khilaafin. Masaladii qof gaal ahaan jirey sida uu islaannimada ku soo galayo. Waxay isku waafaqeen inaan laga aqbalayn shahaadataynka oo keliya, waxa loo shardinayo ha isku khilaafeene.

Arrintan labo ayey ugu kala jabeen. Qolo waxay tiri, "Bulshooyinka islaannimada sheegta ee hadda jooga, kulligood waa gaalo. Asalkoodii kufri weeyaan, qofkii si gaar ah loo ogaado inuu muslim yahay mooyaane." Macnaha, sida ay iyagu ka rabaan, iyo dariiqadooda khaaska ah inuu muslim yahay inay ku ogaadaan. "Wixii kale oo dhan gaalnimo ayaan ku tirinaynaa. Bulshadii Nabigu ﷺ ka soo dhexbaxay, ee uu dacwada ku bilaabay ayey la mid yihiin. Sidii mujtamacaadkii Makka iyo Madiina iyo Jaziiradda Carabta iyo caalamkoo dhan oo wada gaalo ah uu Nabigu ﷺ uga soo dhexbaxay, ee uu u islaamiyey oo kale waa in loo islaamiyaa."

Kuwo kale waa ka istaageen oo waxay yiraahdeen, "Ma garanayno gaalnimo iyo islaannimo waxaan ku xukunno, sidaa awgeed waa inaan imtaxaannaa." Qolyahani waa qolyihii aan ku soo sheegnay inay camal shardiyeen ee lagu magacaabi jirey,

(أهل الفكرة الحدّ الأدنى). Labadaas qaybood ayey ugu kala jabeen.

Qolyaha yiri, "Waa gaalo oo waa in la islaamiyaa," waxyaabo mugdi ku jiro (شبهات) oo ay daliil u maleeyen ayey sheegeen. Shubhada ugu horraysa oo aad mooddo inay iyada xoogga saaraan, waxay yiraahdeen, "shahaadataynka macnahooda ma yaqaannaan. Waa iska leeyiihiin mooyaane macneheeda ma fahmayaan. Mar haddii aanay macneheeda fahmaynin, waxba u tari mayso lafdi ay ku dhawaaqayaan oo waxa uu ula jeedo aanu garanayn." Waxay u ekeysiiyeen sida heesaha hindiga, maraykanka iyo wixii la mid ah ee dadka aan afkaas aqoon, ee shineemooyinka uun ka maqla ay u qaadqaadaan, iyagoon macnahooda garanayn.

Qaar waxay ku sii dareen shubhadan, oo ay sii gooni yeeleen dadka aan Carabta ahayn ee Acaajimta ah. "weligoodba tawxiid dacwadi maba soo gaarin, shahaadataynna weligood maanay soo gaarin, afkii ay ku hadlayeen ee ay yaqaanneen af aan ahayn ayaana loogu laqimay oo "Laa ilaaha Illallaahu" dhaha baa la yiri, macneheediina looma sheegin; haddii ay Soomaali, Hindi, Xabashi, Sawaaxili, Hunuud yihiin. Waa sida baqbaqaaqa oo kale oo hadal aan afkoodiiba ahayn ayaa loo sheegay, weligoodba afkoodii looguma sheegin. Waa in hadda la islaamiyaa oo afkoodii loogu sheegaa."

Ra'yigaa asalkiisa waxaa lahaa Abuu Aclaa Almawduudi. Kitaabka uu ku magacaabay, (المصطلحات الاربعة) oo uu ula jeedo: Ilaah, Rabbi, Diin iyo Cibaada ayuu masaladaa ku sheegay. Masaladaa sida ay u qaateen uma sheegin, laakiin waa ka dardareen oo waxbay ku sii dareen. Kitaabkaasi waa kitaabka uu ku sheegay Abuu Xasan Annadawi inuu yahay kitaabbada Almawduudi kan ugu khaladka badan.

Abuu Aclaa siduu masalada u sheegay waxaa weeyaan sidan: "Dadku waqtigii Nabiga ﷺ erayadaa macnahooda waa garan jireen oo waa yaqaanneen, dadka hadda joogase macaanidii Quraanka iyo luqaddii uu ku soo degey waa ka fogaadeen oo ma fahmayaan. Qofku haddii aanu fahmayn

Quraanka iyo macaanidiisa, ereyada lagu islaamona macnahooda aanu fahmayn, si kama' ah ayuu shirki ugu dhici karaa. Isagoo daacad ah oo mukhlis ah, Alle keliya inuu caabudona go'aansan, ayuu Ilaahyo kale oo badan caabudi karaa." Wuu caabuday maanu dhihin. Kaddib, ayuu sii caddeeyey, wuxuuna yiri, "Laakiin waa inaan aad uga fiirsanno qof muslim ah ku gaalnimo-xukunkiisa, in ka badan sida aan uga fiirsanno qof dil ku xukunkiisa, oo qof aan ogaanney in dhiiggiisu bannaan yahay oo uu dilka mutay mooyaane, qof kale aannan fatwoonayn ha la dilo. Waa inaan iska jirno qof muslim ah ku gaalnimo-xukunkiisa, oo aan ku qaddarno inuu jahli u geeyey, jahligaasna aan u toosinno oo aan u saxno." Sidaas ayuu Abuu Aclaa hadalka u sheegay.

Sidaan arkaynona, hadalkiisu wuxuu ka kooban yahay saddex qaybood: Tan hore: In mujtamacaadkii uu Nabigu  ka soo dhex-baxay uu dacwada ka dhex-bilaabay ay garanayeen erayada macnahooda.

Midda kale: Dadka hadda jooga inaan fahamkooda lagu kalsoonaan karin oo ay ka fogaadeen fahamkii saxda ahaa ee luqadda Carabiga ee uu Quraanku ku soo degey, qofkii sidaa noqdana uu si khalad ah shirki u soo geli karo. Iyo, inaan dadka hadda lagu gaalnimo xukumi karin, shirkiyaadka ay ku dhacaanna uu yahay mid uu jahli u geeyey, jahligaana loo saxo.

Hadalladiisu qaar sax ah iyo kuwa khalad ahba waa leeyihiin. Labo arrimood waa ku toosan yahay. Midda ugu dambaysa ayuu, weliba, aad ugu sii toosan yahay ee uu yiri, "Dadka muslimiinta ah inaan lagu gaalnimo-xukminaynin khaladka uu jahli u geeyey ee shirkiyaadka ah darti." Waa sax, inshaa ALLAAH faahfaahinteedana mawaadiicda dambe ayaan ku ogaan doonnaa. In qofkii Quraanka macaanidiisa iyo erayada lagu islaamo macnahooda aan garanayn uu si khalad ah gaalnimo u geli karona, iyana waa mid macquul ah. Laakiin labo arrimood ayuu ku gefsan yahay oo looga baahan yahay inuu caddeeyo, mana caddayn karo. Arrimahaas iyo sida uu ugu gefsan yahay waxaa faahfaahiyey Shiikh Xasan AlHudaybi (حسن الهضيبي), murshidkii Ikhwaanul muslimiin dhimashadii Sayid Qudbi kaddib, Allaah ha u naxariistee.

Lix qodob ayuu ka dhigay naqdiga uu naqdinayo, kitaabkiisa uu ku raddinayana waxaa lagu magacaabaa, «دعاة لا قضاة»

Midda u horraysa wuxuu yiri, "Quraanku wuxuu la yimid macaani cusub. Ereyadii carabtu aqoon jirtey ereyo badan oo ka mid ah ayuu macne cusub ula yimid, sida: Soon, salaad, ducaa, xaj iyo ereyo kale. Waa ereyo carabi ah oo qaddiim ah, ereyo islaami ah oo cusubna waa yihiin. Macnahoodii hore ee ay u aqoon jireen macne aan ahayn ayuu islaamku ula yimid. Waxaa suurtowda in luqaddoodii jaahiliga ahayd macnihii ay u yaqaanneen macne aan ahayn oo cusub in Quraanku u bixiyey.

Midda labaad, "Dadkii jaahilka ahaa oo guud ahaantooda ahaa dad aan waxna qorin, waxna akhrin, qabiilooyin kala firirsanna ahaa, Jaziiradda Carabtana ku kala baahsanaa, welibana lahajaad kala geddisan oo qaarkood aad u kala fog yihiin lahaa, sidee loo dhihi karaa waa uga aqoon badan yihiin Quraanka macnihiisa iyo ereyada islaamiga ah macaanidooda dadka muslimiinta ah ee Quraanka ehelkiisa ah ee Quraanka akhrista, ee ku qancay, dhaqanna uu u noqday, ereyadiisiina ay galeen suugaantooda iyo maahmaahdooda!?"

Tan saddexaad, "Waxaa laga rabaa Abuu Aclaa inuu caddeeyo in qof kasta oo dadkii Jaziiradda Carabta ku noolaa waqtigii rasuulka ﷺ, inuu yaqaannay macnaha erey kasta oo erayadii rasuulku kula hadlay ah, si faahfaahsanna qof walba u yaqaanney. Taana ma caddayn karo. Xaalkoodii inuu ogaado oo qof gefi jirey oo wax ka qarsoomi karey aanu jirin, erey kastana uu yaqaannay, kaas inuu caddeeyo ayaa looga baahan yahay, mana caddayn karo."

Midda afraad, "Dadkii ku noolaa Jaziiradda Carabta waqtigii Rasuulka ﷺ dhammaantood carab ma ahayn. Dad badan oo muwaali(gaashaan-buur) loo yaqaanney oo cajami ahaa oo, ama madmadoobaa oo xabashi la dhihi jirey, ama roomaan ahaa, ama Beershiyiin ahaa, ama ummado kale ahaa ayaa ku dhexjirey oo ku dhexnoolaa. Gaar ahaan, nimankii markaa Yaman xukumi jirey oo Abnaa Alfaaris la dhihi jirey waxay ahaayeen niman faarisiyiin ah.

Midda ugu dambaysa[1], "Dacwada Rasuulku ﷺ waxay ahayd mid caam ah. Carab keliya Nabiga ﷺ looma soo dirin. Haddii carabtii Jaziiradda joogtey ay yaqaanneen, carab keliya looma soo dirin. Ilaa qiyaamaha ayaa caalamkoo dhan loo soo diray, wuxuu caalamka ku islaaminayeyna Laa ilaaha Illallaahu ayey ahayd, oo uu ula yimid. Dad badan oo aan asalkoodu carab ahayn ayaa islaamay waqtigii Rasuulka ﷺ iyo khulafadiisii. Dhul-furashadii faraha badnayd ummad

---

(1) Shiikhu hore wuxuu uu yiri in naqdiga sheikh Xasan Alhudaybi uu Abuu Aclaa naqdiyey uu lix qodob ka dhigay. Waxay ila noqotay inuu shiikha shan sheegay oo mid maqan yahay.

aad u badan ayaa ku islaamtay. Marka ay islaannimadoodii iclaamiyaan, oo ciidankii la dagaallamayey iyo dadkii hoggaaminayey isku dhiibaan, macaani gaar ah lagama dalbi jirin. Sax, afkooda waa loogu turjumi jirey, sida Salmaan iyo rag la socday ay ugu turjumi jireen. Sidaas ayuu ku raddiyey Xasanu Rudaybi.

Qaarkood waxbay ku dareen, gaar ahaan kuwa Soomaalida ah, oo waxay yiraahdeen, "Weligoodba dadka aan carabta ahayn dacwo ma gaarin. Weligoodba erey aanay macnihiisa aqoonnin ayaa loo laqimi jirey oo ay iska dhihi jireen, sidii baqbaqaaqii oo afkooda looguma fasiri jirin. Waa in hadda afkoodii loogu fasiraa." Maxaa ogeysiiyey in afkooda loogu fasiri jirey iyo in kale? Imisa qarni ayey ka horraysey dadkan islaamiddiisu iyaga soo bixitaankooda. Ummaddu markii ay islaannimada soo gashay, siiba kuwa macaajimta ah(dadka aan carabta ahayn) oo qaarkood ay aad u fogayd, oo waqti hore oo waqtigii khulafada ay ahayd, inaan afkooda loogu sheegi jirin, oo af aanay garanayn loogu sheegi jirey, oo "sidaa dhaha" la oran jirey, laguna deyn jirey yaa u sheegay!? Waa maxay daliilkoodu? Daliil uma heli karaan. Sidaa ka soo horjeedkeeda ayaa sax ah iyo in afkooda loogu turjumi jirey, looguna sheegi jirey, waxaana taa ina tusinaya xilliga hadda la joogo.

Dhawr dhacdo ayaan, Nayroobi masaajiddeeda dad ku islaamaya oo tawxiidka loo qabanayo la joogey, qaar walbaba Af-sawaaxili iyo Ingiriis ayaa loogu turjumayey. Xamar, beri uu noogu yimid nin Xabashi ah oo inuu islaamo raba, dad xabashiga yaqaan ayaan u raadinney oo u fasiray, wuuna islaamay. Soomaalida dhaqankeeda waxaan ku naqaannaa inay diinta markii ay akhrisanayaan ay ku akhristaan laqbo afkooda loogu laqbeeyo. Laga bilaabo alif-waxmalaha ilmuhu waxbarashada ka bilaabaan ilaa kutubta waaweyn. Waa af-soomaaliyaysan tahay oo Af-soomaali ayaa loogu laqbeeyaa. Alif wax ma leh, alif la kordhabay, laba kor dhaban; Af-soomaali ayaa loogu laqbeeyaa koley ku tahay xuruufta hijaa'iyada ah. Markii ay kutubta bilaabaan ama Quraan lo fasiraayo, ama xadiis, fiqi, luqadda carabiga loo akhrinayona, Af-soomaali ayaa loogu turjumaa. Ummadaha kale waa sidoo kale.

Waxaa jira ummado turjumidda nooga horreeya, kutubtoo dhanna afkooda loogu turjumay oo ugu qoran yahay, sida dadka Urduuga ku hadla. Kitaab kasta oo soo baxa oo qiimo leh, Af-urduu ayey ku turjuntaan. Kuwa faarisugu waa sidoo kale oo faarisi ayey ku turjuntaan. Ummado aad u faro badan oo Soomaaliduna ka mid tahay ayaa Quraankii loo turjumay, oo afkoodii loogu turjumay. Sawaaxiliga isagoo turjuman waan ku aragnaa isagoo masaajidda yaalla. Luqaadka caalamka oo dhan ee (اللّغات الحيّة) la yiraahdo dhammaantood, ku dhowaad, Quraanka waa lagu turjumay.

Meelaha ummadaha muslimka ah ee afaf gaar ah leh ay deggan yihiin, iyana sidoo kale weeyaan oo qaar badan ayaa loo turjumay.

Quraanka erayadii tawxiidka iyo ashahaadataynka aad ayey uga buuxaan. Dadka sidaas ah sidee loo dhihi karaa ma yaqaannaan, oo af ay yaqannnaanba weligoodba shahaadataynka looguma sheegin, waana in hadda laga soo bilaabaa!? Yaase hadda awood u leh oo caalamka islaamka oo dhan, intuu calan u qaato, oo uu dhexmaro qof walba gaarsiin kara? Imisa qarni ayey qaadan lahayd, haddii sidaa ha la yeelo la yiraahdo, awoodse ma u leeyihiin?

Taa macneheedu waxaa weeyaan, dadka muslimiinta ah ee waddammada islaamka ku nool ee ahlu-shahaadataynka ah, qofkii gaar ah oo lagu arko wax gaalaysiinaya mooyaane, waxaa loo qaadanayaa dad muslimiin ah inay yihiin. Dadka masaajiddoodu addinku isqabsanayo, xaafad walba masjid ka dhisan yahay, dugsi Quraan ka dhisan yahay oo ilmihii Quraanka dhiganayaan. Beled walba intee musxaf ayaa yaal, madbacadaha imisa kun oo kutub ayaa sannad walba la soo saaraa. Waa iska indho-tir waxyaabahaas oo kale. Qofka iska indho-tiraya ee ku gaalnimo xukumaya, isagaa gaalnimo u dhow, sida uu yiri Ibnu Wasiir Alyamani, "Qofka dadka muslimiinta ah si guud u gaalnimo xukumayaa, isagaa gaalnimo u dhaw." Kuwaas oo kale waa kuwii uu yiri Maxammed Ibnu Siiriin,

أسرع النّاس ردّة أهل الاهواء

"Dadka sidaas oo kale ah iyagaa u dhaqso badan inay gaaloobaan" Allaah ayaan ka magangaleynaa! Waa gaaloobeen iyaga hadda dhihi mayno, laakiin waa inay iska ilaaliyaan.

Shubhada labaad ee ay soo daliishadeen waxaa weeye: "Dadku shirkiyaad ayey ku dhex jiraan. Shahaadataynkii waa ku dhawaaqayaan, shacaa'irtiina waa la imaanayaan, laakiin shirkiyaad ayey ku dhexjiraan. Khamradii, sinadii iyo dilkii ayey bannaysteen." Waxyaalo caynkaas oo kale ah oo waa shirkiyaad ay leeyihiin inay dadkii ku dhexjiraan ayey ku andacoodeen. "Ma ficilkooda ayaan fiirinaynaa mise qowlkooda?" ayey yiraahdeen. "Ficilkooda ayaan fiirinaynaa ee qawlkooda ma fiirinayno," ayey ku jawaabeen.

Waxay u ekaysiiyeen kuwo Masriyiin ahi: "Qasac cusbo ku jirto haddii aad dusha kaga qorto waa sonkor, ereygaa aad dusha uga qortay sonkor ma ku noqonaysaa, mise cusbadii ayey iska ahaanaysaa?" Kuwo Soomaali ah waxay ku mataleen: "Qof aad arkayso inuu khamrigii cabbayo haddii uu yiraahdo, `anigu ma cabbo,' ma hadalkiisa ayaad rumaysanaysaa, mise ficilkiisa?" Shirkiyaad inay dadkii ku dhex jiraan, oo awliyadii baryayaan, qubuurihiina caabudayaan, welibana ashahaadanayaan, ayey ku doodeen. Mar haddii ay shirkiyaadkii ku dhexjiraanna mushrikiin weeyaan, waa in hadda la islaamiyo.

Arrintaa jawaabteeda, inshaa ALLAAH dib ayaan u dhiganaynaa, muxaadarada soo socota markaan ka hadli doonno Ehlu-sunna-waljamaaca dariiqadoodii iyo manhajkoodii ay wax ku kufrinnimo-xukumayeen ayaan ka hadli doonnaa. Sii hormarin ahaan, waxaan ogaan doonnaa in qof walba oo wax shirkiyaad ahi uu ka dhacaaba aanay ahayn inuu ku gaaloobey ee ay jiraan qaar shirkiyaadka ka dhaca ku gaaloobaya iyo qaar cudurdaar yeelanaya oo aan ku gaaloobayn. Inshaa Allaah, addilladeeda si faahfaahsan ayaan uga hadli doonnaa. Shirkiyaad ayey ku dhex-jiraan, haddii ay shirkiyaad ku dhexjiraanna shahaadataynku waxba u tari maayaan, guud-markaasu baadil weeyaan, waxba kama jiraan.

Arrinta saddexaad ee ay soo daliishadaan waxaa weeye: "Waxay xiriirinayaan kuwa madaxda ah ee gaalada ah ee wax ku xukuma wax aan ALLAAH soo dejin. Kuwaas ayey gaashaan-buur u yihiin oo sidaas ayey ku gaaloobeen." Markay leeyihiin gaashaan-buur ayey u yihiin, uma jeedaan taageerayaal weeye, waana la qabaan in xukunkaa aan Allaah soo dejin wax lagu xukumo. Sidoo kale, uma jeedaan inay leeyihiin sidaas ayey la qaateen oo ku gacan siiyeen, mawqifkooda oo kale ayeyna iska taageen, ee waxay ula jeedaan ma aanay caaridin oo kama soo horjeesan. Waxay leeyihiin, "Qof kasta oo ka aamusa xaakim waxaan ALLAAH soo dejin wax ku xukumaya, oo qaanuun la dejistay wax ku xukumaya, waa ku gaaloobayaa."

Arrinkaasi si toos ah oo caddaan ah ayey axaadiista Rasuulka ﷺ u khilaafsan tahay, sida xadiiska C/llaahi Ibnu Mascuud, xadiiska Ummu Salama, xadiiska Abuu Saciid Alkhudri, oo saddexdoodaba muslim weriyey. Xadiiska Kacab Ibnu Cujrah oo Tarmidi weriyey oo sixiix ah. Afartaa xadiisba waxay sheegayaan in saddex siyoodba lagaga nabadgelayo. Madaxda xun, kuwa daalimiinta ah ee waxaan Allaah soo dejin wax ku xukumaya iyo wixii dambi ah ee la samaynayo. Axaadiista qaar madaxda ayey gaar u cayinaan, welibana xadiiska Kacab wuxuu leeyahay umarada, (الأمراء يحكمون بغير طاعة الله) lafdigaas ayuu adeegsanayaa, "Umarada Allaah daacaddiisa waxaan ahayn wax ku xukumaya". Kulligood waxay isku waafaqeen in qofkii addin kula dagaallami kara haddii uu ku dagaallamo, oo uu ficil la yimaado uu dambigii kaga baxayo, qofkii ka hadli karaana haddii uu ka hadlo uu isna ku bedbaadayo, qofkii qalbigiisa ka necbaystaana uu isna bedbaadayo.

Dadkaa la xukumo, ee ku hoos nool madaxdaa daalimiinta ah ee waxaan Allaah soo dejin wax ku xukumaaya ma inoo suurtoobaysaa qof walba inaan ogaanno niyaddiisa iyo waxa uu qabo? Inuu cabsanayo oo u qalbiga ka neceb yahay, inuu laba qabo arrinta. Waa jiraan dad intay ka hadleen lagu dhibaateeyey, ama lagu xirxiray, laguna laayey. Beledkeenna waa ku naqaan, waddammo kalena waa jiraan. Qaar ilaa hadda dagaallamaya waa jiraan.

Dadkii muslimiinta ahaa waa ka aamuseen xukaamtii

oo shirkiyaad samaynaya, kitaabkii Ilaahay waxaan ahayn wax ku xukumaya, iyaguna waa gaaloobeen lama dhihi karo. Iskumana xirna maamullada bulshada ee waddan ka jira iyo afraaddu. Waddanku nidaamka uu ku socdo iyo maxkamadihiisa, warbaahintiisa, suugaantiisa, fankiisa, wax-kala-iibsigiisa, macaamalaadkiisu haddii ay ku socdaan waxaan Allaah soo dejin lama dhihi karo afraadda oo dhan waa wada gaaloobeen. Xataa, dadka muslimiinta ah ee ku dhex nool waddammada gaalada ah lama dhihi karo waa gaaloobeen oo waddan gaalo ayey ku nool yihiin. Hindiya ilaa boqol malyuun oo muslimiin ah ayaa ku nool, waana dawlad calmaaniya ah oo diinteedu buudi iyo balaayo ay tahay. Turkiya, inkastoo dawlad islaam ah ay ahaan jirtey, laakiin calmaaniya ayaa qaadatay, Ataaturki waqtigiisii laga soo bilaabo. Afraaddeeda waa wada gaalo lama dhihi karo, welibana baraarug islaami ah oo aad u wanaagsan ayaa hadda ka socda.

Sidaa darteed, dadkii waa ku gaaloobeen oo waa ka aamuseen waa arrin baadil ah. Xukaamta wax ku xukuma waxaan Allaah soo dejin mawduuca soo socda ayaan uga hadli doonnaa.

Midda afraad ee ay sheegaan: "Maanay hijroonnin oo beledkii iyo bulshadii gaalada ahayd ayey ku dhexjiraan, sidaa awgeed, ilaa ay hijroodaan muslimiin ma noqonayaan." Xaggee in loo hijroodo ayey ka wadaan? Waa in iyaga loo soo hijroodo. Waa caddeeyaan oo kutubahooda kuwa allifa way ku caddeeyaan. "Jamaacada keliya ayaan nahay oo qofkii ka dhexbaxaa uu gaaloobayo. Waa in annaga naloo soo hijroodaa, oo kooxaha muslimiinta ah ee kala tagsan baadil weeye, annaga waxaan ahaynna wada gaalo weeyaan." Sidaas ayey qummaati u caddaysteen. Haddiiba laga rumaysto, xaggee loogu soo hijroonayaa oo ay haystaan? Qolka ay isugu tagaan oo ku uruuraan ma gaadhi karaa ummadda muslimiinta ah, haddiiba laga rumaysto? Yaase sheegay inay hijradu shardi u tahay islaannimada? Waqtigii hijradu ugu waajibsanayd ee waqtigii Rasuulka ﷺ ahayd yaanay dadka ka haray ee aan soo hijroon ku gaaloobi jirin. Aayadaha ugu dambeeya suuratul Anfaal ayaa Allaah ku leeyahay:

﴿وَٱلَّذِينَ ءَامَنُوا۟ وَلَمْ يُهَاجِرُوا۟ مَا لَكُم مِّن وَلَٰيَتِهِم مِّن شَىْءٍ حَتَّىٰ يُهَاجِرُوا۟ وَإِنِ ٱسْتَنصَرُوكُمْ فِى ٱلدِّينِ فَعَلَيْكُمُ ٱلنَّصْرُ﴾[الأنفال: ٧٢].

Xiriirinta la sheegayo waa wixii dhaxalka ku saabsan, waayo aayaddu dhaxalka ayey ka soo hadlaysey. Muuminka muhaajirka ah, walaalkiisa muuminka ah ee aan soo haajirin, intii aan arrintan la nasakhin ma dhaxli jirin oo haddii aanu soo haajirin dhaxalka waxba kuma lahayn, fayga⁽¹⁾ iyo qaniimada waxba kuma lahayn. Arrintaa wuxuu Nabigu ﷺ ku caddeeyey xadiiska Burayda Ibnu Xusayb oo ay wariyeen Muslim iyo afartu. Wuxuu dhihi jirey markii uu ciidan meel u diro, hogaamiyahana kula dardaarmi jirey: ادعوهم الي الاسلام

"Islaannimada ugu yeera, haddii ay soo islaamaan «ادعوهم الي أن يتحولو من دارهم الي دار المهاجرين» ugu yeera inay ka guuraan deegaankooda oo ay u guuraan deegaanka muhaajiriinta." Haddii ay diidaan oo ay doortaan beledkooda inay deggenaadaan u sheeg oo uga warran inaanay fayga waxba ku lahayn oo muslimiinta reer baaddiyaha ah oo kale ay noqonayaan oo aanay fayga iyo qaniimada waxba ku lahayn ألا أن يجاهدو مع المسلمين

"ilaa ay jihaadka la galaan muslimiinta."

Nabigu ﷺ waa u idni jirey dadka soo islaama inay

---

(1) Fayga waa xoolaha aan dagaal lagu qabsan, qaniimona waa wixii dagaal lagu qabsado.

beledkooda iska degganaadaan, Allaahna wuxuu sheegay dadka muslimiinta ah ee aan muhaajiriinta ahayn inay muslimiin yihiin. Waa hijradii xaqiiqada ahayd ee ay waajibka ahayd in Rasuulka ﷺ loo soo haajiro, kana horreysey furashdii Makka, intaanu Nabigu ﷺ dhihin,

«لا هجرة بعد الفتح»⁽¹⁾

Waxa kale oo ay soo daliishadaan in Nabigu ﷺ uu ka warramay inay ummaddiisu gaaloobi doonto oo wuxuu yiri, "Adduunyadu ma dhammaanayso

«الا أن تلتحق قبائل من أُمَّتي بالكفار أو بالمشركين»

"ilaa qabaa'il ummaddayda ah ay ka haleelayso ama ka raacayso gaalada ama mushrikiinta."

Xadiis kalena wuxuu ku yiri,

«لا تقوم الساعة حتى تضطرب أليات نساء دوس على ذي الخلصة أو حَوْلَ ذِي الخُلَصَةِ»⁽²⁾

"Adduunyadu ma dhammaanayso illaa haweenka qabiilka Daws ay isku ciriiryaan ama dawaafaan Dil khalasa." Dil khalasa waa sanam ay caabudi jireen qabiilooyinka Daws, Khathcam iyo Bajiila, meel Kabaala la yiraahdona ku yaalley. Nabigu ﷺ sannadkii furashada Makka ayuu Jariir Ibnu C/llaahi Albajali u diray oo uu soo dumiyey, soona gubay. Ilaa sanamkaa la soo nooleeyo oo qabiiladii Daws ee caabudi jirtey haweenkoodu dawaafaan oo isku ciriiryaan adduunyadu ma dhammaanayso; waqtigii ayaa la joogaa.

Waa ku-been-abuurasho rasuulka Alle. Nabigu miyuu waqti iyo sannad xaddidey? "Markii sannadku intaa yahay

---

(١) أحمد والبخاري ومسلم والتِّرمذي وغيرهم
(٢) أحمد والبخاري ومسلم وغيرهم

ayey ummaddaydu gaaloobi doontaa" miyuu yiri? Maanu dhihin. Waqtigii in la gaarey oo la joogo, dadkiina gaaloobeen oo waqtigii Rasuulku sheegay la joogo, ku been-abuurasho rasuulka Ilaahay ﷺ weeyaan.

Waxaa jira axaadiis waqtigaa goortuu noqon doono xaddideysa, waqtigaana aan la gaarin. Xadiiska hooyadeen Caa'isha iyo xadiiska C/llaahi Ibnu Camar Ibnu Caas oo labadaba Muslim weriyey, immaam Nawawina ku dhigay Riyaadu Saalixiin, ayaa waxay sheegayaan waqtiga arrintaasi noqon doonto. Inay tahay soo degidda Ciise ﷺ iyo dhimashadiisa kaddib. Markuu Dajaal dhinto oo Ciise dilo oo Juuj Wamaajuuj uu habaaro oo ay halaagsamaan, daabbaddiina ay soo baxdo, Qoraxduna Galbeed ay ka soo baxdo. Waqtigaa isaga ah in dabayl khafiif ah ay dhanka Shaam ka iman doonto oo qof kasta oo muumin ah ay kilkilada hoosteeda ay ka galayso oo ay nafta ka qaadayso. Markaas kaddib, ayaa dadku gaaloobi doonaan oo gaalo isugu soo hari doonaan. Muuminiinta oo dhan ayaa ka dhammaanaysa. Waqtigaas weeyaan marka ummaddu gaaloobayso, oo iyadoo wax tawxiidka yaqaan aanu jirin, sanamyada caabudda, mushrikiinna wada noqday ayey qiyaamuhu ku dhacaysaa. Si cad ayaa xadiiska C/llaahi iyo kan Caa'isha u sheegayaan. Kan Caa'isha wuxuu leeyahay,

يرجعون الي دين آبائهم

"Diintii aabbayaashood ayey u noqonayaan" Kan C/llaahi Ibnu Camar wuxuu leeyahay, "Shaydaan ayaa u iman doona oo qof isugu soo matali doona, markaas ayuu ku dhihi doonaa, iyagoo sidii dameerihii isku fuulfuulaya; raggii iyo naagihii, oo suuqa isku qabsanaya, wax xishoonaya iyo wax diin lihi aanay ku jirin. Iyagoo dadka kuwa ugu sharka badan ah oo sifo shinbireed iyo caqli dugaag leh, banii'aadam qalbigiisba aan lahayn, ayuu shaydaan u imaanayaa oo qof isaga soo dhigayaa. Wuxuu ku oranayaa:

أَلا تَسْتَجِيبُونَ؟ فيقولون ماذا تَأْمُرنا؟ فيأْمُرهم عبادة الأَوْثان فيطيعونه

"miyaydnaan i ajiibayn!?" markaas ayey oranayaan, "Maxaad na faraysaa!" Markaas ayuu amrayaa caabudidda sanamyada, waana addeecayaan.

Waa waqtigaas waqtiga sanamyada loo noqon doono. Axaadiistu sidaas ayey ku cad yihiin, xaafid Ibnu xajarna waaba caddeeyey, wuxuuna yiri, "Waa waqtiga ay dhammaadaan, ee ay tagaan calaamadaha saacadda ee waaweyn. Qorraxda oo Galbeed ka soo baxda, Dajaal, Ciise soo degistiisa, Daabbaddii, Juuj iyo Ma'juuj iyo wixii ka dambeeya weeyaan. Sidaas ayuu si cad ugu qoray Fatxul Baari' juska 13, safxada 77 daabacadda daarul fiqhi.

Intaasi waa kuwo wax gaalaysiiya ee dadka ku gaaleeyey waxyaabo daliil ay ka dhigteen, waxaaanan aragnaa waxaas oo dhan inay baadil yihiin.

Waxaa jira kuwo ka joogsadey (متوقفين) oo yiri, "Annagu ma naqaan muslinnimo iyo gaalnimo waxaan dadkan ku xukunno, waayo waxbay isku qasayaan. Kii camalka la imanayey, sida soonka, salaadda iyo kaan la imaanayn isku wax ayey samaynayaan. Sinadii, khamrigii, laaluushkii, ribadii iyo xumaantii ayey wada samaynayaan, ashahaadataynkiina waa ku wada dhawaaqayaan. Waan ku wareernay, waxaan ka niraahnona ma garanayno. Sidaa darteed, waa inaan imtixaannaa. Qofkii imtixaankaasi noo caddeeyo inuu muslim yahay, muslim ayaan u qaadanaynaa, kii kalena gaal baan u qaadanaynaa," waxayna daliil ka dhigteen aayadda suuradda Almumtaxina:

﴿ يَٰٓأَيُّهَا ٱلَّذِينَ ءَامَنُوٓا۟ إِذَا جَآءَكُمُ ٱلْمُؤْمِنَٰتُ مُهَٰجِرَٰتٍ فَٱمْتَحِنُوهُنَّ ٱللَّهُ أَعْلَمُ بِإِيمَٰنِهِنَّ ﴾

[الممتحنة: ١٠]

"Kuwa iimaanka laga helayow haddii gabdhaha muuminiinta ah ee muhaajiriinta ah idiin yimaadaan, imtixaana"

Aayaddan ayey daliil ka dhigteen oo waxay leeyihiin, "Alle wuxuu amray haweenkaa muhaajiraadka ah, iimaankana sheeganaya in la imtixaano. Haddii dadka qaar ha la imtixaano la yiri, dadkoo dhan waa in la imtixaanaa." Arrintaasi waa baadil aan waxba ka jirin.

Marka hore, dadka la yiri ha la imtixaano yay ahaayeen, sideese ku timid? Arrintu waxay ku xiran tahay heshiiskii Xudaybiya oo sannadkii lixaad ee hijriga ahaa markii Nabiga ﷺ iyo saxaabadiisa ﷺ ay cumro soo aadeen ee Quraysh ka hor joogsatey. Heshiiskii la kala qortay ee Nabiga ﷺ iyo saxaabigii Suhayl Ibnu Camar Alcaamiri-waa soo islaamay markii dambee- ay kala qorteen ayaa qodobbadiisa waxaa ku jirey, "Qofkii kuu yimaada oo naga soo baxsada waa inaad noo soo celiso, qofkii kaa soo baxsadana, ee noo yimaadona aannan kuu soo celin." Ragga waa la celin jirey, haweenbaa markaa soo hijroodey. Haweenkii ayaa dadkoodii soo doonteen, qof soo hijrootana waxaa ugu horreysey Umu Kalthuum Bintu Cuqbah. Inay heshiiskii caamka ahaa gelayaan iyo in laga soo reebayo ayaa la kala garan waayey, markaas ayuu aayadda Allaah soo dejiyey oo haweenka laga soo reebayo, laakiin la faray in la imtixaano, si loo kala ogaado inay yihiin kuwo iska soo cararay oo wax kale u yimid iyo inay yihiin kuwo muuminaad ah. Sababtu waxay ahayd, waxaa ku jirey haween rag lahaa, raggooduna mushrikiin ahaayeen, sannadkaa ka horna haweenka muslimaadka ah ragga mushrikiinta ah waa u bannaanayd inay qabaan. Haweenka sidaa lagu qabey waxaa ka mid ahaa Saynab Bintu Rasuulillaah, ragga muuminaadka ahna waa qabeen haween mushrikaad ah. Sannadkaa ayaa la suuliyey oo la joojiyey.

Haweeneyda ninkeedii ka soo baxsatay, ee ka soo dudday, muhaajiradna aan ahayn, ninkeediina loo celinayo, iyo midda muhaajiradda ah ee aan ninkeedii loo celinayn, ninkeediina magdhaw la siinayo in la kala ogaado ayaa loo imtixaanayey. Waa arrin gaar ah oo xukun sharci ah ku taxalluqo oo islaannimadu shardi u tahay, waana: (بقاء المسلمة تحت المشرك) "Gabar muslimad ah inay gaal hoos joogto."

Haweenaydani inay ninkeedii ka furantay oo ay muslimad tahay iyo inaanay ka furmin oo ay mushrikad tahay in la kala hubsado ayaa keentay. In la yiraahdo dadkoo dhan ayaa salka laga marayaa oo muuminiintii oo dhan ayaa imtixaan lagu celinayaa, waa midaan weligeed dhicin, dhicinna karin.

Maxaa haweenkaa lagu imtixaani jirey? Labo riwaayadood ayaa jirta, midda loo badan yahay (رواية الأكثر) waxay leedahay waxaa lagu imtixaami jirey, " Ma kugu wallaahi baa inaadan ninkaagii ka soo cararin oo carar aad ka soo carartay aadan halkan u imaannin. Ma kugu wallaahi baa inaadan dhulkaagii soo nicin oo aadan dhulkaa jeclaannin, sidaa darteedna u soo cararin. Ma kugu wallaahi baa inaadan rabin nin inaad halkan ka guursato oo isaga darti aadan u imaannin. Ma kugu wallaahi baa inaadan adduun iyo dhaqaale doon daraaddood aadan u imaannin. Ma kugu wallaahi baa Allaah iyo rasuulkiisa xubbigooda mooyee wax kale inaanay ku keenin." Sidaas ayaa lagu dhaarin jirey. Hijrada iyo sababkay u soo hijrootay ayaa lagu imtixaani jirey. Ibnu cabbaas, Qataada, Daa'uus iyo Cikrima, kulligood sidaas ayey ku fasireen.

Waxaa jirta riwaayad kale oo oranaysa waxaa lagu imtixaami jirey baycadii dumarka (baycatu nisaa) oo aayadda kale ee isla suuradda uu Allaah ku sheegay,

﴿يَٰٓأَيُّهَا ٱلنَّبِىُّ إِذَا جَآءَكَ ٱلْمُؤْمِنَٰتُ يُبَايِعْنَكَ عَلَىٰٓ أَن لَّا يُشْرِكْنَ بِٱللَّهِ شَيْـًٔا وَلَا يَسْرِقْنَ وَلَا يَزْنِينَ وَلَا يَقْتُلْنَ أَوْلَٰدَهُنَّ وَلَا يَأْتِينَ بِبُهْتَٰنٍ يَفْتَرِينَهُۥ بَيْنَ أَيْدِيهِنَّ وَأَرْجُلِهِنَّ وَلَا يَعْصِينَكَ فِى مَعْرُوفٍ فَبَايِعْهُنَّ وَٱسْتَغْفِرْ لَهُنَّ ٱللَّهَ إِنَّ ٱللَّهَ غَفُورٌ رَّحِيمٌ﴾[الممتحنة:١٢].

Sidaas ayaa lagu imtixaani jirey. Haddii ay tahay beecadaas dambe waxa lagu imtixaani jirey, mid caam ah weeyaan, imtixaanna laguma sheegin. Haweenka tii soo hijroota iyo tii aan soo hijroonninba, labadaba waa laga qaadi jirey. Xataa ragga waa laga qaadi jirey, sida ay sheegeen xadiiska Cubaada ibnu Saamit iyo kuwo kale. Beecadaasi mid guud ayey ahayd. Amiirul muuminiin haddii aan helno-Allaha na siiyee- xaq ayuu u leeyahay beecada noocaas ah inuu muuminiinta ka qaado. Qof keliya beecada noocaas oo kale ah inuu qaado, sida beecada doorashooyinka aanu qofku u heli karayn inuu iska qaado, yaanu tanna u heli karin. Beecadaa Rasuulka ﷺ ayuunbaa qaadi jirey, xataa khulafadiisii maanay qaadin. Marka, haddii la yiraahdo Nabiga ﷺ gaar kuma ahanye, madaxda muuminiintu waa qaadi karaan macquul ayey noqonaysaa, laakiin Nabiga ﷺ inay gaar ku ahayd arrintaasu ayey u eg tahay, waayo khulafada iyo madaxdii ka dambeysey beecadaas ma qaadi jirin.

Geboggabadii, waa in ummaddan islaamka ah, ee ahlu shahaadada ahi ay dad muuminiin ah yihiin, waqtigii rasuulku sheegayna lama gaarin. Weliba, waxaa jira, sida rasuulku ﷺ u sheegay oo uga digey waxyaalo xunxun ee ay umaddiisu samayn doonto ayuu, sidoo kale, sheegay waxyaalo wanaagsan oo ummaddiisa u dambeeya oo ugu bishaareeyey. Khulafadii la hanuuniyey ee jidkii Rasuulka ﷺ ku socotey inay dambayso oo lagu khatimi doono ummaddan arrinteeda khulufo jidkii Nabiga ﷺ ku socota oo aan weli na soo marin. Mid sidii Khulafaa'u raashidiinta toodii oo kale ah, oo middii Abuubakar, Cumar, Cuthmaan iyo Cali ؓ iyo kuwii ka dambeeyey ka wada dambayn doonta. In jihaadkii jidka Ilaahay la soo cusboonaysiin doono, gaar ahaan qaaradda Yurub furashadii lagu soo celin doono, gaar ahaan magaalada Rooma ay muslimiintu qabsan doonaan. Xadiis saxiix ah ayaa jira oo sidaas oo kale ah. In Dajaal ummaddani la dagaallami doonto. Waxaas oo dhan oo aan la helin! Axaadiista digniinta ah ee fitnada ka digaysey keliya in laga soo qabsado oo axaadiistii ummadda u bishaaraynaysey, waxyaabaha wanaagsan ee u damabeeyana uga warramaysey la iska indho-tiro! Taas oo kale waxaa lagu magacaabaa «نظرة الأعور» dhan keliya wax ka eeg.

Gaalnimada Weyn Iyo Midda Yar

Kufrigu hal nooc keliya ma ahan, dulmiguna hal nooc keliya ma ahan, shirkiguna hal nooc keliya ma ahan, munaafaqnimaduna hal nooc keliya ma ahan, iimaankuna hal nooc keliya ma ahan; mid walbaa waa kala baxaa. Waxaa jira gaalnimo weyn iyo mid yar, shirki weyn iyo mid yar, munaafaqnimo weyn iyo mid yar, dulmi weyn iyo mid yar. Haddii aan labadaa arrimood la kala saarin; mid yar iyo mid weyn, khaladyo waaweyn ayaa lagu dhacayaa. Sababta gaalaysiinta keentay, inta ugu badan, waa kala saarid la'aanta kufriga weyn iyo midka yar iyo shirkiga weyn iyo midka yar. Qofkaan labadaa kala aqooni haddii uu maqlo nas dhahaya, "Qofkii waxaas sameeya waa gaal, ama waxaas waa kufri, waxaasi waa shirki," shirkiga labadiisa nooc mid loola jeedana aanu garaneyn, oo hal nooc keliya ka yaqaan, kii weynaa ayuu u qaadanayaa, markaas ayuu ummadda gaalaysiinayaa.

Shirkiga weyn waa midka qofka diinta ka bixiya, waana midka u noqonaya aslu diin, waana midka lagu magacaabo كفر الاعتقاد (iimaanka inkiriddiisa), waana midka u noqonayaa tawxiidka Alle ama kusugnaanta guud ee shareecada. Qofkii tawxiidka Alle diida, ama kusugnaanta caamka ah ee diinta inuu qaato, ama ku dhaqma diida, ama yiraahda, "diintan waan ka baxay" ama wax u dhigma la yimaada, kaas ayaa kufrigiisu yahay kii weynaa, shirkigiisuna kii weynaa.

Kan kale ee yar waa kan u noqonaya waxyaabo mukhaalafaad ah, oo dambi weyn ah, dambiyada yaryarka ah ee camalka wanaagsan lagu dhaafona aan ahayn.

Ibnu Qayim ayaa kitaabkiisa (مدارج السّالكين) wuxuu ku taxay dhawr arrimood oo shirkiga yar ah, waxaana ka mid ah ayuu yiri:

«الرّياء الصغير» "Is-tustuska yar." Is-tustuska yar wuxuu ka wadaa, midka qofku camalka Ilaahay darti u samaynayo, laakiin uu u qurxinayo dadka arkaya daraadood. "Qof saalix ah weeyaan" ha lagu yiraahdo daraadeed uu u sii qurxinayo oo wanaaggiisa iyo taqwadiisa u tusayo, laakiin asalka camalka waa Ilaah darti. Midkaas weeye midka yar. Midka akbarka ah waa inuu camalka dadka daraaddood u samaynayo, oo haddaanay arkaynba aanu sameeyeen.

Dhaarta Alle waxaan ahayn lagu dhaarto, sida inuu yiraahdo, (أنا بالله ثمّ بك ، لو لا أنت لكان كذا) Waxyaabo noocaas ah xadiistuna ku timid inuu shirki yahay ayuu taxay.

Waxaa jira calaamaad lagu kala garto shirkiga weyn iyo midka yar. Calaamaadkaa iyo tilmaamahaa waxaa ka mid ah:
In naska sheegay inuu shaygaas shirki yahay, laftigiisu uu sheegay inuu midkii yaraa yahay, waxaana ka mid ahaa xadiiskii Nabigu  ku yiri,

أخوف ما أخاف عليكم الشرك الأصغر، قيل وما الشرك الأصغر؟ قال:الرّياء(١)

"Waxaan idiinka baqayo waxaan idiinku baqdin badnahay shirkiga yar. Waxaa la yiri,`waa maxay shirkiga yar?' Wuxuu yiri, `is-tustuska'" Is-tustus inuu shirki yahay

---

(١) أحمد والطبراني في المعجم الكبير والبغوي في شرح السنّة

ayuu ku sheegay, haddana isla xadiiska inuu shirkigii yaraa yahay ayuu ku caddeeyey.

Waxaa ka mid ah in shaygii nasku sheegay inuu kufri yahay uu sharcigu ka ratibo xad ka mid xuduudda lagu fuliyo muslimiinta, sida: sinada, xatooyada, khamriga, iwm. Axaadiis ayaa gaalnimo ama iimaan la'aan ku sheegtay, haddana waxaa la og yahay Nabiga ﷺ iyo khulafadiisu qofkii waxaas ku kaca gaalnimo umaanay dili jirin, oo xad ayey ka oofin jireen. Wixii xad laga oofiyo inuu shirkigii iyo kufrigii lagu sheegay midkii yaraa yahay ayaa lagu garanayaa.

Waxa kale oo lagu gartaa inuu jiro nas kale oo sheegaya inaanu shaygaasi gaalnimo weyn ahayn. Tusaalooyin ayaan ka soo qaadanaynaa waxyaalo nusuustu ku sheegtay inuu kufri yahay ama shirki, haddana nusuus kale ay sheegtay inaanu kufrigaa ama shirkigaasu ahayn kii weynaa ee diinta looga baxayey.

Tusaalaha koowaad: Salaadda ka tagiddeeda. Ilaa afar daliil oo wada saxiix ah ayaa ku soo arooray inuu kufri yahay, ama shirki yahay, ama labadooda oo wada jira.

«العهد بيننا وبينكم الصّلاة»

"Heshiiska annaga iyo iyaga noo dhexeeya waa salaadda"

«ومن تركها فقد كفر»

"Qofkii salaadda ka taga waa gaaloobey"

«بين الرّجل وبين الشّرك والكفر ترك الصّلاة»(1)

"Qofka, gaalnimada iyo shirkiga waxaa u dhexeeya ka tegidda salaadda"

---

(١) أحمد ومسلم والبيهقي في السنن الكبرى والصغرى

قول عبدالله ابن شقيق العقيلي: كان أصحاب رسول الله ﷺ لا يرون شئا من الأعمال تركه كفر غير الصّلاة

"Saxaabadu shay ka tegiddiisa gaalnimo umaanay arki jirin, salaadda mooyee."

«ونقل اسحاق ابن راهويه اجماع الصّحابة علي ذالك»

"Isxaaq Ibnu Raahaweyhi wuxuu soo guuriyey iney saxaabadu arrinkaa isku raaceen."

Kufri ama shirki ayaa lagu sheegay, laakiin kufrigaa ama shirkigaa labadii nooc keebaa looga jeedaa? Ma kii weynaa oo diinta looga baxayey baa, mise waa kii yaraa ee aan lagaga baxayn? Masaladaasu waa mid ay dadku aad hadalkeeda u badiyaan, hadal badanna aan u baahnayn. Axaadiista is fasiraysa in la soo qaato ayuunbay u baahan tahay mooyaane, hadal dheer iyo qoraallo uma baahna. Afar ama shan xadiis oo kufrigu noocuu yahay sheegaysa ayaan tusaale ahaan u soo qaadanaynaa, naskoodana ma wada akhrin karno. Labo ama saddex ka mid ah waan soo marnay, waxaanan sii baraarujinney inaan u soo noqon doonno. Hadda ayaa la joogaa waqtigaan u soo noqon lahayn.

Labadii xadiis ee Anas iyo Abuu Siciid ee shafaacada ku saabsanayd waxaan soo ogaannay in dad aan wax camal ah lahayn, Laa ilaaha Illallaahu keliya looga soo saari doono naarta. Xadiiska bidaaqada, isna waan soo marnay, wuxuuna sheegayey qof jannada ku galay Laa ilaaha Illallaahu oo keliya oo aan wax camal ah oo kale lahayn. "Wax xasano ah ma leedahay?" ayaa la weyddiiyey, markaasuu leeyahay "maya." "Wax cudurdaar ah ma leedahay? maya." Saddexdaaba waan soo marnay. Saddexdaa xadiisba cumuumkooda salaaddu waa soo galeysaa, illeyn salaaddu xasanaadka midda ugu wanaagsan weeyaane. "Xasano ma leh," ayaana la leeyahay.

Waxaa jira labo xadiis oo iyagu khaasba ah, oo salaadda si gaar ah gooni ugu ah. Xadiiska hore waa xadiiska Cubaadatu Ibnu Saamit ee dhahaya;

خمس الصّلوات كتبهنّ الله في يوم وليلة

Dhammaadkiisa wuxuu leeyahay, "qofkii aan la iman haddii Eebbe doono waa ciqaabi, haddii uu doonana waa u dambi dhaafin."

«فأمره إلى الله إن شاء غفر له وإن شاء عذّبه»

Haddii uu mushrik yahay ma loo dambi dhaafi lahaa?
Xadiiska kale waa xadiiska Xudayfa Ibnu Yamaan. Wuxuu rasuulka ﷺ ka weriyey inuu yiri,

«يَدْرُسُ الْإِسْلَامُ كَمَا يَدْرُسُ وَشْيُ الثَّوْبِ حَتَّى لَا يُدْرَى مَا صِيَامٌ وَلَا صَلَاةٌ وَلَا نُسُكٌ وَلَا صَدَقَةٌ، وَيُسْرَى عَلَى كِتَابِ اللهِ فِي لَيْلَةٍ فَلَا يَبْقَى فِي الْأَرْضِ مِنْهُ آيَةٌ وَيَبْقَى طَوَائِفُ مِنَ النَّاسِ الشَّيْخُ الْكَبِيرُ وَالْعَجُوزُ الْكَبِيرَةُ وَيَقُولُونَ أَدْرَكْنَا آبَاءَنَا عَلَى هَذِهِ الْكَلِمَةِ يَقُولُونَ لَا إِلَهَ إِلَّا اللهُ فَنَحْنُ نَقُولُهَا»

[رواه الحاكم وقال صحيح على شرط مسلم]

"Islaannimadu waa duugoobi doontaa" yacni dadka qulubtooda ayey ku duugoobi doontaa. "sida marada xararkeedu u duugoobo, ilaa la garan waayo waxa salaad tahay oo Soon yahay oo Nusuk yahay oo sadaqo tahay, Quraankana waa la qaadi doonaa, hal aayadna ka hari mayso. Waxaa haraya koox dad ah oo odayga weyn iyo habarta weyni ay yiraahdaan, `aabbayaashay ayaan ka soo gaarney kalmaddan Laa ilaaha illallaahu iyagoo leh, annaguna waan dhahaynaa.'" Odaygii iyo habartii gaboobey ayaa leh, "Aabbahay iyo ayeydey ayaan ka soo gaarnay Laa ilaaha illallaah, anna waan dhahayaa, ma daynayo." Markii uu Xudayfa xadiiska werinayey ayaa ninkii ka maqlayey, oo aan u malaynayo inuu ahaa Silatu Ibnu Ashyam, ayaa wuxuu yiri, "Maxay u taraysaa Laa ilaaha illallaahu aan Salaad, Soon, Sadaqo, xaj lahayn!?" Saddex goor markii uu xudayfa iska dhagooleeyey oo uu ka jeestay, kanna uu ku celceliyey, ayuu yiri,

》تنجيهم من النار يا صلة《

Saddex jeer ayuu ku celceliyey. " Naarta ayey ka bedbaadinaysaa, Siloow." Waa xadiis Saxiix ah, waxaana weriyey ibnu Maajah, Xaakim, Bayhaqi kitaabkiisa Shucabul Iimaan iyo Diyaa Almaqdasi kitaabkiisa Xadiisul Mukhtaara.

Arrinta labaad waa isku xukunka waxaan Alle soo dejin. Saddex ayaadood oo suuratul Maa'idah ayaa waxay ahayd:

》وَمَن لَّمْ يَحْكُم بِمَآ أَنزَلَ ٱللَّهُ فَأُوْلَٰٓئِكَ هُمُ ٱلْكَٰفِرُونَ《[المائدة:٤٤]، 》وَمَن لَّمْ يَحْكُم بِمَآ أَنزَلَ ٱللَّهُ فَأُوْلَٰٓئِكَ هُمُ ٱلظَّٰلِمُونَ《[المائدة:٤٥]، 》وَمَن لَّمْ يَحْكُم بِمَآ أَنزَلَ ٱللَّهُ فَأُوْلَٰٓئِكَ هُمُ ٱلْفَٰسِقُونَ《

Maxaa loola jeedaa kufriga noocyadiisii? Noocee loola jeedaa?

Ibnu cabbaas iyo qaar badan oo ardadiisa ah; Cadaa Ibnu Rabaax, Daa'uus iyo abuu Mijlad, Dhammaantood waxay yiraahdeen, 》أنّه كفر دون الكفر《

"Waa gaalnimo tii weyneyd ka sokaysa"

Riwaayad ibnu Cabbaas ayaa ahayd:

》أنّه ليس بالكفر الّذي تذهبون إليه《

"Arrinkaasi ma ahan gaalnimada aad ku tagteen."

》وفي رواية: أنّه كفر لا ينقله عن الملّة《، 》أنّه كفر دون الكفر كما أنّ الايمان بعضه دون البعض《.

"Waa gaalnimadii tii weyneyd ka sokeysey, sida iimaankuba midba mid uga hooseeyo." Riwaayad kale, "Ma ahan gaalnimadii diinta ka saaraysey."

Sida iimaanku u kala yar yahay ayaa kufriguna u kala yar yahay. Aayadda waxay ku fasireen in kufrigaasu kii yaraa yahay. Laakiin fasirkaa Ibnu Cabbaas iyo ardaydiisu ku fasireen inuu kufri ka sokeeya kii weynaa uu yahay, cumuumkiisa waxbaa ka soo sokamaray. Waxaa jira dhacdooyin aanay ogayn oo dhacay iyo isku-raac (اجماع) ka dambeeyey. Uma jeedaan mid kasta oo wax ku xukuma waxaan Eebbe soo dejin inuu kufrigii yaraa yahay. Haddii ay xaaladihii ka dambeeyey arki lahaayeen, sidaas ma yiraahdeen.

Arrinta waxaa loo kala qaadaa labo arrimood:
Qof, guud ahaan, ku xukumidda waxa ALLAAH soo dejiyey ku sugan, laakiin arrimaha qaar ka boodayo. Sharcigii ka tallaabsanaya, hawadiisa oo uu raaco darteed, eexanaya, dadkana kala saaraya. Qaarkood xuduuddii Alle ku waajibiyey ka cafinaya, sharcigana mararka qaar ka leexanaya. Laakiin, qofkaasi garanayo inuu dambi galay, sharciga Alle inuu wax ku xukumona ay waajib ku tahay, hawo-raacnimo u geyneyso. Sidan waxaa si aad ah u qeexay oo u fasiray riwaayadda Abuu Mijlad.

Kaa waxaa la mid ah, qofka waxaan Allaah soo dejin wax ku xukumaya, laakiin aan garanaynba in waxa Alle soo dejiyey wax lagu xukumo. Tusaale ahaan, dadka reer baaddiyaha ah ee xeerarkooda iyo caadaadkooda wax isaga xukumaya. Waan arki doonnaa sida uu noqonayo qofkii uu jahli u geeyey.

Qofka sharci iska samaysta, sharcigii Allaahna dhabarka ka tuuray, oo qaanuun uu isagu dejistey samaystay, taasi waa gaalnimadii weyneyd. Waxaa ugu horreeyey qaanuun dunida islaamka soo gala ninkii la oran jirey Jinkiiz Khaan ee Tataarka ahaa. Kitaab Alyaasa ama Alyaasaq uu ku magacaabay ayuu samaystay, kana koobnaa waxyaabo uu islaamka iyo diimaha kale ka soo qaatay iyo waxyaabo isagu fikirkiisa ku keensaday. Wiilashiisii ayaa uga dambeeyey oo ku dhaqmi jirey. Culimadii waqtigaa joogtey waxay isku raaceen, sida Xaafid ibnu Kathiir uu Albidaaya⁽¹⁾ ku sheegay inuu kufri weyn oo diinta looga baxayo uu yahay. Sharcigii Alle oo la tuuro oo sharci kale lagu beddesho, iyo sharcigii Alle oo guud ahaan la wato, laakiin kolkol laga tegaayo isku mid ma ahan. Midkaas sharciga samaystay waa kufri weyn oo diinta looga baxayo, laakiin dadka lagu xukumayo sharcigaas iyo qofka jahli u geeyo iyo waxa jahli cudur u noqon doona dib ayaan ka ogaan doonnaa.

Arrinta saddexaad, tan afraad, shanaad iyo lixaad, waa afar shay oo hal xadiis lagu taxay; sinada, khamriga, tuugada iyo bililiqada. Xadiiska caanka ah ee Abuu Hurayra weriyey ayuu afartan israaciyey:

لا يزني الزاني حين يزني وهو مؤمن ولا يشرب الخمر حين يشرب الخمر وهو مؤمن ولا يسرق حين يسرق وهو مؤمن ولا ينتهب نهبة يرفع الناس إليه أبصارهم وهو مؤمن ⁽²⁾

"Midka sinaysanayaa ma sinaysto markuu sinaysanayo isagoo muumin ah, Khamri ma cabbo markuu cabbayo isagoo muumin ah, ma xado waqtiguu wax xadayo isagoo muumin ah, wax ma bililiqaysto, bililiqo dadku indhaha u taagayaan isagoo muumin ah." Afartaas qof muumin ahi ma sameeyo

---

(1) Kitaabkiisa lagu magacaabo "البداية والنّهاية"

(٢) البخاري ومسلم وأبوداود وغيرهم

ayuu xadiisku leeyahay. Afartaaba addillo tusinaysa in iimaanka uu la'yahay aanu ahayn iimaankii weynaa ee aanu iimaankii ka tegin, kufrigooduna kufri yar uu yahay ayaa jirta. Tusale ahaan; Sinada xad ayaa laga oofiyaa qofkii ku dhaca. Waxaa jirta haweeney ummadihii hore ahayd oo Nabigu ﷺ sheegay, Saaniyadna ahaan jirtey. Ey ay waraabisay ayaa loogu dambi dhaafay. Haddii ay mushrikad ahaan lahayd, miyaa loo danbi dhaafi lahaa?

«انّ اللهَ لا يغفر أن يشرك به»

"Allaah uma danbi dhaafo in loo shariig yeelo"

Xadiiska Abuu Dar Alqafaari Nabigu ﷺ wuxuu yiri,

«من قال لا إله إلّا الله دخل الجنّة وإن زنا وإن سرق»

"qofkii Laa ilaaha Illallaahu yiraahda jannada ayuu galay, haba sinaysto oo wax ha xado." Tuugannimada, sidoo kale gacanta ayaa la goyn jirey, xadiiska Abuu Darna wuxuu leeyahay, "haddii uu xataa wax xado jannada ayuu geli doonaa." Ma aha shirkigiisu kii weynaa. Khamriga cabiddiisa iyo sinaduna sidaas oo kale weeyaan. Khamriga cabiddiisa, waxaa jira nin saxaabi ahaa oo dhawr goor la keenay, xadkana laga oofiyey, markaas ayaa nin lacnaday oo yiri,

«لعنه الله ما أكثر ما يؤتى به»

"Lacnad ha ku dhacdee, badanaa inta la keenayo!"

Nabigu ﷺ wuxuu yiri,

«لا تلعنه فانّه يحبّ الله ورسوله»

"ha lacnadin wuxuu jecel yahay Ilaahay iyo rasuulkiisa"

Waa khamri-cab sakhraansan, Ilaahay iyo rasuulkiisana jecel! Ma qof aan muumin ahayn ayaa Ilaahay iyo rasuulkiisa jeclaanaya!

Bililiqada, xadiiska Cubaada Ibnu Saamit wuxuu leeyahay,

«بايعنا رسول الله ﷺ ان لا نشرك بالله شيئا ولا نسرق ولا نزني»

"Rasuulkii Ilaahay ayaan ballan kula galnay inaannan Ilaah u shariik yeelin oo aannan wax xadin, sinaysan.." wuxuu soo wadoba wuxuu leeyahay,

«ولا ننتهب أو لا ننهب»

"Inaannan wax bililiqaysan,"

«بالجنّة ان فعلنا ذلك، وان وقعنا شيئا من ذلك فقضاء ذلك الى الله»

Macnaha, waxaan kula mubaayacoonnay jannada haddii aan sidaa samaynno. "Waxyaabahaa haddii aan wax kaga dhacno, arrintaa Alle ayey u taallaa." Marka, arrintaa Alle ayey u taallaa, haddii aan oofinnana ehlu-janno ayaan nahay. Haddii uu shirki yahay ehlu-naarnimo ayaa go'naan lahayd.

Dagaalka muslimiinta dhexdooda ah labo xadiis ayuu Nabigu ﷺ ku sheegay inuu kufri yahay: «سباب المسلم فسوق وقتاله كفر» "Cayda qofka muslimka ah waa faasiqnimo, dagaalkiisuna waa gaalnimo." Xadiiska kale:

«لاترجعوا بعدى كفارا يضرب بعضكم رقاب بعض»

"Ha noqonnina gadaashayda gaalo qaarba qaarka kale qoorta ka garaaca." Quraankuna wuxuu tusinayaa muslimiinta dagaallantayu inaanay diinta ka baxayn;

﴿ وَإِن طَآئِفَتَانِ مِنَ ٱلْمُؤْمِنِينَ ٱقْتَتَلُوا۟ فَأَصْلِحُوا۟ بَيْنَهُمَا ۖ فَإِنۢ بَغَتْ إِحْدَىٰهُمَا عَلَى ٱلْأُخْرَىٰ فَقَـٰتِلُوا۟ ٱلَّتِى تَبْغِى حَتَّىٰ تَفِىٓءَ إِلَىٰٓ أَمْرِ ٱللَّهِ ۚ فَإِن فَآءَتْ فَأَصْلِحُوا۟ بَيْنَهُمَا بِٱلْعَدْلِ وَأَقْسِطُوٓا۟ ۖ إِنَّ ٱللَّهَ يُحِبُّ ٱلْمُقْسِطِينَ ﴾ [الحجرات: ٩].

"Haddii ay dagaallamaan labo kooxood oo muuminiinta ka mid ah dhexdhexaadiya...."
Goortii dambena «فَأَصْلِحُوا۟ بَيْنَ أَخَوَيْكُمْ» "walaalihiin dhexd hexaadiya"

Dilkuna waa sidaas oo kale, Quraanku wuxuu leeyahay,

«فَإِنْ عُفِيَ شَيْءٌ مِنْ أَخِيهِ»

"Haddii uu wax u cafiyo walaalki." Dilkuna kufri weyn ma ahan, muslimiinta dhexdooda dagaallamana, isaguna kufrigii weynaa ma ahan.

Allaah cid aan ahayn oo lagu dhaarto. Haddii ay tahay cibaado ahaan, ama weynayn isagu waa gaarki, laakiin haddii uu yahay wax afku iska bartay, ma ahan. waxaa jira xadiis dhahaya, "Cid aan Alle ahayn qofkii ku dhaarta waa gaaloobay," haddana waxaa jirta inuu Nabigu, ﷺ ku dhaartay waxaan Alle ahayn.

Xadiiska Dalxa Ibnu Cubaydullaah ee la isku waafaqay wuxuu sheegayaa nin reer baadiye ah oo reer Najdi ahaa, Nabigana ﷺ su'aalo weyddiiyey. Aakhirkiisu wuxuu ahaa,

«أَفْلَحَ إِنْ صَدَقَ»

" Waa liibaaney haddii uu run sheegay," ama

«دَخَلَ الجَنَّةَ إِنْ صَدَقَ»

"jannaduu galay haddii uu run sheegay" Taasi waa riwaayadda Bukhaari iyo Muslim. Waxaa jirta mid Muslim gaar u weriyey oo dhahaysa, «أَفْلَحَ وَأَبِيهِ إِنْ صَدَقَ»

"Aabbihiis baan ku dhaartaye haddii uu run sheegay waa liibaanay!" Xadiis kale ayaa jira oo Abuu Daa'uud werinayo, isna sidaas oo kale Nabigu ﷺ aabbihii ayuu ku dhaartay.

«ذَاكَ وَأَبِي الجُوعُ»

"kaasi, aabbahay baan ku dhaartaye, waa gaajo" Waxa afku iska bartay, ee iska caadiga ah kufri ma ahan.

Qof kasta oo Alle waxaan ahayn ku dhaarta waa ku gaaloobay lama dhihi karo. Qofkii ku dhaarta Rasuulka ﷺ, ama awliyada ama kacbada, oo garanaya, arrintaas waxaan uga hadli doonnaa jahliga iyo cudurdaarka uu leeyahay.

Xiriirinta gaalada: Waa qaybta ugu dambaysa. Xiriirintu waa labo nooc: Xiriirin xagga adduunyada ah iyo xiriirin xagga diinta ah. Haddii xiriirintu xagga diinta tahay oo gaalada uu u jecel yahay oo ula gurmanayo, una gargaarsanayo diintooda oo la fiican oo uu jecel yahay, waa gaalnimo cad taasi. Laakiin, haddii ay tahay nacfi iyo maslaxa adduunyo, taasi iyadu gaalnimo ma ahan. Xadiiskii qisada caanka ahayd ee Xaatib Ibnu Abii Baltaca, arrin xiriirinta mushrikiinta ay ku jirto ayuu la yimid oo jaajuusnimo ah. Sirtii Nabiga  ayuu u sheegay, wuxuuna ku fasiray inay tahay adduunyo darteed. "Maalkaygii aan halkaa ku lahaa, iyo dadkaygii halkaa iga jirey, in la ii dhaqaaleeyo, la iina xafido ayaan rabey" ayuu yiri. "Nin qariib ah oo dadkaa aan ka dhalan ayaan ahay. Nimankaas inaan gacan u geysto, si maalkayga iyo dadkii halkaa iga jirey ay iigu dhaqaaleeyaan, iiguna bedbaadiyaan ayaan nimankaa jaajuus ugu noqday" ayuu yiri. Sidoo kale, xadiiskii Maalik Ibnu Dukhshum, markii ay yiraahdeen nimankii munaafaqnimada ku sheegay, "wuu la sheekaystaa oo iyaga ayuu la socdaa" Nabigu, shirki kama dhigin oo wuu daafacay, xadiiskiisana waan soo sheegnay.

Manhajka Ahlu-Sunna -Waljamaaca Ee Gaalaysiinta

Mawduucani wuxuu ku saabsan yahay manhajka Ahlu-sunna-waljamaaca ee gaalaysiinta. Sidaan hadda ka hor soo sheegnay oo aan cinwaankaba ka soo dhignay

«كفو عن من قال لا إله إلّا الله إلّا بحقّها»

Waxaan soo sheegnay in Ehlu-sunna-waljamaaca ay leeyihiin manhaj dhexdhexaad ah oo labada daraf ee xadgudubka iyo gaboodfalka u dhexeeya. Xadgudubka ay ku dheceen Khawaarijta iyo Muctasilada, oo labadooduba danbi weyn oo qofka ka dhaca keliya ay islaamka kaga saarayaan, qaar gaaleeya iyo qaar dhexdhexaad ka dhigaba, iyo darafka kale ee ka soo horjeeda ee gaboodfalka ah ee ay ku dheceen Murji'adu. Waxay sameeyeen qawaacid, shuruudo iyo xeerar cad oo kooban oo ku saabsan qofka muslimka ah sida uu ku gaaloobayo. Iskamaaney dhihin, "Qofkii sidaa sameeya oo dhan wuu gaaloobayaa," ama "Qofku haddii uu ashahaato wax gaalnimo la yiraahdo ma jirto."

Qawaaciddii ay salafku isticmaali jireen.

Manhajkooda waxaan ugu horraysiinaynaa qawaacid caam ah, shuruud iyo waxyaabo ay kala farqiyeen.

- **Qaacidada koowaad:**

Qaacidada ugu sarraysa ee ugu asalsan waxa weeye:

« الفرق بين التكفير بالوصف وتكفير شخص معين »

"farqiga u dheexeeya gaalaysiinta sifo wax lagu gaalaysiiyo iyo gaalaysiinta qof gaar ah." Labadaa waa kala qaadeen. In sifada wax lagu gaalaysiiyo oo la yiraahdo, "Qofkii waxaa la yimaada wuu gaaloobayaa, ama ficilkaasu waa gaalnimo" oo ay si guud u idlaaqaan iyo in la yiraahdo, "Qofka hebel la yiraahdo waa gaaloobay, oo waxaas ayuu ku gaaloobey," labadaas farqi ayey u kala yeelayeen. Markii ay si guud sifada wax ku gaalaysiiyaan oo ay yiraahdaan "qofkii sifadaas ku dhaca, ama waxaas la yimaada waa gaaloobayaa," waxay ka wadaan xukunka sharciga ah caddayntiisa iyo xukunkaas isaga ah inuu wasfigaas iyo macnahaas yahay oo sifadaa ku xiran yahay. Ulama jeedaan in qof alla qofkii sifadaas ku dhacaa uu gaaloobayo, ee waxay ka wadaan sifadaa, guud ahaan, waa lagu gaaloobaa. Ma ahan dadkii oo dhan waa ku gaaloobayaan, ee dadka qaarna waa ku gaaloobayaan, qaarna kuma gaaloobayaan. Arrintaasi waxay ku xiran tahay shuruud iyo mawaanic. Qofkii shuruuddaa gaarka ah laga helo, sifadaana la yimaada kuma galoobayo, kii laga waayona waa ku gaaloobayaa. Shuruudahaa waan arki doonnaa, iyo cudurdaarka shuruudahaa ka dhalanaya.

- **Qaacidada labaad**

« الفرق بين تكفير المعين والحكم بإسلامه »

Qof gaal ahaan jirey xukunka lagu xukumo inuu muslimay, iyo qofka muslimka ah xukunka lagu xukumo inuu gaaloobey waa kala duwayeen. Waxay ku kala duwayeen, midna muuqaalka ayey kaga kaaftoomayeen oo waa islaannimo-ku-xukumidda qof gaal ahaa islaannimo lagu xukumayo. Ku hadlidda shahaadataynka ama wax meeshoodii geli kara, oo aanu wax burinaya la iman ayey ugu xukumayeen, iyadoo ay suurtowda in qalbigiisu aanu rumaysnayn, taana waa taan soo sheegnay. Qof muslim ahaa markii ay gaalnimo ku xukumayaan waxay ka fiiriyaan muuqaalka iyo qarsoodiga (baadinka). In muuqaalka iyo waxa qarsoon (baaddinku) iswaafaqaan, labadoodubana ay gaalnimo cad noqdaan mooyaane, si kale ugumaanay xukumi jirin.

Muuqaalka oo keliya, camal muuqaalkiisu uu kufri yahay uu la yimaado, qalbigiisa iyo niyaddiisana aan la ogeyn, ma gaalnimo xukumi jirin. Qarsoodiga(baadinka) oo keliya oo qofkaasi inuu gaalnimo qarsanayo la ogaado, oo taas waxyiga uun ku dhici jirtey, looguma gaalnimo-xukumi jirin. Rasuulku ﷺ munaafiqiin uu yaqaanney, oo uu magacyadooda yaqaanney, Xudayfana ؓ uu u sheegay ayaa jirey, haddana aanu ka saarin bulshadii muslimka ahayd. Bulshada ayey ka tirsanaayeen, dagaalladana waa u raaci jireen, salaaddana waa la tukan jireen.

- **Qaacidada Saddexaad**

Xukunka lagu xukumo bulsho inay tahay mujtamac kaafir ah, ama jaahili ah, ama mulxid ah, macnaheedu ma aha in qof kasta oo bulshadaa ka mid ahi uu kaafir ama mulxid ama murtad yahay. Guud ahaan ayaa loogu xukumayaa, iyadoo fardi kasta xukunkiisu gaar u yahay.

- **Qaacidada Afraad**

انّ الحكم علي بعض الفرق الضّالة بأنّها كافرة لا يعني أنّ كلّ من انتسب اليها فهو كافر، مثل الجهميّة، حكمو بالكفر ومن قال بخلق القرآن

"Ku xukumidda qaar firqooyinka lunsan ah gaalnimo lagu xukumo, macneheedu ma ahan in qof kasta oo u nasab-sheegta uu gaal yahay. Tusaale ahaan, Jahmiyada, a'immadii salafku waa ku gaalnimo xukumeen iyo qofkii yiraahda in Quraanku makhluuq yahay," Ulama jeedin in qof kasta oo firqadaa ku jiraaba uu kaafir yahay. Taa inaanay ula jeedin tusaale ina tusinaya ayaa inoo iman doona.

- **Qaacidada Shanaad.**

أنّ كلّ من تلبس بكفر أكبر ليس بضرورة كافرا بل لا بدّ من وجود الشروط وانتفاء الموانع

"Qof alla qofkii ku dhaca shay kufri weyn ah oo baraxla', ma aha qofkaasi inuu mar kasta gaal noqonayo ee shuruud iyo mawaanic iyo cudurdaar ayaa loo fiirinayaa." Haddii shuruudahaa laga helo waa baxsanayaa oo waa loo cudurdaarayaa, haddii laga waayona waa gaaloobayaa.

- **Qaacidada Lixaad.**

أنّ الوعيد المطلق لا يلحق كلّ الفرد الّا بعد ثبوت شروطه وانتفاء موانعه

"Waciidka guud ahaanta ah ma haleelayo qof kasta, illaa shuruuddii ay sugnaato, mawaanicdiina laga waayo." Nusuusta gooddiga ku soo aroraya, "Qofkii sidaas yeela kaafir weeyaan, naar ayuu ku waarayaa, hoygiisu waa naar," la leeyahay, falalka noocaas ah ee gooddiga guud ahaanta ah ee Allaah iyo Rasuulkiisu ay ka ratibayaan, macnuhu ma ahan qof walba oo shayga noocaas ah ku dhaca ee loogu goodiyey inuu waciidkaa gelayo oo ay naartu u waajibeyso. Waa in shuruuddii iyo mawaanicdii laga helo.

- **Qaacidada Toddobaad.**

أنّ كلّ من نسب إلي فرقة هالكة أو انتسب اليها لا يكون منها حقيقة

"Qof kasta oo loo tiiriyo firqo lunsan oo halaagsan, sida: Shiicada ithnaa cashariyada, Raafidada, Muctasilada,

Khawaarijta, Murji'ada, ama isagu isku tiiriya daruuri ma ahan inuu si dhab ah uga mid yahay." Waxaa dhici karta, dhacdayna, inuu qofkaasi u galay oo ugu nasab-sheegtay aqoon aanu u lahayn caqiidadooda, ama usuushooda, haddii uu aqoon lahaana uu ka beri noqon lahaa. Waxaa jira rag badan oo muxadisiin ah oo loo tiiriyo firqooyinkaa bidcada ah ee lunsan, saxiixaynkuna ay ka weriyeen. Qaar Shiicada xag-jirka ah, ama Murji'ada, Muctasilada, Khawaarijta ayaa loo tiirin jirey, qaarkoodna ayba isku nisbayn jireen. Qaar xag-jir ku ahaa, dadkana ugu yeeri jirey, haddana xadiista ay weriyaan kutubta xadiista ay ku badan tahay ayaa jira. Jalaaluddiin Suyuudi kitaabkiisa «تدريب الرّاوي» liis dheer ayuu magacyadooda ku taxay kuwa saxiixaynku uu wax ka weriyo.

Qawaaciddaa nas ka tarjamaya oo uu leeyahay Ibnu Taymiya ayaan ku soo xiraynaa: wuxuu leeyahay:

انَّ نُصُوصَ الْوَعِيدِ مِنْ الْكِتَابِ وَالسُّنَّةِ ونصوص الأئمّة بالتكفير والتّفسيق ونحو ذلك لا يستلزم ثبوت موجبها في حق المعيّن الّا اذا وجدت الشروط وانتفت الموانع ولا فرق في ذلك بين الأصول والفروع.

في فتاويه جزء ١٥

Kaasi waa hadalkii Ibnu Taymiyah, fataawidiisa juzka 15aad

Marka macneheedu waxaa weeyaan: Waciidka iyo gooddinta ku soo arooray Quraanka iyo sunnada, oo acmaasha qaar laga ratibaayo, qof alla qofkii waxaa sameeya inuu waciidka soo gelayo ma ahan. Waxaa lagama maarmaan ah in shuruud gaar ah qofkaas laga helo, mawaanic gaar ahna laga waayo.

Intaas ayaan ku soo xiraynaa qawaaciddooda iyo naskii Ibnu Taymiyah ee ka turjumayey.

- **Qaybinta muuqaalka (daahirka) iyo qarsoodiga (baadinka)**

Waxaan ku xijinaynaa qaybin ay qaybiyeen muuqaalka iyo qarsoodiga, sida ay isku waafaqayaan, ama isku khilaafayaan iyo axkaamta ka dhalanaysa. Waxay u shardiyaan muuqaalka iyo qarsoodigu inay, labadooduba, iswaafaqaan oo kufri baraxla' oo aan ixtimaal lahayn isku waafaqaan, markaas ayey gaalaysiinayaan. Arrinta marka laga fiiriyo muuqaalka iyo qarsoodiga (qarsoodiga waxaa laga wadaa qasdigiisa iyo niyaddiisa iyo waxa ku bixiyey, una geeyey camalkaa uu ku dhacay ee kufriga ah) inay labadaasi iswaafaqaan ayey qofka gaalaysiinayaan, waxayna ka soo qaateen xadiiskii Cumar ﷺ:

«اِنَّمَا الأَعْمَالُ بِالنِّيَّاتِ..»

Marka, qofka niyaddiisa waa lagama maarmaan. Waa shardi oo camalka muuqda keliya la fiirin maayo, niyaddana waa la fiirinayaa.

Arrinkaa marka muuqaalka iyo qarsoodiga laga fiiriyo, sida ay isku waafaqayaan, ama isku khilaafayaan afar qaybood ayey ka dhigeen:

- **Qaybta koowaad:**

Waa in qofkaa qasdigiisa, niyaddiisa iyo ula-jeeddadiisu ay tahay kufri, laakiin acmaashiisa muuqata sidaa ma tusayso. Marnaba, wax tusinaaya gaalnimadaa u qarsoon lama imaan. Gaalnimo ayaa uurka ugu qarsoon. Kaasi waa munaafiq oo aan hadda ka hor soo niri: Muuqaalkiisu agteenna waa muslim, sidii qof muslim ah ayaanan ula dhaqmaynaa, waayo waxa u qarsoon (baadinkiisa) ma ogin, Allaah agtiisana waa munaafaq ehlu-naar ah, naartana meesha ugu hoosaysa gelaya, waayo Alle ayaa waxa u qarsoon og.

▪ Qaybta labaad:

Waa in camalka muuqda ee uu la yimid uu yahay kufri, qarsoodiguna waxaan gaalnimo ahayn aanu aqbalayn, oo inuu gaal Allaah iyo rasuulkiisa beeniyey yahay mooyaane, aan wax kale oo ixtimaal ah oo soo geli karaaba aanu jirin. Wuxuu la yimid camal kufri ah, camalkaas qof aan gaal ahayn wuxuu ku kici karoba ma ahan, ixtimaal kalena ma aqbalayo. Kaasi waa gaal muuqaal iyo qarsoodiba(daahirka iyo baadinka), Alle agtiisa iyo agteenna. Waxaa la mid ah kaas oo kale: Cayda Alle, Rasuulka ﷺ, Malaa'igta, diinta, Ku jeesjeeska xukunka iyo sharciga Alle, ihaanaysiga Kitaabka. Camalka noocaas oo kale ah muuqaalkiisa iyo camalkuba waa gaalnimo baraxla', qof aan gaal ahaynna kama suurtowdo, ixtimaal kalena camalkiisu ma leh, waa kaafir. Addiladiisa iyo tusaalooyinkiisa waxaa aad ugu dheeraaday Ibnu Taymiyah, kitaabkiisa uu ku magacaabay: «الصّارم المسلول على شاتم الرّسول», sidoo kalena, ardaygiisa Ibnu Qayim, kitaabkiisa «أعلام الموقعين» aad ayuu tusaale uga bixiyey. Quraanku arrintaa wuu tusinayaa, sida hadalka Alle:

﴿ وَلَئِن سَأَلْتَهُمْ لَيَقُولُنَّ إِنَّمَا كُنَّا نَخُوضُ وَنَلْعَبُ قُلْ أَبِاللَّهِ وَءَايَٰتِهِۦ وَرَسُولِهِۦ كُنتُمْ تَسْتَهْزِءُونَ ۝ لَا تَعْتَذِرُوا۟ قَدْ كَفَرْتُم بَعْدَ إِيمَٰنِكُمْ إِن نَّعْفُ عَن طَآئِفَةٍ مِّنكُمْ نُعَذِّبْ طَآئِفَةًۢ بِأَنَّهُمْ كَانُوا۟ مُجْرِمِينَ ﴾ [التوبة:٦٥-٦٦]

Qofkaasi ha ahaado mid bannaysanaya, ama ku jeesjeesaya oo iska ciyaaraya, ama kaftamaya oo waxaan kaftan gelin kaftan ka dhiganaya. Midkaasi waa kaafir. Sidii munaafiqiintii maalintii Taabuuk ku cudurdaartay, "Jidkaan isaga bar-yareynayney oo socodkaan isku illowsiinayney oo sheeko jidmar ah ayuu iska ahaa, dhabna nagama ahayn," ee aan looga aqbalin oo aayaddaasi ugu soo degtey. Ibnu Cumar ﷺ ayaa midkood tilmaamay, isagoo rabey inuu Nabiga ﷺ u cudurdaarto. Hashii Nabiga ﷺ ayuu xariggeeda qabsaday oo uu garab-socdey, dhagxaantana ku turunturroonayey, isagoo leh, «إِنَّمَا كُنَّا نَخُوضُ وَنَلْعَبُ» "Rasuulkii Ilaahay waan isaga ciyaarayney," Rasuulkuna uu leeyahay,

«أَبِاللَّهِ وَآيَاتِهِ وَرَسُولِهِ كُنتُمْ تَسْتَهْزِئُونَ»
"Ma Allaah, aayaadkiisa iyo rasuulkiisa ayaad ku jeesjeesáyseen!"

Noocaa waxaa la mid ah Somaalida waxyaabo ka dhaca. Waxyaabo laga sheego ardayda cilmi-doonka ah ee reer Galbeedka inay u aadaan raba. Hay'adaha gaalada ayey codsi waxbarasho u qortaan si ay deeq baxbarasho u siiyaan. Markay imtixaanayaan kitaab ayey u dhigaan, oo yiraahdaaan, "ku joogsada!" Haddii ay musxafka isku taagaan waa siinayaan, haddii kalena ma siinayaan. Waxaa la mid ah, waxyaabo badan oo ay ku hadlaan kuwo saqaafo reer Galbeed leh, oo yiraahda, "Xilligii sharciga in la isku xukumo waa laga tegey! Ma waxaad rabtaan annagoo joogna casrigan dayax-gacmeedka iyo nukliyeerka, ee samada loo baxay, inaad noo celisaan waqtigii awrka iyo hasha!?" Beri dhoweyd Soomaalida mar ay isku tageen, guddi la lahaa qaanuun ayey dejinayaan, dadkiina ay u bateen in nusuus sharciga taageeraysa in lagu soo daro, si dhammaystiran (in sharciga loo qaato) aan ahayn, gaaladuna ay ka caroodeen oo ay wixiiba kala tuureen, mid ayaa waxaa laga sheegayey inuu yiri," Diinta waqtigeedii waa dhammaaday oo waa laga tagey" Weliba Af-talyaani inuu ku sheegay ayaa la ii sheegay. "Ma haddaad rabtaan inaan dadka gacmaha googoynno! Ma goonayno gacanta! Wax-soo-saarka ayaad yareynaysaan, dhaqaaluhuna waa xumaanayaa haddii aan sharciga qaadanno." Kuwaas oo kale, oo sidaa ku hadlaya, iyo inaan sharcigu waqtigan u suubbannin waa noocaas. Kuwii sharciga dejistey ee qortay oo sharcigii Ilaahay ku beddeshay, ijmaacii Ibnu Kathiir waa innagii soo sheegnay.

- **Qaybta saddexaad:**

Waa in camalka muuqda (daahir) uu yahay mid noqon kara gaalnimo iyo gaalnimo-la'aan. Camalkii muuqdey gaalnimo kuma cadda (sidii midkii aan hadda ka soo baxnay oo kale ma ahan) gaalnimo waa noqon karaa, wax kalena waa noqon karaa. Qofkaas camalkiisa muuqda uu kufri ixtimaalo, niyaddiisa ayaa la fiirinayaa. Haddii uu kufri ula jeeday waa ku gaaloobayaa, haddii kalena kuma gaaloobayo. Taa waxaa ka mid ah qisadii saxaabigii Xaadib Bin Abii Baltaca iyo faafintii sirta rasuulka. Sidaa daraaddeed ayuu Nabigu ﷺ u su'aalay, "Waa maxay arrintani, Xaadibow!" Markii uu cudurdaarkiisii u sheegtay, ee uu yiri,

«واللّٰهِ يا رسول اللّٰهِ ما شككت في الدّين منذ أسلمت»

wuu ka rumaystay Nabigu ﷺ, wuxuuna yiri, «صدق» "waa run sheegay." Markii Cumar yiri, "Munaafaq ayuu noqdaye aan dilo" waa u diidey.

Hadal dheer ayuu ku sharraxay xadiiskan imaamu Shaafici kitaabkiisa (Umm) oo uu ku caddaynayo in mawqifkaa Xaadib uu labo arrimood ixtimaalayo: In arrintaas ay gaalnimo u geysey, gaaladana diintooda ku xiriirinayo oo uu munaafaq yahay, sidii Cumar ka fahmay, iyo inuu dan kale ka lahaa. Markii uu u sheegay ujeeddo kale oo adduunyo ah inuu ka lahaana waa ka rumastay (Nabigu).

Waa xadiis la isku waafaqay.

Waxaa tusaaleheeda ka mid ah: Sujuuddii Macaad Ibnu Jabal uu Rasuulka ﷺ u sujuudey. Macaad isagoo safar ka soo noqday ayuu Rasuulka u sujuudey. Nabigu wuu su'aalay sidii Xaadib oo kale, "Waa maxay sidan, mucaadow!?" Wuxuu yiri, "Rasuulkii Ilaahow, waxaan tagey Xiira" (Waa Kuufa agteeda oo dawladdii Al manaabiral Al akhmiyiin caasimaddooda ahayd, dad nasaaro ah ayaa degganaa.) "Waxaan arkay iyagoo baadariyada iyo culimmadooda (ruhbaantooda) u sujuudaya, marka, waxaan niyestey inaan adiga kuu sujuudo, waayo adigaa ka mudan" Nabigu ﷺ waa ka reebay wuxuuna yiri, "Haddii aan cid qof u sujuud dhihi lahaa, haweeneyda ayaan ninkeeda ha u sujuuddo oran lahaa, laakiin ALLAAH waxaan ahayn looma sujuudo"

Sujuudda ALLAAH cid aan ahayn loo sujuudo inay mid cibaado ah tahay waa noqon kartaa oo cidda loo sujuudayo lagu weyneynayo laguna sharfayo oo sujuuddaasi tahay cibaado la caabudayo, loona aqoonsan yahay inuu cibaado mutay. Waxa kale oo ay noqon kartaa weynayn iyo ixtiraam, sida salaan. Sida Ibnu Taymiyah sheegay, sujuuddu waa sharci shuruucda ka mid ah oo diimihii hore qaarkood ku bannaanaa, laakiin diintani nasakhday. Waxyaabihii ay isku salaami jireen waxaa ka mid ahaa inay isu sujuudaan. Ma ahayn rukuuc iyo foorarsasho oo keliya ee sujuud dhab ah ayey ahayd. Sida qisadii nabi Yuusuf ﷺ, isaga iyo labadiisii waalid iyo walaalihi,

﴿أَبَوَيْهِ عَلَى ٱلْعَرْشِ وَخَرُّوا۟ لَهُۥ سُجَّدًا﴾ [يوسف:١٠٠].

Khuruurku ma ahan foorarsi «سقطوا علي الأرض» "dhulka ayey ku dheceen" waa sujuudeen. Sujuuddii malaa'igta ee la yiri, "Aadam u sujuuda" iyana daahirkeedu waxay ahayd mid dhab ah.

Xadiiskan waxaa weriyey tarmidi, Ibnu Maajah, Axmed, Abuu Daa'uud, Xaakim, shiikh Albaanina wuxuu ku sixiixiyey إرواء الغليل

Qaybta afraad:

Waa in camalka muuqda ee qofku la yimid uu kufri cad yahay, laakiin qarsoodigu aanu camalkaa muuqaalkiisa tusinayn ee uu ixtimaal ku jiro. Waa kii hore ka soo horjeedki. Markan waxaa kala baxaya falkii iyo qofkii. Falkii waa kufri cad, laakiin qasdigii ma tusinaayo oo qasdigii ayaa ixtimaal ku jiraa. Qofkaas weeye qofka inuu cudurdaar leeyahay iyo in kale loo fiirinayaa, loona raadinayaa shuruud gaar ah. Haddii qofkaas cudurdaar yeesho, oo cudurdaarrada afarta ah ee aan sheegi doonno midkood loo helo, waa baxsanayaa oo kuma gaaloobayo, haddii uu cudurdaar la'aan noqdo, afartaa cudurdaar midkood aan laga helinna waa ku gaaloobayaa.

Shuruudaha qofka loo eegayo iyo cudurdaarrada ka dhalanaya.

Shuruudahaa iyo cudurdaarka ka dhalanaya Ibnu Taymiyaha iyo cid kaleba waa sheegeen. Labo shardi ayey u shardiyeen, labada shardina mid walba laba cudurdaar ayaa ka baxaya. Shardiga hore waa in qofka ay xujadii gaartey, midka labaadna waa inuu arrinkan khiyaarki ku sameeyey.

Shardiga koowaad:

Shardiga hore waa: (ثبوت حجة الرّسالیّة علیه) In qofkaasi uu yahay mid xujadii lagu oogey oo ay ku sugnaatay.

Shardigan hore waxaa ka dhalanaya laba cudurdaar; jahli iyo ta'awul oo mid walba cudurdaar noqonayo. Haddii uu qofku yahay qof xujadii aanay ku sugnaan oo aanay gaarin, ama aanu maqlin, ama waa gaadhaye waxaa qalbigiisa ku dhashay wax uu u malaynayo in arrintani si kale tahay oo shuhbo la yiraahdo, labadaa goorba waa baxsanayaa.

Sida lagu ogaanayo in qofkaa xujadu gaadhey waa labo nooc: Haddii arrinkaasu yahay arrin u noqonaya Aslu diin (tawxiidka Alle ama duudduub ahaan ku sugnaanta guud ee shareecada) labadaa wax ka hor imaanaya haddii uu yahay, waxaa lagaga kaaftoomayaa inay dacwadu gaartey, faahfaahsanaan la'aan. Allaah waxdaaniyadiisa iyo Rasuulka ﷺ risaaladiisa qof loo sheegay inuu yahay faahfaahin la'aan. Labadaa ayaa aslu-diin noqonaaya, midna tawxiidka Alle ayuu koobayaa, midna Rasuulka ﷺ raacitaankiisa iyo ku dhaqanka shareecada, guud ahaan. Qofka shahaadataynka iyo tawxiidka Alle qiray, Rasuulkana ﷺ risaalada u qiray, labadaa wax jebinaya haddii uu la yimaado waa ku gaaloobayaa, wax kale oo u sii laabani ma jiraan.

Haddii uu yahay qof ku dhacay wax kale oo shirki ah oo shirki weyn ah, laakiin Allaah waxdaaniyadiisa iyo rasuulka risaaladiisa aanu inkirin, cudurdaar ayuu ku yeelanayaa. Qofkii nabinnimo sheegta ama mid nabinnimo sheegtay raacay iyo kii wax kale oo Alle sokadi la caabudo sheegaya, waxba tafaasiil iyo dacwo lama gaarsiin iyo dacwo ma gaarin ma leh ee waa ku gaaloobayaa. Laakiin, isagoo Alle tawxiidka u qiraya, Nabigana ﷺ risaalada u qiraya, wax shirkiyaad ah oo kale haddii uu ku dhaco, waxani cibaado inuu yahayna aanu u garanayn, haddii uu cibaado inuu yahay u garanayona Alle waxaan ahayn aanu u jeediyeen, waa loo cudurdaarayaa.

Taasi aad ayey ugu faro badan tahay dadka muslimiinta ah ee aad iyo aad jahligoodu u badan yahay. Waxaa ku faro badan, waxdaaniyada waa yaqaannaan oo Ilaah inuu cibaado muto waa yaqaannaan, laakiin waxyaabo cibaado ah oo aanay cibaado u aqoon ayaa jira, haddii aad tiraahdo waxaan waad caabudaysaanna, ay kula dagaallamayaan, kulana doodayaan. Qofkaasi isagoon waxdaaniyadii tuurin oo Rasuulka ﷺ aan beenin, waxyaabaha sidaas ah ee shirkiyaadka ah ee uu ku kacayo, waxaa la rabaa sida ay xujadu ugu qunmayso inay noqoto xujo faahfaahsan. Waa inuu yahay qof arrintaa loo sharxay oo loo caddeeyey. Inay cibaado tahay oo shirki tahay, Allaah cidaan ahayn aanay mudannin in la caabudo, qof loo caddeeyey waa inuu yahay. Masaladaasi haddii aanay u caddeyn oo uu moodayo in Allaah waxaan ahayn loo samayn karo, bayaankii faahfaahsanaa ee arrinkaa ku saabsanaana aanu soo gaarin, jaahil ayuu noqonayaa oo loogu cudurdaarayaa.

Saddex nas oo uu mid leeyahay Alqaadi Abuu Bakar Ibnul Carabi Almaaliki, labona uu leeyahay Ibnu Taymiya oo arrintaa sharxaya ayaan soo qaadanaynaa.

Ibnul Carabi wuxuu leeyahay (Muxayaddiin Ibnu carabi ma ahan. Abuu Bakar Ibnul Carabi iyo Muxayddiin Ibnu Carabi waa labo nin oo kala duwan oo waxyaabana wadaaga, laakiin wasfiyadoodu aad iyo aad u kala fog tahay) Wuxuu leeyahay:

«الجاهل والمخطأ من هذه الأمة ولو عمل من الكفر والشّرك ما يكون صاحبه مشركا أو كافرا فإنّه يعذر بالجهل والخطأ حتى تتبيّن له الحجة التي يكفر تاركها بيانا واضحا ما يلتبس على مثله وينكر ما هو معلوم بضرورة من دين الاسلام ممّا يجمع عليه اجماعا جليّا قطعيّا يعرفه كلّ المسلمين من غير نظر وتأمل» نقله جمال الدّين قاسم في تفسيره – أي ابن العربي

Hadalkaa waxaa ka soo naqliyey Jamaaluddiin Qaasimi tafsiirkiisa. Marka hadalkaasi waa waadix.

"Qofka jaahilka ah iyo qofka gafey ee ummaddan ka mid ah haddii uu sameeyo wax lagu gaaloobayo ama mushrik lagu noqonayo, jahliga iyo gefkaa ayaa loogu cudurdaarayaa oo kuma gaaloobayo ilaa arrintu u caddaato oo loo sharxo. In loogu sharraxo, looguna caddeeyo si qof mustawihiisa oo kale ahi uu u fahmi karo, una noqoto wax macluum ah oo qof walba garanayo oo tacliin iyo waxba aan u baahnayn." Tusaale ahaan, sinada, qof walba waa garanayaa inay xaaraan tahay, beentuna ay xaaraan tahay. Sidaas oo kale ilaa ay u noqoto oo loogu sharxo kuma gaaloobayo.

Ibnu Taymiya isagoo masalo gaar ah ka hadlaya oo istiqaasada (gargaardalab) ka hadlaya ayuu yiri,

»انّ بعد معرفة ما جاء به الرّسول ﷺ نعلم بضرورة أنّه لم يشرع لأمّته أن تدعو أحدا من الأموات، لا الأنبياء ولا الصّالحين ولا غيرهم، لا بلفظ الاستغاثة ولا بغيرها ولا بلفظ الاستعاذة ولا بغيرها، كما أنّه لم يشرع لأمّته سجود لميّت ولا لغير ميّت ونحو ذلك، بل نعلم أنّه نهى عن كلّ هذه الأمور وأنّ ذلك من الشرك الّذي حرّمه الله ورسوله لكن لقلّة الجهل وقلّة العلم بآثار الرّسالة في كثير من المتؤخرين، لم يمكن تكفيرهم بذلك حتى يتبيّن لهم ما جاء به الرّسول ﷺ ممّا يخالفه«

Hadalkaa ayuu Ibnu Taymiyah yiri isagoo gaar ahaan ka hadlaya Istiqaasada. "Markaan ogaannay Nabigu ﷺ wuxuu la yimid oo sharcigiisa ah, waxaan shaki la'aan ogaanaynaa inaanu ummaddiisa u bannayn oo aanu ugu yeerin inay qof dhintay barido; nabi ha ahaado ama qof saalix ah ha ahaado, hadal gargaar dalab ah iyo wax ka duwan, sida aanu ummaddiisa ugu bannayn inay meyd iyo waxaan meyd ahaynba u sujuuddo. Waxaaban ognahay inuu reebay arrimahaas oo dhan, waana shirkigii uu Alle xaaraameeyey, laakiin jahliga oo dadkii ka batay iyo cilmi yaraanta risaalada jidkeedii, in badan oo dadkii dambe ah, suurtogal ma ahan in arrintaa lagu gaalaysiiyo ilaa loo caddeeyo wixii rasuulku la yimid iyo waxa khilaafsan."

Waxaa jira waxyaabo dadka awood u leeyihiin iyo waxyaabo maqan oo aanay awood u lahayn. Waxyaabaha dadku awoodda u leeyhiin, maal iyo kaalmo wixii la mid ah waa bannaan tahay oo waa la weyddiisan karaa, laakiin waxyaabaha kale ee maqan ee Alle cidaan ahayn aanu tari karin; caafimaadka, ilmaha, roobka, cimri dheeraan, risqi waasicin, cadowga oo la iska celiyo, baadida, waxyaabaha caynkaas oo kale ah Ilaah mooyaane cid kale lama weyddiisan karo, waana cibaado. Nabigu ﷺ wuxuu ku yiri xadiiska Nucmaan Ibnu Bashiir,

»الدّعاء هو العبادة«

"Ducadu iyaduunbaa cibaado ah".

Waxaan soo marnay in Ibnu Qayyim uu istiqaasada shirkiga yar ku daray. Labo mid ayey noqonaysaa: Inay shirki asqar ah tahay oo dambi weyn ah, ama inay shirkigii weynaa tahay. Laakiin dadka caamada ah ee jaahiliinta ama wax caamo u dhow ah, macduuriin ayey ku noqonayaan oo kuma gaaloobayaan, waayo inay cibaado tahay ma garanayaan. "Maxaad Nabiga ﷺ u baryaysaa? Nabiga ayaad caabudaysaa!" haddii aad tiraahdo, wuxuu ku oranayaa, "Ma caabudayo oo inaanu ahayn Ilaahii i abuuray waan ogahay." Waxayaabaha dadku garanayaan, sida: Salaadda iyo Soonka, Xajka, cid aan Alle ahayn uma samaynayaan, laakiin waxyaabo aanay u garanayn inuu cibaado yahay ayaa jira. Marka, sidaas cudurdaar ayey ku helayaan.

Mas'alada saddexaad ee Ibnu Taymiyah, waa ku xukumidda wixii Allaah soo dejiyey wax aan ahayn.

Hadalkiisii waxaan ku soo koobaynaa, "Dad badan oo islaamka u nasab sheegta waxay wax ku xukumaan wixii Alle soo dejiyey wax aan ahayn. Tusaale ahaan, caadada reer baadiyaha oo madaxdoodu amarrada ay faraan ayey wax ku xukumaan, waxaasina waa gaalnimo. Haddii ay garanayaan inay waajib ku tahay wixii Alle soo dejiyey inay wax ku xukumaan, wax kale inay wax ku xukumaanna ay xaaraan ka tahay waa ku gaaloobayaan, haddii aanay garanaynna jaahiliin ayey noqonayaan." Saddexdaa nas waxay caddaynayaan in jahliga ay dadku cudurdaar ku helayaan.

Tusaalihii sunnada iyo aasaarta ee masaladan ku saabsanayd ayaan haddana qaar ka sheegaynaa, waxaana ka mid ah:

Ninkii carruurtiisa u dardaarmay in markuu dhinto la gubo, markuu dhuxul noqdona la shiido, maalin dabayl badani dhacaysona badda lagu buubiyo. Arrinkaa wuxuu ku fasiray, "Weligay wax khayr ah maanan samayn, waxaanan rabaa inaan ALLAAH i soo bixin oo meel uu iga helo waayo, waayo haddii Alle i qabto ii naxariisan maayo, waayo khayr weligay ma samayn!" Markaas ayaa Allaah soo uruuriyey oo soo nooleeyey, lana weyddiiyey, "Maxaad sidaa u yeeshay!?" Wuxuu ku jawaabey,

«من خشيتك يا ربّ»

"Rabbiyow, cabsidaada ayaa ii geysey," Allaahna uu u dambi dhaafay. Qofkaasi waxdaaniyada, soo saarka iyo awoodda Alle ma inkirsanayn, laakiin in awoodda Alle xuduud leedahay, wax Allaah ka caajisayaana ay jiraan ayuu u maleeyey, taasina waa kufri.

«إنّ الله على كلّ شيء قدير»

Laakiin jahligiisa ayaa loogu danbi dhaafay.

Shiikh Albaani wuxuu xadiiskan kitaabkiisa Silsiladda ku yiraahdaa, "Waa xadiiska ugu rajada badan dadka inkiray, si khaldanna u fasiray sifaadka Allaah; sarraynta(culuwiga

Ilaahay iyo sifaadku inay u-ekaan keenayaan u maleeya ee awila, Allaahna meel walba waa joogaa yiraahda, xadiiskan iyo xadiis la mid ah ayaa cudurkooda caddaynaya iyo in jahli u geynayo." Qofkii yiraahda, "Allaah kor ma jiro, oo meel walba ayuu joogaa" oo shubho iyo wuxuu daliil u malaynayo soo daliishada waa ku gafey, laakiin jahligiisa ayuu macduur ku noqonayaa oo gaalnimo kaga baxsanayaa. Ibnu Qayyim nuuniyaddiisa wuxuu ku yiraahdaa,

«الجهل قد ينجي من الكفران»

Tusaalaha labaad waa qisadii Daatu Anwaad, ee xadiiskii Abuu Qataada oo ay weriyeen Atarmidi, Axmed, iyo Ibnu Abii Caasim kitaabkiisa sunna, Shiikh Albaanina uu ku saxiixiyey Dilaalul Janna. Geed mushrikiintu weyneyn jireen, seefahana suran jireen, ciidna ka dhigan jireen, oo ay barakaysan jireen ayey qaarkood yiraahdeen, "kaas oo kale noo samee." Nabigu ﷺ wuxuu yiri,

«الله أكبر قلتم كما قال بنو اسرائيل لموسى: اجعل لنا الها كما لهم ءالهة»

"Allaahu akbar! Waxaad tiraahdeen sidii reer Banii' Israa'iil ay nabi Muuse ﷺ ku yiraahdeen, "Noo samee Ilaah, sida ay qoladaasi Ilaah u leeyihiin!" Hadalkoodii oo kale ayuu kala mid dhigay ee kuma gaalnimo xukumin. Tawxiidka qabsada, iimaankiinnana cusboonaysiiya maanu dhihin. Labadaas xadiis waxay tusinayaan ku cudurdaarka jahliga.

Sunnada waxaa ka mid ah, in saxaabadu qofka jaahilka ah u cudurdaari jireen oo wixii jariimo iyo dambi ah ee uu jahli daraaddi u sameeyo aanay ku danbi xukumi jirin, xadkana ka dhaafi jireen, jahliga daraaddi. Hadalkii Ibnu Taymiya haddii aan xusuusanno waa isagii ahaa, "Waa isku mid asalka iyo faraca; labadaba jahliga waa loogu cudurdaarayaa." Welibana wuxuu yiraahdaa:

«الفرق بين الأصول والفروع من كلام أهل البدع»

"Kala saaridda asalka iyo faraca waa hadalka kuwa bidcada ah." Sida kuwa yiraahda, "Axaaddiista aaxaadda ah xujo uma noqoto caqaa'idda ee waxay xujo u noqotaa kuwa furuucda ah ee camaliyadda ah." Kuwaas oo kale hadalkoodu waa bidco. Waa isku mid usuusha iyo furuucda sharciga.

Waxaa dhacday in haweeney aan nin lahayn ay uuraysatay waqtigii Cumar Ibnu Khaddaab ﷺ. Markii la weyddiiyey inay sinaysatay iyo inkale, waxay tiri,

«نعم، من مرعوش بدرهمين»

"Haa, Marcuush ayaan kaga sinaystay laba Dirham" Cumar saxaabadii ayuu arrinteedii u bandhigay oo yiri, "Maxaad ka leedihiin" Cali wuxuu yiri,

«راها تستهل كأنّها لا تعلم ولا حدّ الّا علي من علمه»

"Waxaan arkaa sida ay u leedahay sidii inaanayba aqoon sinadu inay xaaraan tahay, xadna ma leh illaa qof garanaya mooyaane."

Cumar wuxuu yiri,

«نعم، والّذي نفسي بيّده لا حدّ الّا علي من علمه»

"Haa, Ilaahaygii naftaydu gacantiisa ku jirtey ayaan ku dhaartaye, xad ma leh illaa qof garanaya mooyaane," xadkii ayuuna ka ridey. Sinadii ayey bannaysatay, laakiin maanay garanayn inay xaaraan tahay.

Waqtigii Cali Ibnu Abii Daalib ﷺ ayaa haweeney u timid waxayna tiri,

«يا أمير المؤمنين انّ زوجي زنى بجاريتي»

"Amiirkii muuminiintow, ninkaygii jaariyaddaydii ayuu ka sinaystey" ninkii wuxuu yiri,

«صدقت، هي ومالها حلّ لي»

"Waa runteed, iyada iyo maalkeeduba waa ii bannaan yihiin!" Haddii ay iyadu ii bannaan tahay addoonteeduna waa ii bannaan tahay. Iyada nikaax ayaa ugu dhacay, jaariyaddeedana nikaaxna uguma dhicin, addoon uu isagu lahaana maanay ahayn. Wuxuu isaga qiyaastay mar haddii iyada farjigeedu u bannaan yahay, in wixii ay milkidaana u bannaan yahay. Cali wuxuu ku yiri,

«اذهب ولا تعد»

"Orod iska tag oo mar dambe ha u noqon. Haddii aad mar dambe u noqoto waan ku rajminayaa." Sinada xadkeedii ayuu kaga ridey.

Waqtigii Cumar ayaa nin xaakim gobol ka ahaa warqad u soo diray, uguna sheegay nin sinaystey. Cumar ﷺ wuxuu ku yiri, "Weyddiiyoo, haddii uu qirto inay xaaraan tahay xadka ka oofi, haddii uu yiraahdo,`ma aqoon inay xaaraan tahay' wax bar oo u sheeg, haddii uu ku noqdona xadka ka oofi."

Tusaalaha ugu dambeeya. Dimishiq waxaa ka dhacday, waqtigii taabiciinta iyo saxaabada, inay habeen sheekaysteen oo sinada soo qaadeen. Nin ka mid ahaa ayaa wuxuu yiri, «أنا زنيت بارحة»

"Anigu Xalay waan sinaystey" Markaas ayey la yaabeen oo wayddiiyeen, markaas ayuu yiri,

«ما علمت أنّ الله حرّمها»

"Maanan ogayn in Allaah xaaraameeyey"

Sidaas ayey saxaabadu jahliga ugu cudurdaari jireen oo xadka iyo dambiga uga ridi jireen. Mar haddii ay xadkii ka ridi jireen, gaalnimada ayaa ka sii xag jirta.

Cudurka labaad waa cudurdaarka ta'awulka. Ta'awulku waa nooc jahliga ka mid ah, laakiin waa jahli culus (مركب). Kii jahli fudud (بسيط) ayuu ahaa oo qofku waxaan maba aqoon, qalbigiisana kuma soo dhicin. Kan ta'awulka ah waxaa weeyaan: Qofka arrintii waa maqlay oo waa soo gaartey, laakiin wuxuu daliil u malaynayo ayuu qabsaday oo shubho ah oo uu ku bannaystay. Waa loo sheegay arrintaa, laakiin mid uu u malaynayo inay arrintaa ka soo horjeeddo ayuu daraaddeed u sameeyey. Aad ayey ugu badan tahay dadka muslimiinta ah, jaahiliintana ah ee aqoontoodu xaddidan tahay. Dadkaas oo kale, oo iyagoo bayaankii soo gaarey, fahmayna, laakiin waxay daliil u maleeyeen istusiyey oo qabsaday, aanayna ka ahayn diidid shareecada iyo Rasuulka beenintiisa, iyana, saxaabadii iyo cahdigii ka dambeeyey waa ka ridi jireen kufriga. Waa dadka ehlubidaca ah oo waxyaabo bidciyaad ah la yimaada, ama kufri gaarsiisan, ama aan gaarsiisnayn. Adiga ayey "bidci" ku leeyihiin oo iyagaa isla qumman. Dadkaas xaalkoodu wuxuu la mid yahay mujtahidka gefey. Isagu (Mujtahidka) haddii uu gefo ajar ayuu helayaa oo dambiile ma ahan, laakiin waxay kaga duwan yihiin, mujtahidka haddii loo caddeeyo oo daliilka la tusiyo waa ka soo noqonayaa, illeyn waa xaq doone, kanse wuxuu qabsaday oo uu daliil u malaynayo ayuu ku dheggan yahay oo aan laga fujin karayn. Dadkaas oo kale waa loo cudurdaarayaa, laakiin bishardi waa in shaygaasi aanu u noqonayn Aslu diin. Inuu yahay waxyaabo kale oo shirkiyaad camali ah oo uu ku dhacay.

Kuwaas oo kale waxaa ka mid ah:

Imaam Axmed, isagoo caddeeyey gaalnimada dadkii yiri, "Quraanku waa makhluuq", haddana dadkii isaga iyo raggii la midka ahaa dhibay, imtixaanay, garaacay, xirayna, dhibaatada weynna u gaystey-Muctasim iyo Asxaabtiisii-wuu cafiyey, waana u ducayn jirey. Allaah ayuu dambi dhaaf uga dalbi jirey, waayo wuxuu ogaa inay jaahiliin yihiin. Dad ay ku kalsoonaayeen, kuna dayanayeen ayaa waxyaabo shubah ah oo daliil caqli ah (ادّلة عقليّة) ay ku magacaabeen u qurxiyey oo ay qabsadeen, sidoo kalena, dad arrinkoodu u cad yahay maanay ahayn. Waa cafin jirey, waana u dambi dhaafi jirey, wuuna u ducayn jirey.

«اللّهمّ اغفر لأمير المؤمنين» "Ilaahow amiirka muslimiinta u dambi dhaaf" ayuu oran jirey, salaaddana waa la tukan jirey. Caam ahaan arrintan ay la yimaadeen oo dadka ugu yeerayaan, kuna imtixaanayaan, qofkii diidana ay dilayaan, ama garaacayaan, ama xirayaan inuu kufri yahay isagoo ogaa ayuu, haddana u cudurdaari jirey.

Ibnu Taymiyah hadalkiisii waxaa ka mid ahaa: «كنت أقول للحلوليّين من الجهميّة وممن ينكرون بعلو الله وأنّه فوق عرشه: إنّي لو وافقتكم كنت كافرا لأنّي أعلم أنّ قولكم هذا كفر، وأمّا أنتم فلست عندي بمكفّرين لأنّكم جهّال.»

"Waxaan ku oran jirey kuwa xuluuliyiinta ah ee jahmiyada iyo kuwa diida (inkira) Allaah sarrayntiisa (culuwiga) iyo inuu carshigiisa ka sarreeyo, 'haddii aan idinku waafaqo arrinkaa waxaan noqonayaa gaal, waayo waxaan ogahay hadalkiinnaasu inuu gaalnimo yahay. Laakiin idinka idinma gaalaysiinayo, waayo waxaad tihiin jaahiliin."

Wuxuu leeyahay, "Arrintaas waxaan ku dhihi jirey culimadooda iyo qudaaddooda," caamadoodii muqallidiinta ahaa maxaad, markaa u malaynaysaa?

Labadaa arrimood waa labadii cudur ee ka baxayey shardigii hore ee ahaa sugnaanshaha in xujadu qofka ku oogantey (ثبوت الحجّة)

- **Shardiga labaad:**

Shardiga labaad waa in qofkani arrinkaa khiyaarki ku sameeyey. Waxaa isagana ka baxaya labo cudur: Midda hore waxaa lagu magacaabaa isqarin "التَّقيّة", midka kalena waxaa lagu magacaabaa qasbid "الاكراه"

Taqiyaah macneheedu waxaa weeyaan in qofku caqiidadiisa qarsado, isagoo ka baqaya gaalada ama faajiriinta. Inuu la yimaado waxyaabo xaaraam ah, shirki ha gaarsiisnaadeen ama yaanay gaarsiisnaan, isagoo laga awood roon yahay. Sidoo kale, in ka-hortag iyo inuu la jihaado oo gacantiisa kula jihaado aanay u suurtogaleyn oo caqiidadiisa uu qarsado, taas ayaa taqiya laga wadaa. Ma ahan in qof walbaa isaga cudurdaaran karo. Laakiin, isagoo aanay cabsiyi ku jirin oo uu u qarsado xiriirinta gaalada iyo fujaarta iyo raalligelintooda, ama waxyaabo muxarramaad ah uu sameeyo, xaq uma leh. Haddii uu joogo waddan ay muslimiintu ku yar yihiin oo laga badan yahay, laakiin aan loo diideyn salaaddiisii, inuu addimo iyo inay jamaaco ku tukadaan, waa inay la yimaadaan. Haddii ay u suuroobi weydo oo ay naftooda u baqayaan, sida dadkii shuuciyiinta ku hoos noolaa, haddii ay diintooda qarsadaan, calaamado lagu garto inay muslimiin yihiinna iska ilaaliyaan, cudurdaar ayey yeelanayaan, amaba ay la yimaadaan waxyaabo xaaraan ah iyagoo isku qarinaya.

Waxaa taqyadaa la mid ah haddii uu xaalad dagaal ku jiro oo uu ku dedaalayo in sirta jihaadka aaney gaaladu ogaannin. Tusaale ahaan, waa jaajuus cadowga loo diray inuu warbixin ka keeno. Haddii la ogaado waa fashilmayaa. Kaasoo kale waa inuu isqariyaa oo salaaddiisii, weyso-qaadkiisii iyo wixii islaannimo loogu garanayo iska ilaalaliyaa. Sidaas ayuu

Nabigu ﷺ saxaabadiisa u idmi jirey oo u dardaarmi jirey, sida: kuwii inay Kacab Ibnu Ashraf soo dilaan uu u diray. Sidoo kale, xadiiskii uu ku dhihi jirey, «الحرب خدعة» "Dagaalku waa dhagar/khiyaamo"

Nucaym Ibnu Mascuud Al-Ashjaci markii uu soo islaamay ayuu u idmay inuu gaaladii ku dhexnoqdo iyagoon ogeyn islaannimadiisa, si uu wax xeelad ah oo muslimiinta wax ugu tarayo uu uga dhex-sameeyo. Islaannimadiisii wuu qarsaday, waana kii ku guulaystey arrinkii. Xudayfa Ibnu Yamaan, isna sidaasoo kale markii uu u diray (gaalada) dagaalkii Axsaab, wuu is qariyey.

Ninkii saxaabiga ahaa ee uu u diray inuu soo dilo ninkii ciidanka Carafa ku abaabulayey ee la oran jirey Khaalid Bin Sufyaan Alhudali, salaaddii markii ay qabatay, isagoo ninkii iyo ciddiisii ku soo baxay, ishaaro ayuu ku tukaday, waana isqariyey. Wuxuu yiri, "Waxaan ahay nin carbeed oo maqlay inaad Maxammed ciidan u abaabulayso oo raba inuu kaala qaybgalo."

Nimankii Kacab Ibnu Ashraf dilayey hadallo Nabiga ﷺ wax dhimaal u ah ayey ku hadleen oo uu u idmay. "Ninkan belaayo ayuu noola yimid, Carab oo dhan ayaa nala collowdey, maalkayagii ayuu naga dhammeeyey oo mar walba na weyddiisanayaa.." iyo wax la mid ah. Waxyaabo noocaas ah oo tusinaaya inaanu Nabigaba rumaysnayn ayuu ku hadlay, waana isqariyey. Marka, tuqyadu labadaa noocba waa noqotaa. Inuu qofku ku hadlo waxyaabahaa shirkiyaadka ah, ama xaaraanta ah, isagoo naftiisa ku bedbaadinaya, ama sidii gaalada looga guulaysan lahaa arrinteeda ku dedaalaya.

Arrintaasu sida ay shiicadu sameeyaan ma ahan oo mad-habkooda wax tuqya la yiraahdo ay ka mid tahay. A'immidoodii ayey ka soo guuriyaan oo yiraahdaan,"waa ahlu-bayt" oo Jacfar[1] ayaa yiri markii uu adkaaday "cilmigu waa tuqya."Intay been cad sameeyaan ayey tuqya ku cudurdaaranayaan, sidaana ma ahan. Markii qofku khatar la hubo uu ka baqayo, taas weeye markuu daliishan karo. Haddii uu qofku tuqyada u samaynayo, ama uu isleeyahay faa'iido dambe ku hel, taas uma noqonayso, sida munaafiqii oran jirey maalintii Banuu Nadiir,

« انّ امرؤ أخشي الدّوائر »

Allaah ayaa ku beeniyey oo ku gaalnimo-xukumay,

﴿ فَتَرَى ٱلَّذِينَ فِى قُلُوبِهِم مَّرَضٌ يُسَٰرِعُونَ فِيهِمْ يَقُولُونَ نَخْشَىٰٓ أَن تُصِيبَنَا دَآئِرَةٌ ۚ فَعَسَى ٱللَّهُ أَن يَأْتِىَ بِٱلْفَتْحِ أَوْ أَمْرٍ مِّنْ عِندِهِۦ فَيُصْبِحُوا۟ عَلَىٰ مَآ أَسَرُّوا۟ فِىٓ أَنفُسِهِمْ نَٰدِمِينَ ﴾ [المائدة:٥٢]

Kuwaas waxaa la mid ah, ayaa la yiraahdaa kuwa marka la yiraahdo, "sharciga Alle nagu xukuma," ku cudurdaarta, "Gaalada ayaa nagula colloobaysa, Ameerika ayaa nagu soo duulaysa, Ruush ayaa na qabsanaya!" Kuwaas oo kale waa cudurdaar been ah, taas oo kalena isqarin (tuqya) ma ahan, ee waa xiriirin cad.

Cudurka labaad ee ugu dambeeya waa Ikraah. Ikraahu wuxuu tuqyada kaga duwan yahay, inkastoo mid walba ay cabsi ku jirto, kan tahdiid ayaa la socda oo qofka lagu haddidayo inuu ku dhawaaqo ama uu falo wax diintiisa lid ku ah. Waa in arrinkaasu yahay khatar gaar ah oo xaqiiq ah. Kaas oo kale bedbaado naftiisa ah haddii uu u samaynayo waa u bannaan tahay inuu sameeyo waxa lagu haddidayo. Tusaale ahaan, sidii Cammaar Ibnu Yaasir

---

(1) Jacfar Bin Muxammed Bin Cali Bin Alxusayn Bin Cali Bin Abii Daalib

uu sameeyey oo Allaah yiri,

﴿ مَن كَفَرَ بِٱللَّهِ مِنۢ بَعْدِ إِيمَـٰنِهِۦٓ إِلَّا مَنْ أُكْرِهَ وَقَلْبُهُۥ مُطْمَئِنٌّۢ بِٱلْإِيمَـٰنِ وَلَـٰكِن مَّن شَرَحَ بِٱلْكُفْرِ صَدْرًۭا فَعَلَيْهِمْ غَضَبٌۭ مِّنَ ٱللَّهِ وَلَهُمْ عَذَابٌ عَظِيمٌۭ ﴾ [النحل: ١٠٦]

Waxaa Cammaar lagu qasbay inuu ku dhawaaqo wax Nabiga ﷺ cay ku ah. Kalmad kufri ah, ama ficil kufri ah haddii qofka lagu qasbo, laakiin qalbigiisa iimaankii ku sugan yahay, sida aayaddu sheegayso, dhibkaas ka baqiddiisana uu u samaynayo cudurdaar ayuu leeyahay. Dhibkaas uu ka baqayo wax xad ah ma leh. Sida loo qasbayo, in ikhyaarkii laga qaado oo qof la qasbay uu noqdo, sida qof inta la garbaduubay meel sare laga soo tuuray oo kale, isaguna aan doorasho lahayn, ma ahan. Wuu heli karaa in, haddii uu doonona waxaas lagu haddidayo u adkaysto oo ku sabro, haddii uu doonana naftiisa bedbaadiyo, marba haddii dhib lagu haddidayo. Dhibka lagu haddidayo jaangoyntiisu isna waxba ma xaddidna. Waxaa loo fiirinayaa qofka la haddidayo geesinnimadiisa iyo awooddiisu inta ay le'eg tahay. Sidoo kale, kan haddidaya awoodiisa inta ay le'eg tahay, waxa lagu haddidayo qadarkiisu inta uu le'eg yahay, waxa la amrayaana danbi caadi ah inuu yahay iyo inuu kufri yahay. Waxyaalahaas ayaa loo fiirinayaa mooyaane xad go'an ma jiro oo la leeyahay, "Qofkii wax intaa le'eg lagu haddido oo keliya ayaa mukrah noqonaya, qofkii kalena ma noqnayo." Sida Nawawi uu (الرّوضة) ku sheegay, Ibnu Taymiyana Fataawadiisa.

Ibnu Mascuud ﷺ ayaa wuxuu leeyahay,

«ما من ذي سلطان يريد أن يكلّفني كلاما يطرأ عنّي سوطا أو سوطين الّا كنت متكلّما به»

"Haddii nin awood leh uu igu qasbo hadal aan uga fakanaayo shaabuug ama labo shaabuug oo uu igu dhufan lahaa haddii aan diido, waan iska dhihi lahaa!" Waa dhib xaqiiq ah. Marka, qofka qalbigiisa Alle ayaa og, mar haddii ay ka muuqato dhib uu ka cabsanaayo waa macduur.

Imaamu Nawawi isagu wuxuu ku xadeeyey, oo uu yiri, "Shay kasta oo qofka caaqilka ahi uu ka dooranayo waxaa lagu haddidaayo inuu sameeyo, qofkii lagu haddidaaba waa macduur." Arrinkaas waxaa soo gelaya shucuubta muslimka ah ee lagu xukumayo waxaan Alle soo dejin, illaa qofkii raalli ku noqda, sida xadiiskii Ummu Salama ee Nabigu ku sheegay mooyaane, ﴿ولكن من رضي وتابع﴾ "Illaa qofka raaca oo ku raalli noqda."

Qofkii qalbiga ka diiddan tuqyadii qof isticmaalay ayuu noqonayaa, sidii Alle yiri,

﴿لَا يَتَّخِذِ ٱلْمُؤْمِنُونَ ٱلْكَٰفِرِينَ أَوْلِيَآءَ مِن دُونِ ٱلْمُؤْمِنِينَ ۖ وَمَن يَفْعَلْ ذَٰلِكَ فَلَيْسَ مِنَ ٱللَّهِ فِى شَىْءٍ إِلَّآ أَن تَتَّقُوا۟ مِنْهُمْ تُقَىٰةً ۗ وَيُحَذِّرُكُمُ ٱللَّهُ نَفْسَهُۥ ۗ وَإِلَى ٱللَّهِ ٱلْمَصِيرُ﴾

[آل عمران:٢٨].

«إلّا أن تخافوا منهم خوفا»

Illaa inuu ka cabsado mooyaane.

Dardaaran

Halkaas ayaa mawaadiicdeennii noogu dhammaatay, laakiin waxaan ku soo xirayaa xoogaa dardaaran ah.

Dardaaranka Koowaad:

Dardaaranka ugu horreeya waxaa weeye, dhammaanteenna aan iskula dardaarmayno:

الإكثار بهذه الكلمة الطيّبة، قول لا إله إلّا الله

In la badiyo kalmadda wanaagsan "Laa ilaaha Illallaahu", wardi laga dhigto, maalin iyo habeenba akhrinteeda la badiyo, sida Nabigu ﷺ ku yiri xadiiska Abuu Hurayra ﵇,

«أكثروا من قول لا اله الّا الله قبل أن يحال بينكم وبينها ولقّنوها موتاكم»

"Kalmaddaa badiya inta aad nooshihiin oo aadnan gaarin waqti aadnan dhihi karayn, dadka dhimanayana u laqima."

Waa xadiis xasan ah.

Gaar ahaan tiradii uu Nabigu ﷺ ajarka gaarka ah u sheegay. Tusaale ahaan, qofkii toban goor maalintii yiraahda, ama boqol goor yiraahda, ajar gaar ah ayuu u sheegay. Qofkii ay ugu dambayso Laa ilaaha Illallaahu, sida uu Nabigu ﷺ uu ku sheegay xadiiskii Mucaad Ibnu Jabal, waxaa hubaal ah inuu ehlu-janno yahay. In la joogteeyo waqtiyadii uu Nabigu ﷺ joogtayn jirey, ee uu wardiga ka dhigan jirey kalmaddaa. Gaar ahaan salaadaha dabadooda, habeenkii marka uu isrogo, wuxuuna dhihi jirey,

«لا إله إلا الله الواحد القهّار، ربّ السّموات والأرض وما بينهما العزيز الغفّار» ⁽¹⁾

Waqtiga kurbada isna sidaas ayuu oran jirey, sida xadiiskii Cali iyo Ibnu Cabbaas .

«لا اله إلا الله الحليم الكريم لا اله إلا الله ربّ العرش العظيم لا اله إلا الله ربّ السّماوات وربّ الأرض وربّ العرش الكريم» ⁽²⁾

Dardaaranka Labaad:

Dadka ay duufsatay fikraddan takfiirka inay ka soo noqdaan oo dadka walaalahood ah ee muslimiinta ah ay ku soo noqdaan. Waxaa la sheegay haween guryahoodii ka tegey, raggoodii iyo carruurtoodiina tuuray, iyagoo leh waan hijroonaynaa, oo mujtamacan kaafirka ah waan ka baxaynaa. Hijro maahan! caro Alle ayey kasbanayaan. Rasuulku ﷺ wuxuu yiri,

«أيّما امرأة باتت هاجرة فراش زوجها لعنتها الملائكة حتّى تصبح.. أو جنّة عليها حرام» أو كما قال رسول الله. ⁽³⁾

Waa xadiis saxiix ah. "Haweenaydii gogosha ninkeedii ka tagta oo meel kale seexata, malaa'igta ayaa lacnadaysa ilaa ay ka waabariisato, ama jannadu waa ka xaaraan." Beledkii ninkeeda midda ka tagta maxaad u malaynaysaa? Haddii ay qol kale seexato oo qolkii ay seexanaysey ka tagto ayey naclad ku mudanaysaa, haddii ay ka tagto

---

(١) النّسائي في السنن الكبرى وابن حبّان في صحيحه والحاكم في المستدرك

(2) riwaayada Baqawi waxaa البغوي في شرح السنّة، باب ما يقول عند الكرب dheeraad ku ah (لا إله إلا الله العظيم الحليم) oo aanu shiikhu ku darin, waana riwaayadda ugu dhow intii aan arkay.

(3) Riwaayadda la isku waafaqay waa sidan: "إذا باتت المرأة هاجرة فراش زوجها لعنتها الملائكة حتى تصبح" متفق عليه

maxaad u malaynaysaa?

Dadka dhallinyarada ah, ee ragga iyo haweenkaba leh, ee masaajiddii ay muslimiinta kula tukanayeen ka go'ay oo iyagu meel isku uruursaday, una malaynaya dadku, iyaga mooyee, inaanay muslimiin ahayn oo ay gaalo yihiin, ha u soo noqdeen dadka muslimiinta ah. Masaajidda ha u soo noqdeen, dadkana khayrka ha kala qayb-galeen, Jimcaha, jamaacaadka iyo ciidaha ha la tukadeen, cilmiga ha la akhristeen. Walaalahooda muslimiinta ah ha u qalbi fayoobaadeen. Qalbi xumada ay ku eegayaan ee ay ku xukumayaan inta xun ee ay ka arkaan, ha iska ilaaliyeen, wanaaggana ha fiiriyeen. Ha ogaadeen in wanaagga muslimiinta oo la eego ay ka horreyso, kana rajaxan tahay xumaha oo la eego.

Dardaaranka Saddexaad:

Arrintaa waxaa keenay sunnada Rasuulka, ﷺ barashadeedii oo aan lagu xeel-dheeraan. Kutub yaryar oo "Kutubta Fikirka" lagu magacaabo ayaa la leeyahay kitaabkan ayaa kala soocaya masaladii la isku haystey ee ahayd gaalaysiinta iyo gaalaysiin la'aanta. Kitaab dhawr bog inuu yahay ay suurtowdo, ninka qorayna cilmigiisu inta uu le'eg yahay aan la garanayn, oo fikraddiisa oo uu arrintaa ka dhiibtey ah, in la yiraahdo kaas ayaa na kala xukumaaya, taasi miyaanay ahayn sidii Allaah amray ka-soo-horjeedkeed!? Allaah wuxuu amray in wixii la isku khilaafo kitaabka iyo sunnada loo celiyo. In la yiraahdo, "Kitaabkan yarka ah, ee dhawrka bog ah ayaan iskula noqonaynaa, kuna kala baxaynaa, oo xaqa iyo baadilka kala saaraya," waa khilaafid wixii Alle amray.

﴿ وَمَا اخْتَلَفْتُمْ فِيهِ مِن شَىْءٍ فَحُكْمُهُ إِلَى ٱللَّهِ ﴾[الشورى:١٠]

﴿فَإِن تَنَازَعْتُمْ فِى شَىْءٍ فَرُدُّوهُ إِلَى ٱللَّهِ وَٱلرَّسُولِ إِن كُنتُمْ تُؤْمِنُونَ بِٱللَّهِ وَٱلْيَوْمِ ٱلْءَاخِرِ ذَٰلِكَ خَيْرٌ وَأَحْسَنُ تَأْوِيلًا﴾ [النساء:٥٩]

Niman dhallinyaro ah, oo yamaniyiin ah, waqti xaj ahna aan Jidda ku kulannay ayaa waxay i weyddiiyeen,"sidee nagula talin lahayd inaan wax u akhrisanno?" Waxaan ku iri, " Kutubtaan, kutubta fikirka la yiraahdo, iska daaya. Ilaa aad sunnada si fiican u barataan, hebel fikraddiisa ha qaadannina, hebel kutubtiisa ha akhrisannina, ninna fikraddiisa si gaar ha u qaadannina, axaadiista rasuulka uun barta." Taasi waa midda ay culumadii ummaddu ay fannigii "Hadalladii Giriigga" (منطق اليونان) ay dadka kula dardaarmi jireen, oo kuwooda muctasiliinta dhihi jireen, "Qofkii Quraanka iyo sunnada aad u bartay ha akhristo, ee xaqa iyo baadilka kala garanaya, aanayna jiidanayn shirkiyaadka ku jira hadallada Giriigga, laakiin qofkii bilow ah ha laga ilaaliyo." Dadkaa, gaar ahaan dhalliyarada, waxaan ku guubaabinayaa inay culuumta qaabkii saxa ahaa u akhristaan. «وأتوا البيوت من أبوابها»

Kani nin hebel ayuu ku xiran yahay oo cajaladihiisa iyo kutubtiisa iibsanayaa, wixii uu yiraahdo ayuu ku qanacsan yahay, wixii kale baadil ayuu u arkaa! Rasuulka Ilaahay inaan qudwo ka dhiganno ayaa la ina amray, nin kale oo aan gefi Karinna ma jiro. Culimada muslimiinta ee, ama kuwii hore, ama kuwii dambe ee la hubo, lana yaqaanno ha laga faa'iidaysto cilmagooda, laakiin marka hore sunnada si fiican ha loo barto.

Dardaaranka Afraad:

Nimanka ehlu-takfiirka ah-haddii aan ku noqdo- waxaan uga baqayaa inay noqdeen sida ninkii shaacirka ahaa sheegay oo kale. Nin gabyaa ah ayaa wuxuu leeyahay,

أيها المشتكي وما بك داء كن جميلا ترى الوجود جميلا
والّذي نفسه بغير جمال لا يرى في الوجود شيئا جميلا

Qofku sida qalbigiisu yahay ayuu dadka kale u arkaa.

Haddii uu niyad xun yahay dadkoo dhan waa la xumaanayaa, haddiise uu niyad fiican yahay, dadka muslimiinta ahna walaalo ka dhigto, khayrkana la jecel yahay, wanaaggooda ayaa u muuqanaya. Haddii kalese, qofka cadowgaaga ah xumihiisa ayaa kuu muuqanaya, kii aad saaxiib ka dhigatana wanaaggiisa. Dadka muslimiinta ah inay walaalahood yihiin ha ogaadeen oo ha u qalbi furraadeen. Nabigu ﷺ wuxuu yiri,

«الدِّينُ النَّصِيحَةُ» قلنا لمن يا رسول الله؟ قال: «لله ولكتابه ولرسوله، ولأئمة المسلمين وعامتهم» (١)

Xadiis kale;

«ثلاثٌ لا يَغِلُّ عليهن قلبُ مؤمنٍ إخلاصُ العملِ لله والنصيحةُ لولاة المسلمين ولزومُ جماعتهم فإن دعوتَهم تحيطُ من ورائهم» (٢)

Dadka muslimiinta ah waxa la rabaa, sidii nabigu ﷺ Jariir ؓ uu beecada kaga qaadi jirey iyo rag la mid ahba, in nasiix loo ahaado oo loo qalbi-fiicnaado, walaalahaa inay yihiinna aad u aragto. Haddii aad inay walaalahaa yihiin u aragto, wanaaggoodu waa kuu muuqanayaa, laakiin haddii aad cadow ka dhigato oo tiraahdo, "Kuwan gaalo weeyaan, cadowga lagama difaaci karo, dagaal ay gelayaan lalama geli karo, Boosniya kuwa ka dagaallamaya iyo Seerbiyiintu waa wada gaalo oo wax loo kala hiillinayo ma leh!" Waxaas oo kale! Waxaan ka baqayaa inay tahay qalbi-xumo ku jirta. Qalbigooda ha saafi-yeeleen, niyaddooda ha hagaajiyeen, walaalahood ha u soo noqdeen, khayrka iyo wanaagga ha kala qayb-galeen, wixii cilmi ah ee ay ku dhaamaan ha u faa'iideeyeen, hana ka toosiyeen meelaha ay ka qalloocan yihiin.

---

(١) البخاري ومسلم وأبو داود وغيرهم
(٢) الترمذي وابن ماجه وأحمد وغيرهم

Nin ayaa dardaaran gaar ah soo qoray oo leh waxaan ku biirinayaa, "Waxaan ku boorrinayaa in kitaabka iyo sunnada loo fahmo sidii salafku u fahmi jireen" Waa inay u shardiyaan, una qaataan sidii ay u fahmi jireen oo u qaadan jireen, uguna dhaqmi jireen. Waa inuu yiraahdo, "xadiiskan sidee saxaabadu ugu dhaqmi jireen, taabiciintii iyo a'ammidii ka dambeysey sidee xadiiskan u qaadan jireen. Ma sida ay aniga ila tahay ayey u qaadan jireen, mise sida ay adiga kula tahay."

وصلى الله على محمد وعلى آله وصحبه وسلم، سبحانك اللهم وبحمدك أشهد أن لا إله إلا أنت أستغفرك وأتوب إليك

Su'aalaha

بسم الله الرّحمن الرّحيم الحمد لله ربّ العالمين والصّلاة والسّلام علي رسولنا محمّد وعلي آله وأصحابه أجمعين، أمّا بعد السّلام عليكم ورحمة الله وبركاته. ثمّ أمّا بعد:

Waa waqtigii aan ugu talo-galnay su'aalihii ka soo baxay mawduucii aan soo jeedinnay, iyo wixii kale ee loo garto. Inta aannan su'aalaha bilaabin ayaan jeclahay saddex arrimood inaan baraarujiyo.[1]

Arrinta baraarujinta ah, digniintana ah waxaa weeye: Mawaadiicdii aan ka soo hadlayney waxay ku saabsanayd, muxuu qofku ku gaaloobi karaa iyo maxaanu ku gaaloobi karin, iyo qiimaha iyo fadliga ay leedahay kalmadda shahaadada «لا اله الّا الله محمّد رسول الله» Waxaa laga yaabaa inay dadka qaar u qaataan inaan camal loo baahnayn mar haddii uu qofku "Laa Ilaaha Illalaahu" leeyahay, oo uu muslim yahay. In, haddii lagu magacaabo Maxamed Ibnu axmed,

---

(1) Arrimaha shiikhu baraarujinayo labo ka mid ah waxay ku saabsan yihiin arrin aan mawduuca xiriir la lahayn. Mid waxay ka hadlaysey tobanka maalmood ee Muxarram u horreeya oo uu shiikhu baraarujinayey, kuna beegnayd waqtigaa ay muxaadaradu socotey. Midda kale, waxay ahayd arrin masaajidka la xiriirta, gaar ahaan ragga istuba masjidka hortiisa marka salaadda laga baxo. Arrinta saddexaad oo muxaadarada xiriir la leh keliya ayaan soo qaatay, laboda kalena waan ka tagey.

C/llaahi, shiikh hebel, ay u dhammaatay oo wax kale oo laga rabaa aanay jirin, arrintaasina waa khalad. Waan isku daynay, intii mawaadiicdu socotay inaan baraarujinno, laakiin waxa laga yaabaa inaanay dadku la wada socon.

Sax weeyaan axadiistii sixiixa ahayd ee aan sheegnay, kana warramaysey in dadka qaarkood Laa ilaaha Illallaahu oo keliya jannada ku gelayaan oo aan camal lahayn. Waxaase barbar socda axaadiis kale oo iyana aad u badan, sixiixna ah, oo sheegaysa in dad badan oo ehlu-shahaado ah, weliba acmaal saalix ah leh, inay naarta gelayaan. Waa jiraa qof shahaadataynka oo keliya, oo aan camal lahayn ugu dambayn jannada ku gelaya, dad shahaadataynkii iyo acmaal kale intay la yimaadeen, laakiin dunuubtoodii ka faro-badatay acmaashooda, naar ku gelayana waa jiraan. Muslimiintu labadaa noocba waa leeyihiin. Qofoowna adigu isma ogid kaad noqonayso, camal ayaana la ina faray.

Aayadaha Quraanka haddii aad fiirisaan;

﴿ إِنَّ ٱلَّذِينَ ءَامَنُواْ وَعَمِلُواْ ٱلصَّٰلِحَٰتِ ﴾ [يونس:٩] ﴿ وَعَمِلُواْ ٱلصَّٰلِحَٰتِ ﴾

Camal wanaagsan ayaa iimaankii lagu dabo-xiraa. Sifaadka Alle haddii aad u fiirsataan iyo aayadaha sheegayana, labo sifo oo iska soo horjeedda ayuu Alle leeyahay oo uu xiriiriyaa.

﴿ إِنَّ رَبَّكَ لَسَرِيعُ ٱلْعِقَابِ وَإِنَّهُ لَغَفُورٌ رَّحِيمٌ ﴾ [الأعراف: ١٦٧]

﴿ نَبِّئْ عِبَادِي أَنِّي أَنَا ٱلْغَفُورُ ٱلرَّحِيمُ ۝ وَأَنَّ عَذَابِي هُوَ ٱلْعَذَابُ ٱلْأَلِيمُ ﴾

[الحجر: ٤٩-٥٠]

Alle waa mid aargoosigiisu uu adag yahay, si aad iyo aad ah ayuuna wax u ciqaabaa, Naar aad iyo aad u xanuun kulul oo khalqigiisa qaarkood uu gelinayana waa leeyahay. Sidoo kale, aad iyo aadna waa u naxariis badan yahay, daar nicmo badan oo Janno la yiraahdo, khalqigiisa uu qaar gelinayona wuu leeyayay. Qofowna adigu isma ogid nooca aad tahay. Waxa lagu faray in labadaa daarood midna aad raadsato, kuna dedaasho sidii aad ku geli lahayd, waa jannadee, midna sidaad uga carari lahayd oo aad uga bedbaadi lahayd, asbaabteedii, caqligii iyo cilmigiina waa lagu siiyey. Yaanay dhicin inuu qof yiraahdo, "Laa Illaaha Illallaah keliya ayaa janno lagu gelayaa." Laa ilaaha illallaahu dad ayaa ku gelaya, adigu inaad tahay iyo inkalena ma ogid. Waxaan ku soo xirayaa mawduucan xadiis Nabigu ﷺ sheegay oo arrintaa aad u tusinaya. Wuxuu yiri:

«من المفلس»

"Ninka cayrta ahi waa kee, Cayr yaad u taqaannaan?" Su'aashaas ayuu saxaabada soo dhexdhigay. Waxay ugu jawaabeen,

«المفلس فينا من لا درهم له ولا متاع»

"Cayr waxaan u naqaannaa ninkaan lacag iyo babeeco toona lahayn." Markaa ayuu Nabigu ﷺ yiri,

«إن المفلس من أمتي من يأتي يوم القيامة بصلاة وصيام وزكاة، وكان قد شتم هذا، وقذف هذا، وأكل مال هذا، وسفك دم هذا، وضرب هذا، فيقضي هذا من حسناته وهذا من حسناته، [قال: فإن فنيت حسناته] قبل أن يقضي ما عليه أخذ من خطاياهم فطرحت عليه ثم طرح في النار»⁽¹⁾

"Ninka ummaddayda caydha ah waa midka qiyaamaha la yimaada Salaad, Soon, Zako, haddana imanaya isagoo kan caayey oo kaa ku-been-abuurtay, kaana xoolihiisii cunay, kaasna dhiiggiisii daadiyey oo kaa garaacay. Markaas ayaa kaas looga gudayaa xasanaadkiisii, midkaana xasanaadkiisii." Kan intaa sii.., Alle ayaa garanaya dulmi walba inta u dhiganta, qof walba

---

(١) حديث أبي هريرة ، رواه مسلم وأحمد والترمذي وغيرهم

intuu dulmiyey in le'eg ayaa camalkiisii wanaagsanaa laga siinayaa. "Markii xasanaadkiisu dhammaado, inta aan laga gudan wixii lagu lahaa, dadkii ayaa danbiyadoodii laga soo qaadayaa, isaga ayaana dusha laga saarayaa, kaddibna Naarta ayaa lagu tuurayaa." Camalkiisiina dad ayaa janno ku gelaya, isna danbigoodii ayuu naar ku gelayaa, isaguna uu sabab u noqday in la dulsaaro. Labada dhinacba waa inaan ilaalinno.

Rasuulku ﷺ marna ummaddiisa waa u bishaarayn jirey, oo waxyaalaha fadaa'isha ah ee ay leedahay[1] iyo raxmadda Alle ayuu uga warrami jirey, marna waa u digi jirey oo ciqaabta Alle iyo cadaabka ayuu uga digi jirey, si uu qofku u noqdo mid baqdin iyo rajo u dhexeeya. Inuu naartana ka baqo, jannadana uu rajeeyo. Waxaa jirta labo arrimood oo labaduba ay xun yihiin, arrinta labadooda u dhaxaysaana ay sidii wanaagsanayd tahay.

Waxaa la yiraahdaa,

«الأمن من مكر الله واليأس من روح الله»

"Alle dhagartiisa oo laga aammin noqdo, iyo Alle raxmaddiisa oo laga quusto"

﴿أَفَأَمِنُوا۟ مَكْرَ ٱللَّهِ فَلَا يَأْمَنُ مَكْرَ ٱللَّهِ إِلَّا ٱلْقَوْمُ ٱلْخَٰسِرُونَ﴾ [الأعراف: ٩٩]

﴿إِنَّهُۥ لَا يَا۟يْـَٔسُ مِن رَّوْحِ ٱللَّهِ إِلَّا ٱلْقَوْمُ ٱلْكَٰفِرُونَ﴾ [يوسف: ٨٧]

Waa labo aayadood oo isu dhiganta. Dhagarta Alle oo uu ka aamin noqdo, iskuna qaato inuu ahlu-janno yahay, waa danbi aad iyo aad u weyn oo kabiira ah, raxmaddii Alle oo uu ka quusto, oo uu yiraahdo, "Ahlu-naar ayaan ahay oo kolleyba Alle ii danbi dhaafi maayo, waxaas iyo

---

(1) Waxaa laga yaabaa inuu shiikhu ka wado fadaa'isha ay leedahay kalmadda shahaadataynka.

waxaas ayaan sameeyey," waa dambi kale oo weyn. Inaad Alle rajayso, kana cabsato ayaa lagaa rabaa, camalkii uu kuu dirayna aad la timaaddo.

Nin taabici ah oo saxaabadii, ﷺ soo gaarey ayaa wuxuu dhihi jirey, "Toddobaatan saxaabadii ah ayaan soo gaarey, mid walbana wuxuu naftiisa uga baqayey munaafaqnimo"

«ما فيهم أحد إلّا وهو يخشي النّفاق علي نفسه» (1)

Muslim ayaad sheeganaysaa iyo waad ashahaadanaysaa kuma kadsoomi jirine, amaaba waxan aad samaynayso aan lagaa aqbalayn, oo aad munaafaq tahay ayey ka baqayeen. Qofku haddii uu iimaan run ah leeyahay baqdinta Alle ayaa qalbigiisa ku weynaanaysa. Haddii uu baqdintii Alle ka tago, oo aannu Alleba ka cabsanaynin, iimaanka uu sheeganayaa waa inuu galab-galab iyo mid aan xoog badnayn yahay.

Su'aasha koowaad:

Muxuu yahay xukunka qofkii gargaar weyddiista, ama barya Allaah ka sokow, isagoo tukanaya oo soomaya, oo waxyaabo khayr ah samaynaya?

Jawaab: Bismillaahi Raxmaani Raxiim. Waxaan filayaa arrintaa inaan ka soo hadalnay.

Gargaar laga dalbo, kaalmo laga dalbo iyo qaylo loo qayshado Alle waxaan ahayn; "Awliyo allaay" la yiraahdo,

---

(1) تهذيب الآثار للطبري waxaan kitaabkaa ka helay hadal uu leeyahay Ibnu Abii Mulayka oo sidan ah:

والله لقد أدركت من أصحاب رسول الله صلى الله عليه وسلم رجالا ما مات منهم أحد إلا وهو يخشى النفاق

ama "shiikh hebelow," ama "yaa rasuullullaah ii gargaar, ama waxaa i sii ama sharkaa iga dabbaal" la yiraahdo, waa arrin xaaraan ah, shaki ma leh, laakiin xaaraanteedu intee gaarsiisan tahay. Waa dambi weyn, laakiin weynaantiisu intee gaarsiisan tahay. Waan sheegnay in Ibnu Qayyim uu ka dhigay shirki yar oo aan ahayn midkii diinta looga baxayey, Ibnu Taymiyana shirki weyn. Dadkii hore dad ka mid ah ayaa waxay ku andacoon jireen oo yiraahdaan, "Dadku soo iyaga is barya oo waxaa i sii iyo waxaa ila qabo is yiraahda. Dadkaas miyay gaaloobayaan?" Waxaa jira arrimo dadku awood u leeyihiin oo ay iska dalbadaan, iskuna oofiyaan, iyo arrimo maqan(غيبيات) oo Alle mooyaane cid kari kartaa aanay jirin. Midda aan ka hadlaynaa middan dambe weeye.

Ibnu Qayyim, laftigiisu wuxuu sheegay in, arrimihii uu taxay ee uu ku sheegay shirkiga yar, ay dadka qaarkood ku noqon karaan shirki weyn. Qof walba waa wuxuu caqiidaysan yahay iyo sida niyaddiisu tahay. Xadiiskii Nucmaan Ibnu Bashiir ee aan hadda ka hor sheegnay Nabigu ﷺ wuxuu yiri,

«الدّعاء هو العبادة»

Baryada iyo gargaar-dalabka noocaas oo kale ah waa cibaado, cibaadadana Alle ayaa iska leh, qof kale ma leh.

Qofkaasi xaaraan weyn oo, ama shirki yar ah, ama mid weyn ah ayuu ku dhacay. Inuu ku gaaloobayo oo diinta kaga baxayo iyo inaanu kaga baxayn, haddii aan qabsanno ra'yiga dhahaya waa shirki weyn, waxay ku xiran tahay, sidaan hadda ka hor sheegnay, qof walba iyo aqoontiisa. In qofkaasi jaahil cudurdaar leh yahay, arrintaas caddaynteeduna aanay soo gaarin, ama ay soo gaartey, laakiin shubho iyo wuxuu daliil u malaynayo ay qalbigiisa ku dhasheen, shubhadaa daraaddeedna uu la qaadan waayey iyo inuu si cad u fahmay, shubho iyo wax qalbigiisa ku dhashayna aanay jirin, laakiin uu canaad iyo isla-weyni uu u diidey ayaa loo fiirinayaa.

Qofkii jaahil ah, weligiisna aan loo sheegin, bulshadii uu ku soo dhex-korayna iyadoo awliyada barida oo Nabiga iyo malaa'igta barida uu arki jirey, weligiisna aan la oran "Arrintani xaaraan weeyaan," loona sheegin, shirkigii weynaa waa ka nabadgelayaan. Sidoo kale, in loo sheegay arrintaa, laakiin ku andacooda waxyaabo naftu u suuraysey, daliil inuu yahayna u malaynaya, sida ay yiraahdaan, "Iyagu inaanay awood lahayn, oo wax noo tarayn waan garanaynaa, laakiin markaan iyaga toos u baryayno waxaan ka wadnaa Alle noo barya." Waxuun haddii ay ku cudurdaartaan, iyana shirkigii weynaa waa ka nabadgelayaan. haddii kale ee aanay sidaa ahayn, shirkigii weynaa ayey ku dheceen.

Su'aasha 2aad:

Waa maxay xukunka qofka wax ku xukumo Alle waxaanu soo dejin, ama raalli ku noqda, iyo midka sidaa ku raaca?

Jawaab: Bismillahi Raxmaani raxiim. Taa laftigeeda waan soo marnay oo mawduucii ayey ku jirtey. Hadalkii Ibnu Taymiya waan soo guurinnay ee ahaa, "Dadku sunnadii iyo jidkeedii ayey aad uga fogaadeen, oo aqoon ma leh. Caadoodkoodii iyo dhaqankoodii inay wax ku xukumaan iyo waxyaalo caynkaas oo kale ah ayey ku soo koreen, iyagoo haddana islaannimo sheeganaya." Ku xukumid waxaan Eebbe soo dejin iyadoo ay kufri tahay ayaa, haddana, haddii qofkii uu jaahil yahay oo aanu garanayn, gaalnimo wuu ka nabad-gelayaa. Dad ayaa aqoontoodu tahay oo yiraahda, "Kitaabka Alle wuxuu u soo dejiyey in la akhristo, ilmahana la baro, oo lagu ducaysto, guryaha lagu akhriyo, laguna barakoobo, dadkii dhintay loo hadiyeeyo." Weligiisba cid u sheegta maanu arkin in kitaabka Alle la isku xukumo, qaanuunka la isku xukumo uu noqdo, sidaana Alle u soo dejiyey. Arrin kasta oo muslimiinta la soo gudboonaata in xukunkeeda laga helayo cid u sheegtaba maanu arag, iyana gaalnimo wuu ka nabadgelayaa. Ma ahan waa bannaan tahay, ee jahligiisaas ayaa loogu cudurdaarayaa.

Haddii uu garanayo kitaabka Ilaahay in wax lagu xukumo inay waajib ku tahay, ama uu u xukun-tago markii isagu xukun rabo, waxyaabahaas kale ee khilaafsan oo dhamina ay xadgudub iyo kufri yihiin, inay waajib ku tahayna uu dareensan yahay, laakiin hawo-raacnimo ay ka tahay. Sidoo kale, dan ayaa ugu jirta oo haddii uu ku xukumo xeerka qoyska oo uu qaaddigiisa u tago maal ayuu ku helayaa, haddii uu sharciga u tagona waa qadayaa. Maalkaa inuu xaaraan yahay waa og yahay, nacfi jacayl iyo hawo-raac ayuu u yeelay, iyadana, sidoo kale gaalnimo waa ka nabadgelayaa. Laakiin, qofka u haysta in kitaabka Alle aanu casrigan la soconaynin oo casrigii gacan la goyn jirey, wax la rajmin jirey, wax la karbaashi jirey aanu ahayn, arrintaasi meel ay ka dhacday haddii uu maqlona uu ka xumaanayo oo "waa naxariis-darro, iyo waa sidaa iyo casriga noocaas ah ayaan joognaa," oranaya. Sidoo kale, uu aaminsan yahay, kitaabka Ilaahay in wax lagu xukumo inaanu ku habboonayn, qawaaniinta ay dadku samaysteen ay ka fiican tahay oo uga habboon tahay casrigan, shaki ma leh kaasi inuu gaal yahay. Waa qof walba iyo aqoontiisa iyo sida uu u garanayo. Sidaan hadda ka hor soo sheegnay, dadka waa inaan la isku qaadin oo la isku xaabinnin, lana dhihin, " Qof walba oo ku dhexnool, qaanuunkaana wax loogu xukumo, dhulka lagu xukumona joogaa waa gaal," sida dadka qaar yiraahdeen, hadda ka horna raddintiisa aan sheegay.

Qofkii arrinkaa lagu ogaado, si cadna loogu ogaado, isaga waa lagu xukumayaa, kii qarsanayana Rabbigiis ayaa ku og. Qofkii aan ku ognahay oo aan caddaan ugu ognahay, arrinkaasna garanaya oo loo sheegay, haddana kitaabkii Alle iska tuuray oo qaanuunka qaatay inuu kaafir yahay ayaan u qaadanaynaa, haba soomo oo salaado oo khayr ha sameeyo, khayrna ma leh. Marka, waa qof walba iyo naftiisa. Dadweynaha ashahaadanaya, sidii aan hadda ka hor soo sheegnay, inay muslimiin yihiin ayaan u qaadanaynaa, qofkii aan, gaar ahaan, xaqiiqadiisa ogaanno mooyaane.

Su'aasha 3aad:

Qofka jaahilka ah intee jahligiisa loogu cudurdaari karaa, joogana dhul diinta laga fidinayo, culimmadiina ay buuxdo, qofkaa jahligiisa intee loo cudurdaari karaa? Dadka Soomaaliyeedse xujadii ma ku quntay oo saxwada islaamku xujada ma gaarsiisey oo ma ku oogtay, mise maya?

Jawaab: Bismillaahi Raxmaani Raxiim, Arrintaa lafteeda waan ka hadalnay. Qofka jaahilka ah ilaa intee jahligiisa loogu cudurdaari karaa? Arrintaa waa innagii labo u kala qaadnay: Mid inay tahay mid ku saabsan aslu diin. Waxdaaniyada Alle; Ilaah inuu mid yahay, iyo risaalada Rasuulka; Muxammed inuu rasuulkiisii yahay, raacitankiisuna ay waajib tahay, diintiisa in la qaato oo lagu dhaqmo ay waajib tahay. Labadaa arrimood oo asalka diinta u noqonaya oo kalmadda shahaadataynka «لا اله الا الله محمّد رسول الله» macnaheeda ah, waa kaan sheegnay, xujadu waxay ugu sugnaanaysaa gaarsiin duudduuban, faahfaahinna uma baahna. Qofkii labadaa ogaadey; Ilaahay inuu mid keliya yahay oo labo Ilaah oo la caabudo aanay jirin, Muxammedna rasuulkiisii yahay oo in la raaco ay waajib tahay, qofkii loo sheegay faahfaahin iyo tafaasiil kale uma baahna; inuu ku sugnaado, ku-sugnaan guud, ayaa waajib ku ah.

Labadaa arrimood qofkii ka baxa oo yiraahda, "Waxaad sheegaysaan waxba kama jiraane, Ilaahyo badan ayaa jira," ama yiraahda, "Nabi dambe ayaa soo baxay oo Maxammed rasuul ka dambeeyey oo hebel iyo hebel la yiraahdo, oo diin cusub ayaa la keenay oo diintaas ayaan raacaynaa." Kaasi wax cudurdaar ah ma leh, kufrigiisu bannaanka ayuu yaallaa. Qofkii guud ahaan daa'ima, oo Allena Alle ahaan u qaatay, diintana diin ahaan u qaatay, rasuulkana risaaladiisa aaminay, shirkiyaadkuna ay ka dhacaan, waa tii aan sheegnay, in haddii shirkiyaadkaa uu ku dhacay aan loo caddaynnin inuu bedbaadayo oo kufrigii weynaa ka nabadgelayo. Caddayn faahfaahsan, arrin walbana gaarkeed ugu saabsan, sidii naskii aan soo guurinnayee Abuu Bakar Ibnul Carabi, uuna yiri, "Qofkaas iyo garaadkiisa si u munaasib ah haddii aan loogu sharxin, qofka aqoontiisa oo kale leh sidii uu fahmi lahaana aan loogu sheegin, qofkaa xujadii kuma qumin." Shirkiyaadka uu ku dhacayo, sida gargaar-dalabkii iyo waxyaalaha ay ka mid yihiin, arrin kasta faahfaahinteeda, daliilkeeda iyo sharraxeeda inuu gaaro ayaa qofkaas xujadii ugu qumaysaa. Haddii xujadii sidaa ugu qumi weydo, jaahil cudurdaar leh ayuu noqonayaa.

Shacbiga Soomaaliyeed xujadii ma ku quntay, mise kuma qumin? Shacbiga Soomaaliyeed iyo shucuubta muslimiinta ahba, wixii Aslu diin ku saabsan xujadii waa ku quntay. Qof muslim-sheegad ah oo aan garanayn inuu Allaah mid keliya yahay iyo in Alle keliya la caabudo ma jiro. Wixii kale ee cibaado ah ee ay samaynayaan haddii aad tiraahdo, "waad caabudaysaa," "ma caabudayo" ayuu ku oranayaa, "inaanu Ilaahay ahayn waan garanayaa." Arrimaha kale ee tafsiiliga ah, ee shirkiyaadka ah ee dadka muslim-sheegadka ah ka dhaca, dad ay xujadii ku quntay oo gaarsiintii fahfaahsanayd ay gaartey, oo ehlu cilmi ahna waa jiraan, dadweyne jaahiliin ah oo xoolahooda iska dhaqda oo beeraley ah, arrintaas faahfaahinteedu aanay gaarinna waa jiraan.

Saxwo islaami ah ha jirto, laakiin xajmigeedu intee ayuu le'eg yahay? Dadweynaha iyo iyadu intee isku jiraan, oo ma isku munaasabsan yihiin? Welibana, baraarugga islaamiga ah dawrkeedii iyo sidii laga rabey uma aanay gudannin, haddii aan runta isku sheegno. Haddii aan fiirinno inta masjidkan ku jirta iyo inta dadweynaha ah ee cilmiga ay yaqannaan u baahan ee beeralleyda, xoolodhaqotada baaddiyaha, tuulooyinka iyo magaalooyinka ku kala nool, una baahan cid wax u sheegta, aad ayaa farqi weyni ugu dhexeeyaa. Baraarugga islaamiga ah, laftiisu waa gaabinayaa. Ma ahan sidii laga rabey inay yeeshay oo geed walba iyo tuulo walba ay dacwadii gaarsiiyeen. Magaalooyinka waaweyn ayey isku uruuriyeen, taasna waa inay ka baxaan oo naftood-hurayaal noqdaan, dadkana gaarsiiyaan diintii saxda ahayd. Kitaabka Alle iyo sunnadii Rasuulka sidii ay u gaarsiin lahaayeen dadkooda u baahan, aadna ugu oomman inay u dhaqaaqaan, iskana daayaan magaalooyinka waaweyn ee ay isku uruurinayaan, iyadoo laga yaabo nolol fiican inay raadsanayaan.

Noloshaa qallafsan ee reer baaddiyaha iyo la guurguuriddooda iyo la lugayntooda ayaa khayrku ku jiraa. Dad naftood-hurayaal ah ayaa markii horeba sidaa nagu soo gaarsiiyey. Waxaa dhici jirtey inuu nin iska baxo oo baaddiyaha intuu dhex-galo, meel aanay dacwaduba gaarin uu ku fidiyo, Soomaali iyo dad kaleba waa ka dhici jirtey, laakiin taasi hadda waa la la'yahay.

Qoladan Tabliiqa ah, ee Bakistaaniyiintu u badan yihiin, asalkana u yihiin, arrintaa waxbay ka sameeyaan, laakiin laftigoodu sidii la rabey uma sameeyaan. Dad ay dhexmaraan oo ay yare baraarujiyaan mooyaane, raad fiican kama tagaan. Goobtii markii ay ka tagaan dadku meeshoodii ayey ku noqdaan. Xil ayaa idinka saaran, dhalliyaradiinna. "Xaqii baan fahmay, diintii ayaan fahmay, dhalinyaradii saxwada ayaan ka mid ahay," dhallinta dhahdooy, dadkii kale xil baa idinka saaran, welibana aad iyo aad idiinku baahan. Waxaa la idinka rabaa inaad noqotaan ciidan jidka Alle ku baxa, dadkaana sidii ay dacwada u gaarsiin lahaayeen iska xilsaara, naftooda ku biimeeya.

Su'aasha afraad:

Haddii aan qof xujada ku oogo, isagoo Ilaahay cid aan ahayn baryaya, gargaar weyddiisanaya, markaana uu iga diido, muxuu xukunkiisu yahay? Xujadiise ma ku oogmaysaa? Qof kastana ma u bannaan tahay inuu xujada oogo?

Jawaab: Bismillaahi Raxmaani Raxiim. Su'aashu labo qodob ayey ka kooban tahay. Midka hore, qof Ilaahay cid aan ahayn baryaya haddii loo sheego, loona caddeeyo oo uu diido, xukunkiisu muxuu noqonayaa? Ma gaalobayaa mise ma gaaloobayo? Midda labaad, qof kastaa xujada ma oogi karaa, mise dad gaar ah, sida mashaa'ikhda iyo culimada, qoladaa keliya ayaa dadka xujada ku oogi kara?

Midda hore, waxay ku xiran tahay sida aad qofkaa wax ugu sheegtay. Si farsamo ah oo qabow iyo naseexo ah, xikmad iyo waano wanaagsanna ah oo sidii ALLAAH amaray ah wax ma ugu sheegtay, daliilkeediina ma u raacisay? Qaab uu wax ku fahmi karo ma ugu sheegtay? Mise waxaad ugu sheegtay si qallafsan oo cayrin ah, sida "gal baad tahay, waad caabudaysaa," oo uu xanaaq iyo canaad uun ka qaadayo?

«الحقّ يعتريه سوء التّعبير»

Qofka xaqa sheegaya ayaa laga yaabaa inay tacbiirkii iyo cibaaradii ka xumaatay, qofkii uu wax fahansii islahaana uu si uu uga sii daro uu wax ugu sheego, siina fogaadoba. Adiga iyo sidaad wax ugu sheegayso ayey ku xiran tahay, iyo qofkani inuu fahmay, ama shubho qabsaday. Qofka haddii aad si fiican wax ugu sheegtay, daliilkeediina u raacisay, oo uu si fiican u fahmay, wax uu xujo u malaynayona aanu qabasannin, oo ay canaad keliya tahay, qofkaasi waa mid halaagsadey. Waa haddii aan qabsanno ra'yigii dhahayey gargaar-weyddiisadku (istiqaatha) waa shirki weyn, laakiin qofka leh waa shirkigii yaraa…. Kolley, ama waa qof dambi weyn ku dhacay, ama waa ku kufriyey. Arrintu waxay ku saabsan tahay inay xujadii ku quntay iyo inaanay ku qumin, sidii ay ugu qumi lahaydna waa taan sheegnay.

Midda kale ee qof walba xujada ma oogi karaa? Waxaa shardi ah inuu qofku faahim yahay. Arrintan uu sheegayo waa inay tahay mid uu hubo, daliilkeediina u haysto. Qof kasta oo arka wax dambi ah, ama shirki ah, rabana inuu nahyiyo shirkigaa iyo dambigaa, waxaa loo shardiyaa inuu cilmi u leeyahay arrintaa uu reebayo.

﴿ قُلْ هَذِهِ سَبِيلِي أَدْعُو إِلَى اللَّهِ عَلَى بَصِيرَةٍ أَنَا وَمَنِ اتَّبَعَنِي وَسُبْحَانَ اللَّهِ وَمَا أَنَا مِنَ الْمُشْرِكِينَ ﴾[يوسف:١٠٨]

Marka, qofkii raacay rasuulka , inuu arrintaa cilmi u leeyahay, shakina aanu uga jirin, daliilkeediina uu u haysto ayaa laga rabaa. Da', lebbis, qaab gaar ah, sida nin cimaadad xiran, nin gar leh, ma leh. Qof kasta oo waxaas hortiisa ka dhacaya ee sharciga Alle khilaafsan cilmi u lehba, waajib ayey ku tahay inuu arrinkaa suuliyo.

«من رأى منكم منكراً فليغيره بيده.....» إلى آخر الحديث

Nin shahaado jaamacad haysta ama jaamaca islaamiya ka soo baxay, ama daaci ah ama khadiib ah, ama imaam ah, ama...shardi uma aha. Dhallinyaro iyo waayeel, rag iyo haweenba, qof walba oo fahansan arrintaa, xataa cilmi sii dheer haddii aanu lahayn, xujada waa oogi karaa.

Su'aasha 5aad:

Shucuubta nasaarada sheegta, ee waqtigan jooga ma ku magacaabi karnaa ehlu-kitaab, gawracoodase ma cuni karnaa?

Jawaab: Haa, nasaaro ayaan ku magacaabaynaa, gawracoodana waa la cuni karaa, naagahoodana waa la guursan karaa, inkastoo laga fiican yahay guurka naagahooda. Alle waqti umaanu xaddidin markuu lahaa,

﴿ وَطَعَامُ الَّذِينَ أُوتُوا الْكِتَابَ حِلٌّ لَكُمْ وَطَعَامُكُمْ حِلٌّ لَهُمْ ﴾[المائدة:٥]

Haweenka la guursanayo markuu ka hadlayey,

﴿وَٱلْمُحْصَنَٰتُ مِنَ ٱلْمُؤْمِنَٰتِ وَٱلْمُحْصَنَٰتُ مِنَ ٱلَّذِينَ أُوتُوا۟ ٱلْكِتَٰبَ﴾[المائدة:٥]

Iyana waqti umaanu xaddidin. Naagaha dhawrsoon, ee aan faasiqaadka ahayn, ee ehlu kitaabka ah waa idiin bannaan yihiin markii uu lahaa waqti umaanu goynin. Waqtigii diinta aabbayaalkoodii soo galeen inuu beddelka iyo doorinta ka hor ahaana uma xaddidin, inuu gadaasheed ahaana uma xaddidin. Kiristaankii Carabta iyo kuwii Cajamta ma kala qaadin. Allaah guurkooda waa banneeyey, gawracoodana waa banneeyey, heshiiskooda iyo jizyo ka qaadiddoodana waa banneeyey, isagoo og inay nasaaradu gaalo yihiin oo ay Saddex Ilaah sheegaan, Quraankana uu ku caddeeyey:

﴿لَّقَدْ كَفَرَ ٱلَّذِينَ قَالُوٓا۟ إِنَّ ٱللَّهَ ثَالِثُ ثَلَٰثَةٍ﴾[المائدة:٧٣]،

﴿لَّقَدْ كَفَرَ ٱلَّذِينَ قَالُوٓا۟ إِنَّ ٱللَّهَ هُوَ ٱلْمَسِيحُ ٱبْنُ مَرْيَمَ﴾[المائدة:١٧]

Isagoo og inay mushrikiin yihiin, ayuu haddana ehlu-kitaab ku magacaabay, xukun gaar ahna u yeelay.

U nasab-sheegashadaa ay diin asalkeedii xaq ahaa ay ku abtirsanayaan, laakiin ay iyagu ku ciyaareen, lana nasakhay, ayaa xukun gaar ah oo adduunka ah Alle u yeelay. Xukunka aakhiro inay gaalo yihiin oo ehlu-naar yihiin waa sheegay oo mushrikiinta iyo majuusta ay isla mid yihiin.

Warshadaha iyo meelaha ay wax ku qalaan iyo hilbaha laga keeno dalalka gaalada ee nasaarada sheegta, shaki weyn ayaa ku jira sida ay wax u dilaan. Bastoolad koronto ah ayey ku dhuftaan oo ku dilaan, arrintaa oo mid cad oo jirta ah. Dawladaha qaar, oo meelaha qaar diinta daryeela, sida Sucuudiga iyo dawladaha Khaliijka, warshadaha waaweyn ee ay wax ka soo iibsadaan dad ayey u diraan.

Hilibka waddammadooda loo dhoofinayo waa la bireeyaa, waddammada kalena, sida Afrika iyo Soomaalida, waxa laga yaabaa inay bakhti ku xaabiyaan.

Hilibka warashadaysan ee waddammada noocaas ah ka yimaada, annagoon u baahnayn, oo xoolaheennii buuxaan, hilib cusub oo gawrac cusub ah, qof muslim ahina gawracay heli karna, waa inaan iska ilaalinnaa. Waa inaan ogaannaa inay ka mid yihiin waxyaabaha ay nagula dagaallamayaan cuntooyinka xun ee ay noo soo dhoofiyaan. Soomaaliya markii ay UNISOM joogtey waxyaabaha ay dadka kula dagaallamayeen waxaa ka mid ahaa, inay hilib doofaar qaybiyaan, ama ay ku daadiyaan meelaha qashinka ah, si masaakiinta meelahaa wax ka raadsanaya uu gacantooda u galo. Mararka qaar, carruurta jidka maraysa ayey, marka baabuurtoodii agmarayso, u tuuraan. Markii dambe ee ay dad shaqaale ah qorteen, ayey ku oran jireen,"Lacag ma haynee, mushaarkiinnii u qaata qasacadahan meesha ku jira oo iibsada." Hilib doofaar oo weliba dhacay, waqtigiisiina dhammaaday, iyaguna aanay cunayn ayaa ku jira. Meelaha cadowgeennu inagala dagaallamo waxaa ka mid: xagga caafimaadka, xagga dhaqaalaha, iyo dhan walba. Waa inaan ka feejignaannaa.

Su'aasha 6aad:

Ma bannaan tahay inaan ku tukanno masaajid ay ku qoran tahay «يا محمّد» (yaa Muxammad)

Jawaab: Yaa Muxammad oo aan wax kale la socon! Dhawaaq qof dhintay ama qof nool oo kaa fog loo dhawaaqayo, laakiin gargaar-dalab(istiqaatha) aanay ku jirin, wax dhibaato ah oo ay leedahay uma garanayo, qofkii garanaya wax daliil ah ha inoo sheego. Yaa Muxammed,

Yaa rasuulallaah oo keliya haddii ay ku qoran tahay iyo sida masaajidda qaar ku qoran; Allaah iyo Muxammed, oo magaca Rasuulka ﷺ uu ku qoran yahay, waxaan filayaa inaanay wax dhibaato ah lahayn. Waxaaba jirta inay masjidka Rasuulka ﷺ ay ku qoran yihiin beydad gabay ah, oo arrintaa ka sii daran. Waxaan filayaa waqti hore iyo waqtigii Turkiga in lagu qoray. Waxaan filayaa qolada hadda joogtaa haddii ay ku baraarugi lahayd inay ka goyn lahayd. Waxaa ku qoran:

«يا من هو كذا وكذا بالمدد»

Qofkii taga Rawdada bidixdeeda ha ka fiiriyo. Gidaarkeeda ayey beydadkaasi ku qoran yihiin. "Rasuulkii Ilaah ee sidaa iyo sidaa ahaayow bilmadad" «يعني: أستلك بالمدّد» (gurmad ayaan ku weyddiisanayaa).

Su'aasha 7aad:

Ma bannaan tahay inaad cuntid hilib uu gawracay qof aadan garanayn inuu muslim yahay iyo inuu mushrik yahay?

Jawaab: Bismillaahi Raxmaani Raxiim. Arrintaa xoogaa faahfaahin ah ayey u baahan tahay. Ma qofkii gawracay ayaad arkaysey, laakiin aanay kuu kala caddayn inuu muslim yahay iyo inuu gaal yahay? Mise qofkii ma garanaysid oo waddan dadkii muslimiin iyo gaalo isugu jiraan xoolo lagu qalay weeyaan? Mise dhul islaam oo dadkiisu dadka ahlu shahaadada ah yihiin, laakiin jahligu ku faro-badan yahay, sida dalalka islaamiga ah, weeye. Arrintu faahfaahintaa ayey u baahan tahay. Alle dadka muslimiinta ah; faasiqiintooda iyo baarrigooda, haweenkooda iyo raggooda, addoonkooda iyo xortooda, waxay gawraceen waa inoo banneeyey. Ahlu-kitaabku waxay gawraceen waa inoo banneeyey, Mushrikiinta, Majuusta iyo diin-laawayaasha waa naga xaaraantimeeyey. Qofkaasi beledka uu ku nool yahay iyo sida uu u arkayo ayey ku xiran tahay. Culimmadeenna fuqahada ah waxay sheegeen in, waddan dadkiisu muslim iyo gaalo isugu jiraan, gawraca laga helo uu xalaal yahay, sarraysiin qofka muslimka ah, dadka kale laga sare-mariyo «تغليبا للمسلم علي غيره»

Waxay u daliishadeen xadiiska saxiixa ah ee Mucaawiya iyo Macaad Ibnu jabal ay rasuulka ka weriyeen:

«المسلم يعلوا ولا يعلى عليه»

"Muslimku isagaa sarreeya, ee lagama sarreeyo"

Mar haddii dad muslimiin ah ay ku nool yihiin, inay muslimiintu gawraceen ayaa loo qaadanayaa. Ilmihii luma oo laga helo inuu ilmo muslim ah yahay ayaa loo qaadanayaa, oo muslimiinta ayaa la haleeshiinayaa. Sabab adag oo qofkan shaki gelisa inuu qabsado mooyaane, waswaas keliya iyo inuu yiraahdo, "Ma garanayo! Yaa gawracay!", wax macno iyo dhib ah ma leh. Haddii aadan garanayn qofka gawracay, waxaad ugu malaysay in qof aan muslim ahayni uu gawracay, oo xoog leh oo aad qabsan kartaa ma jirtaa? Sabab sidaa ah haddii aadan haysan, isaga qaado, sidii fuqahadu sheegeen inuu xalaal yahay. Waxaa la sheegaa in Kenya ay gawraca xoolaha qandaraas ku haysan jireen, oo Ingiriisku siiyey dadka muslimiinta ah. Haddii arrintaa aan waxba laga soo qaadin, laftoodu waa Kiristaan. Waddammada aan ku nool nahay sida Soomaaliya, Kenya iyo Xabashida, waa waddammo muslimiin iyo nasaaro isugu jira, ama waa waddammo muslimiin ah. Waxaa aad uga fiirsi leh waxyaabaha warshadaysan ee Yurub iyo Ameerika inooga imaanaya.

Su'aashaa su'aal ku dhow ayaa Rasuulka ﷺ la weyddiiyey oo ahayd inay dad yiraahdeen, "Dad ayaa noo keena hilbo aannan garanayn inay Bisinka u qabteen iyo in kale." Dadkaasu waxay ahaayeen dad islaannimadoodu ay dhoweyd oo markaa soo islaamay. Dad reer baaddiye ah ayaa hilbo u iib-keeni jirey, ama qaraabadooda reer Madiina hadiyad ugu keeni jirey. Waxay ka shakiyeen, oo ay garan waayeen inay Bisinka u qabteen, iyo in kale? Sababka ay uga shakiyeen wuxuu ahaa mid cad, sida riwaayadduba ay sheegtay. Waxay ahaayeen dad mar dhow soo islaamay, reer baaddiyena ahaa, welina aan cilmigii gaarin. Nabigu ﷺ wuxuu ku yiri:

«سمّوا اللّه أنتم وكلوا»

"Idinku Bisinka u qabtoo, cuna." Wixii laga shakiyo oo noocaas oo kale ah, oo aan sabab cad loo haysannin, Bisinka inaad u qabato, markaad cunayso ayaa kugu filan, inshaa ALLAAH.

Su'aasha 8aad:

Ma bannaan tahay inaan kaniisad wax ka barto, ama aan carruurteenna waxbarasho kala raadinno meelaha rawdada ay yiraahdaan, Af-soomaaliganna loo yaqaan xannaanada, ilmahana la geeyo intaan iskuulka hoose la gaynnin, kaniisaduhuna ay maamulaan, ama kaniisad ku dhextaal?

Jawaab: Xannaanada ay kaniisaddu maamusho in carruurta la geeyo, sideedaba, waa xaaraan, waayo waxay ku korinayaan gaalnimo iyo saliib-jacayl. Meeshii SOS la dhihi jirey ee Xamar ku taalley, ilmaha ayaa lagu xannaaneyn jirey, waxna lagu bari jirey. Macallimiin diinta u dhigta oo Quraanka xafidsiiya ayey u oggolaadeen,

Soomaali ayaana wax u dhigi jirtey, iyaguna maamulka ayey lahaayeen. Laakiin, maxay samayn jireen? Nin macallin ka ahaa ayaa wuxuu ii sheegay waxyaabaha ay samayn jireen inay ka mid ahayd, inay saliibyo yaryar oo dhaldhalaalaya, maar iyo naxaasna ka samaysan ay subaxdii barxadda ku daadin jireen, si carruurtaasi intay helaan ay u qaataan. Inay moodaan wax lagu ciyaaro oo u jeclaadaan, una bartaan, hadhowna hadii loogu dhejiyo saliib, ama maro uu ku samaysan yahay la siiyo aanu uga boodin oo uga cararin oo "waxani muxuu yahay!?" aanu u dhihin. Wuxuu yiri, "Waan ka aruurin jirney oo intaan qaadno ayaan daadin jirney, iyaguna aroor walba waa soo qubi jireen."

UNISOM markii ay Somaalida shaqaale ka qorteen, shaqaalihii ugu horreeyey ee ay ku bilaabeen wuxuu ahaa shaqaale nadaafad oo magaalada xaaqa. Maxay sameeyeen? Madax ayey u yeeleen, dadkii madaxda ahaana waxay u geliyeen maro saliib dheer uu ku qoran yahay. Qofka madaxda ah keliya ayey siiyeen, si ay dadka kale ugu qaataan in waxani billad yahay oo u yiraahdaan, "Annagana maa nala siiyo maradan oo kale!"

Hadallo ayey funaanadaha ay carruurta siiyaan ugu qori jireen, ciiddooddii iyo wax la mid ah... "Anigu Axadda waan jeclahay, Isniinta waan necbahay." Waxyaalahaas oo Af-soomaali ah ayey funaanadaha ku qorayaan, markaas ayey carruurta u qaybinayaan.

Carruurta waxa ugu horreeya ee qalbigooda ku dhacaa sida uu uga dhaqmaa waa dhib badan tahay. Waa in carruurta laga ilaaliyaa meelahaas oo kale ee ay gaaladu maamusho. Jaamacadda Muqdisho oo Jaamacatul Wadan la dhihi jirey, welibana maamulka kore Soomaalidu iska lahayd, waxaa jirtey qolo khubaro lagu sheego oo Talyaani ah oo wax ka dhigi jirey. Maaddooyinka cilmiga, sida caafimaadka, injineernimada kuwa dhiga oo maaddooyinka bulshada ku saabsan aan shuqul ku lahayn, sida uu muxaadarada u wado ayuu mawduuc diini ah soo gelinayaa, welibana imtixaanka uu ardada siinayo uu ku soo darayaa. Nimankaasi cadow ayey inoo yihiin, si walba waa noola dagaallameen. Inaan aaminno oo aan carruurteenna u dhiibanno waa doqonnimo. Ilmaheennu innaga ayey ammaano inagu yihiin.

﴿ يَٰٓأَيُّهَا ٱلَّذِينَ ءَامَنُواْ قُوٓاْ أَنفُسَكُمْ وَأَهْلِيكُمْ نَارًا وَقُودُهَا ٱلنَّاسُ وَٱلْحِجَارَةُ ﴾[التحريم: ٦]

"kuwii iimaanka laga helayow, ka bedbaadiya naftiinna iyo ehelkiinna naar, waxa lagu shidona ay yihiin dad iyo dhagxaan."

Qofkii sidaas oo kale yeela, oo is yiraahda, "Wiilkaagu Ingiriiska ha kuu barto oo aqoon-yahan ha kuu noqdo, hadhowna deeq waxbarasho ha laguu siiyo," sidaana uu ku tago, kuna gaaloobo, isagaa gaalaysiiyey, waa inuu ogaadaa.

Nabigu ﷺ wuxuu yiri:

« كلّ مولود يولد على الفطرة فأبواه يهوّدانه أو ينصّرانه أو يمجسانه » (1)

"Ilmo kasta waxaa lagu dhalaa diin toosaan, waalidkiis ayaa yuhuud ka dhiga, ama nasraani(kiristaan), ama dab-caabude"

Qofka sidaa yeela xadiiska Nabiga ﷺ ayaa ku rumoobaya. Carruurta iyo dhallinyarada aan cilmiga lahayn in meelaha ay gaaladu maamusho, waxbarashoodana ay gacanta ku hayaan inay galaan, waxna ku bartaan, waa xaaraan. Ninkii qof weyn ah, cilmina leh waa gaar.

Nin ayaa wuxuu ii sheegay, mar uu dhalliyaro ahaa, isagoo Beledweyne jooga uu nin gaal ah Ingiriiska ka baran jirey oo uu gurigiisa ugu tegi jirey. Maalin ayuu inta

---

(١) أحمد والبخاري ومسلم وغيرهم

khamri u keenay ku yiri, "Cab khamradan." "Waan diiday," ayuu yiri. Markaas ayuu yiri, "Waxaan ku moodayey nin reer magaal ah oo aqoon-yahan ah inaad tahay, illeyn nin reer baadiye ah ayaad tahay!" Khamriga inuu baro ayuu rabey. Waa nin dhalliyaro ah oo rabey Ingiriiska keliya inuu ka barto. Ingiriiska inuu kuu baro haddii aad ugu geysatey, Ingiriiska keliya ku koobnaan maayo, isaguna inuu kiristaameeyo ayuu wax u barayaa. Ingiriiska muslimiinta ayaad ka baran kartaa, maxaa kugu qasbaya qof gaal ah inaad ka barato! Markii hore haddii aad ka baratay xoogaa aad wax ku kororsato, akhrisasho ayaad ku baran kartaa.

Masar mar aan wax ku baranayney ayaa waxaa nagu jirey nin jaamacaddii Azhar isku qoray. Magac uun ayuu isugu qoraye, Ingiriiska ayuu iska baran jirey. Buugaagta intuu soo uruursado ayuu akhrisan jirey, wixii uu garan waayona qaamuuska iyo dadka ku dhaama ayuu la kaashan jirey. Ninkii wuxuu ku soo baxay nin cid walba luqadda kaga aqoon badan. Jaamacaddii Xamar ayuu wax ka dhigi jirey. Qofku haddii uu isxilqaamo wuu baran karaa. Luqadda Ingiriiska gaal uun ma yaqaan, luqad caalami ah ayey noqotay, muslimiin iyo cid aan ahaynba waa yaqaannaan. Maxaa kugu qasbaya kuwa kaniisadda inaad carruurta ula tagto!? Haddii ay madaaris tahay, kuwo muslimiin ay maamulaan oo ay wax ka dhigaan, Ingiriiskana lagu barto ayaad heli kartaa. Haddii ay duruus khaas ah tahay, dad muslimiin ah oo Ingiriiska yaqaan, sida Bakistaaniyiin, Hunuud, Afrikaan kale iyo Soomaali ayaad heli kartaa. Gaal inaad wax ka raadsato maxaa kugu khasbaya.

Luqadaha in la barto ma diidayo, laakiin dadka wax

laga baranayo waa in la doortaa, kaad Ingiriiska ka baranayso iyo xataa kaad Carabiga ka baranayso. Gaalo carbeed oo waxaa jira Af-carabi wax ku qora oo, haddana diinta la dagaallamaya. Gaal Lewis Cawad la dhihi jirey oo Masri ahaa, jariidadda Al-ahraamna wax ku qori jirey, nin luqadda Carabiga ku xeeldheer, kutub badanna leh ayuu ahaa. Maaddo kasta oo uu qoraba diin ayuu ku soo dari jirey, islaamkana meel uun ayuu ka duri jirey. Tusaale ahaan, taariikhdii suugaanta Carabta ayuu ka hadlayaa. Suugaantaa uu ka hadlayo ku ekaan maayo, mar kasta wuxuu soo dhexgelinayaa wax islaamka durid ku ah.

Gaal kale oo la dhihi jirey Goerge Zaydaan oo Lubnaani ahaa, markii dambe Masar yimid oo joornaallo ka sameeyey, majallona lahaa, toddobo iyo toban risaalo ayuu islaamka ka qoray. Qaabka uu wax u qorayo iyo macaankiisa kolkaad aragto, iskama qaban kartid. Inaad akhriso oo aad dhammayso mooyaane, kitaabkaa kama fuqaysid, laakiin kulligood waa durid iyo sun uu islaamka kula dagaallamayo. Xumaantiisa, sida uu u wado ayuu mararka qaarkood xadiis daraf ka soo qaadanayaa, tusaale ahaan, xadiis saxiixul Bukhaari ah. Nambarkiisii ayuu sheegayaa iyo meesha loogu noqonayo. Ha laguu qaato inaad tahay nin caddaalad ah, oo sidan aad islaamka taariikhdiisa u qoraysaa ay tahay sidii aad maraajicdii muslimiinta uga soo qaadatay. Meel meel kalmad xaq ah oo sixiix ah ayuu ku soo qaadanayaa, inta kalena waa wada sun.

Gaalada kutubta ay qoraan, waxaa ku jira kuwo ay si gaar ah muslimiinta ugu allifeen, oo muslimiinta loogu talo-galay. Si dadka loo baro, qaar muslimiin ah oo loogu talo-galay inay dadka caqligooda ku ciyaaraan, ee "Dagaal-maskaxeedka" la yiraahdo, ayaa loo tabo-baraa. Nimanksaasi cadow ayey inoo yihiin, kharash badan ayey nagu bixiyeen, qorshe ayayna u sameeyeen. Waad ogtihiin, baabaha Ruum inuu yiri, "Sannadka 2000 waxaan ugu talo-galnay Afrika oo dhan inay wada kiristaamowdo."

Xayle Selaase mar la weyddiiyey, "Waddankaaga wax muslimiin ah ma joogaan?" Wuxuu yiri, "Wax yar oo carabtii meelahaa ka timid ay duufsadeen oo diintii aabbayaashood ka baxay ayaa jira, kuwaana waxaan ugu talo-galnay 12 sano inay diintii aabbayaashood ugu soo noqdaan." Maxammed Qasaali ayaa ku qoray kitaabkiisan la yiraahdo (كفاح الدّين).

Dadka sidaa colka inoogu ah inaan cilmi aannan uga baahnayn u doonanno waa khalad. Runtii, waa jirtaa tiknoolajiyadda iyo culuumtan casriga ah inay nooga horreeyaan, sida caafimaadka, injineernimada, beeraha, dhaqaalaha, inaan ka barannona waan u baahannahay, mana reebana. Waa inaan ka fekernaa dadka aan u dirayno ee wax ka soo baranaya, iyo dadkaa laftooda sida loo ilaalinayo caqiidadooda. In lagu daro dad aqoon-yahan ah oo ilaaliya. Cilmigaa aan u baahannahay sidii aan uga soo qaadan lahayn, ugana soo baran lahayn, iyo wixii kale ee ay nagu dhaamaan, iyaguna diinteenna aanay nooga fasahaadiyeen waa inaan ku dedaalnaa.

Su'aasha 9aad:

Waa maxay xukunka qofka xijaabka inkira, ama fududaysta oo xijaabkii la iman waaya, ama ku sheega dib-dhac?

Jawaab: Su'aashu waa labo qaybood; mid waa qofka jilbaadka inkira oo weliba yiraahda, "waa dib-dhac oo waa wax waa hore laga tegey" iyo qofka fududaysta ama aan la iman haddii ay haweeney tahay, ama haweenkiisa iyo carruurtiisa iyo gabdhihiisa aan farin. Midka hore, qofka inkira oo weliba dib-dhac ku tilmaama, u malayn maayo qof qalbigiisa iimaan ku jiro inuu hadalkaa oranayo. Allaah mahaddii, dadka arrintaa yiri dad ahlu cilmi ah ma ahayn oo dad caqiidadoodu duran tahay, haddii ay ugu roon yihiinna diin-laawayaal (علماني) ah oo kuwa Galbeedka ku dayday (مستغربين) la yiraahdo, gaaladana ardayda u noqday, ayey ahaayeen.

Fikraddaasi meeshii ugu horraysey ee ay ka soo baxday Masar ayey ahayd. U gargaarka haweeneyda(أنصار المرأة) hay'ado la yiraahdo iyo xoraynta dumarka (تحرير المرأة) ayaa Masar ka dillaacay waqtigii ingiriiska, dadkeedana waa la yaqaannay. Qaasim Amiin kitaab uu ku magacaabay (تحرير المرأة), muslimiintuna ay u bixiyeen (تحليل المرأة), yacni ninkii inxilaalka(qiimo-dhac ama dib-u-dhigid) dumarka ku ridey, ayuu qoray. Shacbul Saqluul ninkii la dhihi jirey ee siyaasiga Masriga ahaa, xisbigii la oran jirey Xisbul Dastuur madaxiisa ahaa, aabbihii Masarna "أبو مصر" loo yaqaaney,haweeneydiisana " أمّ مصرين" la dhihi jirey, laguna magacaabi jirey Safiya Saqluul, wuxuu ahaa ninkii ugu horreeyey oo gacantiisa kaga gooyey xijaabka gabdhihii xijaabnaa. Waxaa Qaahira looga dhisay qabrigii ugu weynaa, wuxuuna ka samaysan yahay rukhaam shub ah oo dheer, xaafad Baabul-luuq la yiraahdo ayuuna qabrigiisu ku yaallaa. Qabriga ugu weyn oo ugu kharash badan, oo Aga Khan koley ku tahay isagoo kale aan loo dhisin, ayey u dhiseen. Dhallinyaradii xisbigiisa raacsanaa intay ku kaceen gabdhihii xijaabnaa, ayey xijaabkii ka wada dhigeen. Wuxuu yiri, "Waxaan ayaa na reebay," dadkana ugu sheegeen inuu yahay wax isticmaarkii Turkiga uu ku waajibiyey, wax sharciga waafaqsanna aanu ahayn. Waxay oran jireen, "Bulshadii barkeed inay fariisiyaan ayey rabeen, si ay noo gumaystaan, oo Turkigii ayaa noo fekerey, markaas ayey yiraahdeen, `haweenku guryahooda ha ku ekaadeen!' Bulshada barkeed si ay meesha uga saaraan, marka haweenku waa inay soo baxaan." Khilaafadii Cusmaaniyiinta ayey isticmaar ku sheegayaan, khilaafo islaami ah ayeyna ahayd.

Axmed Ludfi ninkii la dhihi jirey, isaguna maqaalaad uu qoro waxaa ugu dambeeyey, markii uu sii dhimanayey, isagoo oday da' weyn ah, maqaal uu cinwaan uga dhigay (دعوهنّ يتنفسن). Majallo Minbarul Islaam la oran jirey ayuu ku soo saari jirey. Markuu sii dhimanayey ee sakaraadayey, waxaa la sheegay inuu dhunkaday gabar xoghayn u ahayd. Isagoo sakaraadaya wax uu sameeyo wixii ugu dambeeyey ayey ahayd.

Huda Shacraawi mid la dhihi jirey, iyadu wixii oo dhan waa ka sii dartay oo waxay tiri, "luqadda carabiga calaamadaha dheddignimada(علامة التأنيث) ha laga jaro, rag iyo dumarba isku si ha loola hadlo." أنتنّ wax la yiraahdo ma jirto هنّ waa هم. هي wax la yiraahdo ma jirto." Xataa luqadda waa in laga saaraa ayey tiri, tacasubku halka uu ka gaarey. Arrimahaa waxaa ka dambeeyey la dagaallanka maskaxda (الغزو الفكري) iyo khiyaanada haweenka muslimiinta ah iyo dhawrsanaantooda lagu hayo. Ilmahooda iyo reerkooda sida ay uga shaqaynayaan markii ay arkeen ee ay gaari waayeen, bulshadooduna fasahaadday, ayey bulshooyinkii kale inay fasahaadiyaan dooneen. Kuwo afkeenna ku hadlaaya oo afkeenna wax ku qoraya ayey noo adeegsadeen.

Maxaa laga faa'iidey haweenkii markii xijaabkii laga tuuray, dharkiina laga dhigay oo goonnooyin gaagaaban loo geliyey? Lixdamaadkii markaan Qaahira joogney haweeneyda goonnadeedu jilibka soo gaarto waxaa lagu tirin jirey (محتشمة) Goonnaduba haddii ay jilibka soo gaadho, (ملابس المحتشمة) ayaa la dhihi jirey. Haddii ay funaanad xoogaa gacmo leh xiran tahay, oo intaa garbuhu qarsoon yihiin "yaa salaam xaajiyad weeyaan," sidii C/naasir islaantiisii oo kale, Taxiya Khaalid la dhihi jirey. "Xaaja" ayey dhihi jireen, waayo waxay xiran jirtey dhar xoogaa dheer oo jilibka iyo meelahaa qarsoon yihiin. Madax iyo timo iyo iyaga hadalkooda jooji! (Mitro jeeg) wax la yiraahdo, oo noocyada bawdada bartankeeda jooga ah, ayey haweenku xiran jireen.

Maxay u keentay arrintaasi? Horumar iyo horukac miyey u keentay, mise jab iyo dulli iyo yuhuuddii oo ka xoog roonaata oo dhulkoodii qabsata ayey u keentay? Masar meelaha ugu liita oo ugu faqrisan caalamka inay tahay (ayaa la sheegaa), dadka ka yimidna waxay dhahaan, "Waxaad arkaysaa Shiikh Azhari ah oo gaboobey, cimaamaddiisa wata oo shahaadadiisii la dawarsanaya oo leh, "Yaa iga iibsada," naagaha dalxiiska ah ee meelahaas iyo Maraykanka ka yimid inuu ka iibiyo raba." Turkiya, sidoo kale, diintii ayey la dagaallameen. Ninkii Ataaturki la oran jirey, kutubka intuu sidaa u qabtay ayuu yiri, "Kan ayaa ina reebay oo asaaggeen naga reebay!" Markuu tuuray muxuu la yimid? Waxaas oo dhan dadkaas ayaa ka dambeeya. Idinka waxaa laga yaabaa inay idinku cusub tahay, dadkiinna aan meelahaas soo marmarin, ama wax arrinkaa ku saabsan aan akhriyin, laakiin arrintu waa arrin taariikhdeedu ay fog tahay, waana arrin gaalo ay ka dambayso. Gabdheheennu waxaas oo dhan waa inaanay dhegta u dhigin. Dharkooda wanaagsan ee baraarugga islaamiga ah la socda, ee xijaabka loo yaqaan waa inay haystaan, wax kasta oo dacaayad ah oo laga fidiyana aanay dhegta u dhigin.

Su'aasha 10aad:

Ruux ayaa tukanaya, inaan baarbaaro waxa uu aaminsan yahay iyo inuu Ilaahay waxaan ahayn baryayo, ama wax kale samaynayo ma ii bannaan tahay? Ma ku dabo-xiran karaa salaadda, mise ilaa aan ka ogaado waxa uu rumaysan yahay..?

Jawaab: Hadda ka hor waxaan ka hadalnay qofkii shacaa'irta islaamka la imanaya, wax cad oo shacaa'irta uu la imaanayo, shahaadataynka uu ku dhawaaqayo iyo salaadda uu tukanayo burinayana aadan ku hayn, muuqaal iyo qarsoodiba, inuu muslim yahay inaad u qaadanayso. Qof muslim ah oo masaajid iimaam ka ah oo dad tujinaya, xataa waxyaabo bidciyaad ah haddii uu la imanaayo, ama uu faasiq yahay waad iskala tukanaysaa. Haddii aad awood u leedahay oo magacaabiddiisa aad awooddo, ama meesha inaad ka qaaddo karayso, fitno la'aan, waa inaad yeeshaa. Marka hore markaad magacaabayso waa inaad siduu Rasuulku ﷺ imaamyada u kala ratibay, ee u kala xaddidey aad u kala ratibtaa.

«يؤمّ النّاس أقرأهم بكتاب الله»

"Dadka waxaa tujinaya kan kitaabka Alle ugu aqoonta badan." Waa haddii aad awood leedahay oo, tusaale ahaan, qofkii maamulaha masjidka ka ahaa ee dhisay aad tahay, ama qof awood leh oo ama siyaasi, ama xaakim ah tahay. Waa inaad shuruuddaa ka fiiriso. Haddii aadan masjidka shaqo ku lahayn, ninkanna aadan meesha ka qaadi karin, haddii aad ka hadashona fitno ay ka dhalanayso, waa inaad iskala tukataa, xataa haddii aad ku aragto isagoo la imanaya waxyaalo bidciyaad ah. Xasanul Basri ayaa arrintaas oo kale la weyddiiyey, markaas ayuu yiri, «صلّ وعليه بدعته» "iskala tuko bidcadiisu isaga ayey raacsan tahaye." Waana runtii, xadiis saxiix ahna waa waafaqsan yahay, يصلّون لكم فان أحسنوا فلكم [1] ولهم وان أساءوا فلكم وعليهم "Haddii uu yahay qof salaaddii si fiican u tukanaya oo shacaa'irteedii oogayo, isna ajar ayuu ku leeyahay, adiguna ajar ayaad ku leedahay. Haddii uu qof allow-sahal ah yahay, aduguna ajar ayaad leedahay, danbigiisana isagaa leh. Cusmaan Ibnu Cafaan markii uu hareeraysnaa oo kuwii fitno-wadayaasha ahaa ee ku soo duulay ay go'doomiyeen, xataa masjidkii inuu ku tukado ay u diideen ayaa nin u yimid oo ku yiri, "Adigaa imaamkii muslimiinta ah, adigana mixnaddan aan arkayno ayaad ku jirtaa, waxaana na tujiya niman madaxdii fitnada ah, sidee yeelaa?" kuwii fitno-wadayaasha ahaa ee Madiina qabsaday ayaa imaam dhexdooda ka magacaabay. Markaas ayuu ku yiri, "انّ الصّلاة أفضل ما يعمل النّاس فصلّ معهم واجتنب فتنتهم" Fitnadooda iyo waxa ay wadaan isaga fogow, markii ay salaadda tukanayaanna, oo xaya cala salaat xaya calal falaax ay kuugu yeeraanna u imow oo la tuko.

Adigu inaad wax sii baarbaarto, "qofkani ma la yimid tawxiidka xaqiiqnimadiisii, mise waa muslim sheegad oo waxyaabo kale ayuu rumaysan yahay!" Waxaas ha sii baarin, iskala tuko. Mar haddii uu shacaa'irtii weynayd ee islaamka uu la imaanayo, wax xaqiiq ahna aadan u haynin waxba ha baarbaarin, tajasuskii la inaga reebay weeye kaasi ولا تجسّسوا (ha is jaajuusina) Ibnu Mascuud ayaa waxaa la yiri isagoo xaakimka ah,

«هذا فلان تقطر لحيته خمرا»

---

[1] Riwaayaduhu ألبخاري والبغوي في شرح السنّه وابوداود والبيهقي في السنن الكبرى dhammaantood waa sidan: يصلون لكم فإن أصابوا فلكم ولهم ، وإن أخطئوا فلكم وعليهم , laakiin riwaayadda Bukhaari iyo Baqawi (وهم) kuma jirto.

"Kaasi waa hebel garkiisa khamri ayaa ka da'aya" Wuxuu yiri,

«انّا نهينا عن التكلّف ولكن ان يظهر لنا شيءٌ نأخذ به»

"Isku dhibid waa nalaga reebay, laakiin wixii cad ee noo muuqda ayaan qabsanaynaa." Adigu, qofkii aad kufri cad ku aragto mooyaane qofkii kale ha baarin arrinkiisa, haddiise aad helayso masjid qof ka fiican oo ka qiraa'o fiican, kana salaad fiican, nin ka wanaagsanna uu joogo u leexo masjidkaa.

Su'aasha 11aad:

Ma bannaan tahay qoom Laa ilaaha Illallaahu dhahaya in lala dagaallamo iyadoo la xujaysanayo inaanay shareecada islaamka ku sugnaaneyn oo aan qaar la imaanaynin, sida: Salaadda iyo Sakada iyo wixii la mid ah. Ma lala dagaallami karaa?

Jawaab: Axaadiistii saxiixa ahayd ee aan hadda ka hor qaarkood akhrinnay ayaa waxaa ku caddayd:

«إذا قالوا: لا إله إلا الله، عصموا مني دماءهم وأموالهم إلا بحق الإسلام أو إلا بحقها»

Marka, Laa Ilaaha Illallaah xuquuq ayey leedahay ka dhalanaysa, haddii xuquuqdeedaa la ilaalin waayona ay suurtowdo in qofkii dhiiggiisu bannaanaado, ama maalkiisu bannaanaado isagoon kaafir ahayn, illeyn waxa dhiigga banneeya gaalnimo keliya ma ahan. Saxaabadu waxay la dagaallameen kuwii sakada diidey, ee uu Abuu Bakar yiri, markii Cumar xadiis u soo daliishaday,

«والله لأقاتلنّ من فرّق بين الصّلاة والزّكاة فانّ الزّكاة أخت الصّلاة» (١)

«أقيموا الصّلاة وآتوا الزّكاة»، «المقيمين الصّلاة والمؤتون الزّكاة»

Sidaas ayaa Alle u xiriiriyey Salaadda iyo Sakada.

---

(١) البخاري ومسلم وأحمد وأبوداود وغيرهم

Xaqa Laa ilaaha Illallaahu ayey ka mid tahay in dadka qaarkood waxyaabo haddii ay sameeyaan ay Laa Ilaaha Illallaahu-macnaha islaannimadu-in la dilo bannaynayso, sida: qisaasta iyo xuduudda, haddii ay dadkaa awood leeyihiinna in lala dagaallamo. Ibnu Taymiya oo arrintaa aad uga hadlay, uguna dheeraaday ayaa wuxuu yiri, "Dadka diida shay shacaa'ir muuqata ah oo shacaa'irta islaamka ka mid ah in lala dagaallamo waa waajib." In lala dagaallamo waa bannaan tahay keliya ma aanu dhihin, ee "waa waajib" ayuu yiri. Alle wuxuu faray in gaalada iyo munaafiqiinta lala dagaallamo,

﴿يَٰٓأَيُّهَا ٱلنَّبِىُّ جَٰهِدِ ٱلْكُفَّارَ وَٱلْمُنَٰفِقِينَ وَٱغْلُظْ عَلَيْهِمْ وَمَأْوَىٰهُمْ جَهَنَّمُ﴾ [التحريم:٩].

Dad ashahaadada sheeganaya, sidii sako-diidayaashii ay yiraahdeen, "salaadda waan tukanaynaa, laakiin sakada ma dhiibayno" waa lala dagaallamayaa. Weliba qoladaa Sakada diidey wax shubho ah oo ay daliil u maleeyeen ayey qabsadeen, waxayna yiraahdeen, "Rasuulka ﷺ markaan Sakada u dhiibayney faa'iido ayaan ku helayney oo ducadiisa ayaa beddel noo ahayd, Allaahna wuxuu yiri,

﴿خُذْ مِنْ أَمْوَٰلِهِمْ صَدَقَةً تُطَهِّرُهُمْ وَتُزَكِّيهِم بِهَا وَصَلِّ عَلَيْهِمْ إِنَّ صَلَوٰتَكَ سَكَنٌ لَّهُمْ﴾

[التوبة:١٠٣].

Macnaha, u ducee. Ducadiisii xasilloonida noo ahayd ma jirto hadda. Abuu Bakar iyo nin kale oo aan nabi ahayn xoolahayaga ma siinayno. Waa la dagaallamay markii ay sidaa yiraahdeen. Qofkii shacaa'ir shacaa'irta islaamka ka mid ah diida, awoodna leh waa lala dagaallamayaa.

Su'aasha 12aad:

Waa maxay xukunka qofka diinta caaya, ama Ilaahay kalmad xun ku yiraahda, ama Nabiyada iyo Malaa'igta caaya?

Jawaab: Haddii aad xusuusan tihiin, markii aan ka hadlayney manhajka Ehlu-sunna ee gaalaysiinta iyo muuqaalka iyo qarsoodiga iyo acmaashu sida ay isku waafaqsan yihiin, inay afar qaybood u kala qaadeen. Qaybtii ugu horraysey ee ahayd in camalka muuqda ee uu qofku la yimid ay kufri baraxla' tahay, waxa qarsoonna waxaan kufri ahayn aanu aqbalaynin, taana waxay ku mataleen: Cayda Alle, cayda Rasuulka iyo ku jeesjeesidda sharciga Alle. Qofkii Alle caaya, ama rasuulkiisa aflagaaddeeya, ama malag aflagaaddeeya, ama kutubta Alle, ama ku jeesjeesa sharciga Alle, kaasi waa kufri baraxla'. Qof muslim ah oo aan garanayn Alle, Rasuulkiisa, sharcigiisa, Malaa'igtiisa iyo Quraankiisa inay qaddarin iyo xushmayn mutaan ma jiro oo jahli ku cudurdaaran kara. Qofkii sidaas oo kale ah oo Alle wax u dhima, ama Rasuulka, waajibkiisuna waa dil, waana gaal.

Ibnu Tamiyah kitaab weyn ayuu masladaa ka allifey, oo uu ku magacaabay (الصّارم المسلول علي شاتم الرّسول)

Saxaabigii indhaha la'aa ee ay jaariyaddiisu (addoon) Nabiga caayi jirtey, dileyna, Nabiga markii loo sheegay wuxuu yiri,

«لا يتطح لها عنزان، وفي رواية: ألا اسمعوا انّ دمّها هدر» (١)

"labo riyood isku hardin mayso," riwaayad kalena waxay ahayd , "War maqlooy, dhiiggeedu waa hadur(duudsi)." Alle iyo Rasuulkiisu ma aqbalaan waxaan xushmo iyo darajayn ahayn, kaftan iyo waxyaalahaasna ma aqbalaan. Qaar culimada Xanafiyada ah waxay fatwoodeen, "haddii nin lagu caayo oo la yiraahdo,` waxyahow ari-jirka ah`" oo uu isku difaaco

---

(١) أبوداود والنّسائي وغيرهم :Riwaayaddoodu waa sidan ألا اشهدوا أن دمها هدر

"rasuulkuba soo isagii ari-jirka ahaa ma aha," waxay yiraahdeen, "wuu ku gaaloobayaa." Dhimmanaantaa iyo naqsigaa inuu isaga reebo oo isku difaaco ayuu rabaa. "Naqsi waa tahay, laakiin naqsigaana Nabigu ﷺ waa lahaa" ayey ka dhigan tahay. Waa ku gaaloobayaa.

Cumar Ibnu C/casiis ﷺ muddadii yarayd ee uu amiirka muuminiinta ahaa ayaa waxaa loo sheegay nin gobol guddoomiye ka ahaa inuu nin muslim ah oo aabbihii mushrik ahaa uu qoraa ka dhigtay. Cumar wuu canaantay oo wuxuu ku canaantay oo yiri, "Markaad nin aabbihi mushrik ahaa aad qoraa ka dhiganayso, ma awlaaddii Ansaar iyo Muhaajiriin ayaad rag ka weydey!?" Ninkii wuxuu ugu soo jawaabey,

«ما ضَرَّ رسولَ الله أن كانت أمّه كافرا»

"Rasuulka Alle hooyadii gaal bay ahayd, waxna ma yeelin" Markaas ayuu yiri,

«اتَّخَذْتَه مثلا»

"halqabsi ayaad ka dhigatay Rasuulkii Ilaahay oo aad isku difaacayso," ninkiina wuu casiley. Alle, rasushiisa, nabiyadiisa, kutubtiisa iyo diintiisa wax kaftan la yiraahdo iyo meel-uga-dhac ma aqbalaan, qofkii meel uga dhacaana, haddii uu xataa ku kaftamayey oo aanay dhab ka ahayn, waa ku gaaloobayaa. Aayaddii suuradda Towba ku jirtey ee aan hadda ka hor akhrinnay waxay ahayd:

﴿ وَلَئِن سَأَلۡتَهُمۡ لَيَقُولُنَّ إِنَّمَا كُنَّا نَخُوضُ وَنَلۡعَبُۚ قُلۡ أَبِٱللَّهِ وَءَايَٰتِهِۦ وَرَسُولِهِۦ كُنتُمۡ تَسۡتَهۡزِءُونَ ۝ لَا تَعۡتَذِرُواْ قَدۡ كَفَرۡتُم بَعۡدَ إِيمَٰنِكُمۡۚ إِن نَّعۡفُ عَن طَآئِفَةٖ مِّنكُمۡ نُعَذِّبۡ طَآئِفَةَۢ بِأَنَّهُمۡ كَانُواْ مُجۡرِمِينَ ﴾ [التوبة:٦٥-٦٦]

وصلى الله على نبينا محمد وعلى آله وصحبه وسلم،
سبحانك اللهم وبحمدك أشهد أن لا إله إلا أنت أستغفرك وأتوب إليك.

BAARKA SARE EE ISLAAMKA

MUXAADARADII SH. SHARIIF C/NUUR

Cabdulqaadir Cabdille Diini

Tusmo

Hordhac 168

Hordhaca Shiikha 171

Sharraxa Xadiiska Mucaad 173

Aayadaha Jihaadka Ka Hadlaya 177

Axaadiista Jihaadka Ka Hadlaya 183

Ka Haridda Iyo Fududaysiga Jihaadka 202

Waswaaska Muslimiinta Qalbigooda Lagu Ridey 205

Qiimaynta Dagaallada Dhulka Muslimiinta Ka Socda 208

Sida Gaaladu Muslimiinta Jihaadka Ugala Dagaallanto ... 219

Hordhac

Kitaabkan yari waa muxaadaro uu jeediyey Sh. Shariif C/nuur Shariif Xasan oo qoraal loo rogey. Arrinka uu kitaabku ka hadlayo waa mid uu Nabigu (عَلَيْهِ الصَّلَاةُ وَالسَّلَامُ) ku tilmaamay inuu yahay halka ugu sarreysa islaamka. Wuxuu ka hadlayaa Jihaadka iyo jidka Ebbe oo lagu dagaallamo. Waa arrin dadka qaarki ay ka baqaan inay afka soo mariyaan, qaarna ay ku xadgudbaan.

Camalkan, sida shiikhu sheegi doono, waxaa lagula jiraa dagaal adag, cidda kula jirtaana waxay isugu jirtaa codowgiisii soo jireenka ahaa iyo kuwo islaamka u nasab sheegta. Gaalo oo geed dheer iyo mid gaabanba u fuushay sidii ay arrinkan iyo cidda wadataba u cirib-tiri lahayd, iyo qolo muslim sheeganaysa oo dadka ugu yeeraysa inay jihaadka ka fariistaan oo ay joojiyaan. Qaarkood waa munaafiqiin ama diin-laawayaal, qaarna naf iyo adduunyo jaceyl, ama dano kale ayaa u geysey. Kuwo saddexaad ayaa jira oo ku xadgudbey, magacii jihaadkana meel uga dhacay. Wuxuu noqday magac siyaasadeed iyo shaati ay gashato cidii rabta inay sharci u ekaysiiso dagaal ay ku jirto, ha ahaado mid qabiil, ama madaxnimo iyo adduunyo-ku-dagaallan. Qaar ayaa dhan kale uga xadgudbey, iyadoo qaarkood ay niyaddoodu fiican tahay, ayna la tahay inay diinta u hiillinayaan. Waxaa isugu darsamay aqoon la'aan iyo dareen ay dareensan yihiin oo ay arkaan hagardaamada muslimiinta lagu hayo. Intay adkaysan waayeen ayey xarga-goosteen, dadkii cilmiga lahaana u joogsan waayeen oo ka fara-baxsadeen. Waxbay eedaynayaan iyo in dagaalkii looga haray, iyadoo loo haysto inay dacwadii intaa lagu soo dhimanayey dhabar-jebinayaan, cadow badan oo aan loo diyaar garoobinna ay u abuureen. In badan oo maatadii iyo wax magaratadii ah inay dacwadii ka hor istaageen ayaa lagu haaraamayaa. Sidoo kale, arrimahan ciddii looga dambayn lahaa iyo culimadii inay taladii ka fara-maroojiyeen ayaa loo haystaa. Taasi waxay keentay colaad ka dhex abuurantay dadkii saxwada.

Waxaa igu bixiyey inaan muxaadarada qoraal u rogo dhowr arrimood. Midda hore, markii aan arkay qolooyinkaa aan kor ku xusay, aqoonta camalkan loo leeyahayna ay yar tahay ayaan dareemay, laga bilaabo naftayda, inay dadweynuhu u baahan yihiin in arrinkaa wax looga sheego. Qiimaha islaamku siiyey jihaadka, welibana uu ku sheegay baarka sare ee islaamka iyo sida dadku uga daahan yihiin ayaa ka mid ahaa waxyaabihii igu bixiyey qoraalkan. Cadowgiisu, gudaha iyo dibaddaba, waa batay, wuxuuna jihaadku qarka u saaran yahay in xusuustiisa dadka qalbigooda laga saaro. Arrinkaasu inuu baraarujin u baahan yahay ayey ila noqotay. Xilliyadan dambe waxaa faafay hadal ay gaaladu hormood ka yihiin, looguna magac daray, "La dagaallanka argagixisada." Danta hadalkaa laga leeyahay ma ahan in lala dagaallamayo dad gaar ah ee waxaa lala dagaallamayaa waa camalka Jihaadka. Sidaa darteed, waxaa lama huraan ah in dadka la fahansiiyo in dagaalku ku wajahan yahay mabda'a iyo Jihaadka, lana rabo in la baabi'iyo, ee aanu ku wajahneyn dad gooni ah.

Kitaabku wuxuu dabo socdaa mid ka horreeyey oo ah qoraalkan uu hadda ku lifaaqan yahay oo aan ka sameeyey muxaadaro uu isla shiikhu jeediyey, cinwaanna uu uga dhigay, "Ka joogsada qof yiri, Laa Ilaaha Illallaahu, xaqeeda mooyee." Muxaadaradaas shiikhu wuxuu ugu talo galay dadka muslimiinta gaalaysiinaya, iyagoon wax cad haysan, middanna wuxuu kula hadlayaa qolooyinka qorshohoodaba aan ku darsan camalkan fadliga badan iyo kuwa ay isaga darsantay oo aan kala saari karin dagaalka jihaadka ah iyo midka aan ahayn.

Waxaan Alle weyne ka baryayaa inuu shiikha u dambi dhaafo, caafimaadna siiyo. Sidoo kale inuu naga dhigo kuwo ku baraaruga dabinkaa uu cadowgu ummadda u dhigayo, ummaddana uu u soo saaro, madaxna uga dhigo kuwooda ugu wanaagsan oo ay culimmadu ugu horreyso.

C/qaadir C/lle Diini

Hordhaca Shiikha

بسم الله الرّحمن الرّحيم الحمد لله ربّ العالمين والصّلاة والسّلام علي رسول الله وعلي آله وأصحابه أجمعين. أمّا بعد:

Mawduuca aan caawa ka hadlayo cinwaankiisu waxaa weeye, (ذروة سنام الاسلام). "Dirwa" waxaa la yiraahdaa shay walba meesha ugu sarraysa ee lama dhaafaanka ah,«قلّة أو قمّة» waa la yiraahdaa. Sanaam waa geela kuriskiisa. Cinwaanka macnihiisu waxaa weeye: Islaamka kuriskiisa meeshii ugu sarreysey. Macnaha, meeshii ma dhaafaanka ahayd ee Islaamka oo dhan ugu sarreysey.

Cinwaankan mid aan anigu iska sameystay ma ahan, Rasuulka, (عَلَيْهِ الصَّلَاةُ وَالسَّلَامُ) ayaa u bixiyey. Xadiis aan arki doonno ayuu Rasuulka (عَلَيْهِ الصَّلَاةُ وَالسَّلَامُ) jihaadka ku sheegay inuu yahay baarka sare ee Islaamka. "Islaamka madhaafaankiisa" ayaan dhihi karaa.

Mawduuca waxaan ku wadi doonnaa sidan soo socota:
1. Sharrax aan xadiiskaa sharraxno, waxna ka sheegno qisadiisa iyo waxa ku geedaaman (ملابسات). Xadiisku waa dood/hadal-isweydaarsi xiiso leh(ظريف) ah oo dhexmartay Rasuulka, (عَلَيْهِ الصَّلَاةُ وَالسَّلَامُ) iyo saxaabigii weynaa Mucaad Ibnu Jabal Al-ansaari, (رَضِيَٱللَّهُ عَنْهُ).
2. Marka xiga, fasirka aayadaha ku soo arooray ku guubaabinta muslimiinta jihaadka jidka Alle iyo

waajibintiisa la waajibiyey.

3. Marka saddexaad, axaadiista ku soo aroortay ammaanta jihaadka la ammaanay iyo ka-qaybgalkiisa naf ahaan, maal ahaan iyo carrab ahaan oo aan sheegno. Sidoo kale, taakulayn iyo caawin dadka jihaadka galaya la caawiyo. Noocii ay doontaba, in laga qayb-galo iyo geerida lagu geeriyoodo ee lagu shahiido fadliga ay leedahay.

4. Marka Afraad, axaadiista dhaleecayneysa ama eedaynaysa, ka haridda laga haro jihaadka iyo dhibaatooyinka ay arrintaasi leedahay, ee dambi ahaan aakhiro ah, ama dulli ahaan adduunka ah.

5. Marka Shanaad, ka jawaabid aan ka jawaabno shubahda[1] iyo waxyaabaha wasaawista ah ee cadowga Islaamka, ama dadka maangaabka ahi ay arrintaa ku soo arooriyaan.

6. Ugu dambaynta, qiimayn aan qiimaynno, xukunkoodana caddaynno dagaallada ka socda dhulka muslimiinta ee dhexmaraya iyaga iyo gaalada, cadowga Islaamka ah. Inaan caddaynno xukunkoodu wuxuu sharciga ku yahay, dagaalladaas oo meelo badan oo adduunka ka mid ah ka dhacaya.

Sidaas ayaan ku wadi doonaa haddii Alle idmo. Waxaan rajeynayaa in mawduucan aad loo dhegeysto, la iskuna dayo in la fahmo, laguna wada dhaqmo. ALLAAH waxaan weydiisanayaa in, qofkii qalbi saafi ah ku dhegeystaba uu ku anfaco, annagana ajar iyo xasanaad naga siiyo, noogana dhigo shay uu miisaankayaga xasanaadka uu ku daro.

---

(1) شبهة waa erey carabi ah, loona adeegsado qof wax aan daliil ahayn daliil u qaata.

Sharraxa Xadiiska Mucaad

Xadiisku sidan ayuu u dhacay:

«عن معاذ بن جبل ﷺ ، قال: قلت يا رسول الله، أخبرني بعمل يدخلني الجنة ويباعدني عن النار، قال: لقد سألت عن عظيم، وإنه ليسير على من يسره الله تعالى عليه: تعبد الله لا تشرك به شيئاً، وتقيم الصلاة، وتؤتي الزكاة، وتصوم رمضان، وتحج البيت، ثم قال: ألا أدلك على أبواب الخير؟ الصوم جنة، والصدقة تطفئ الخطيئة كما يطفئ الماء النار، وصلاة الرجل في جوف الليل. ثم تلا (تتجافى جنوبهم عن المضاجع ... حتى بلغ: يعملون) ثم قال: ألا أخبرك برأس الأمر وعموده وذروة سنامه؟ قلت: بلى يا رسول الله، قال: رأس الأمر الإسلام، وعموده الصلاة، وذروة سنامه الجهاد. ثم قال: ألا أخبرك بملاك ذلك كله؟ فقلت: بلى يا رسول الله، فأخذ بلسانه وقال: كف عليك هذا. قلت: يا نبي الله، وإنا لمؤاخذون بما نتكلم به؟ فقال: ثكلتك أمك، وهل يكب الناس في النار على وجوههم - أو قال على مناخرهم - إلا حصائد ألسنتهم» «رواه الترمذي وقال: حديث حسن صحيح».

Mucaad Ibnu Jabal, ﷺ ayaa Rasuulka, (عَلَيْهِ الصَّلَاةُ وَالسَّلَامُ) weyddiiyey, "Rasuulkii Ilaahayow, waxaad ii sheegtaa camal Jannada i gelinaya, Naartana iga fogeynaya." Su'aashaas ayuu ku bilaabay oo camal sidaas ah ii sheeg ayuu ku yiri. Rasuulku, (عَلَيْهِ الصَّلَاةُ وَالسَّلَامُ) wuxuu ugu jawaabey, "Waxaad i weyddiisey, Mucaadow, arrin weyn, waana dhib yar yahay qofkii Alle u dhib-yareeyo." Qofkii Alle u fududeeyo waa dhib yar yahay, laakiin waa arrin aad u qiimo badan. Rasuulku,

(عَلَيْهِ الصَّلَاةُ وَالسَّلَامُ) wuxuu sidaa u yiri waa u bogid uu u bogey Mucaad fahamkiisa wanaagsan, diyaar-garowgiisa iyo dhiirriggelin uu dhiirriggelinayo. Markii uu sidaa ugu jawaabey oo uu geesinnimo geliyey, ammaanayna, una bogey ayaa wuxuu yiri: Janno soo ma doonaysid inaad gasho, "Alle ayaad caabudaysaa, adigoon cibaadada cidna la wadaajineyn." Nooc kasta oo shirki ah, mid yar iyo mid weynba, aadan cibaadada Alle cidna la wadaajin. In Alle keligi la caabudo qofka kuma filna, waa in lagu daro inaan cibaadada cidna lala wedaajin. Waxaa jira dad Alle caabuda laakiin, laga yaabo, waxyaabo kale oo ay suurtowdo inaanay garaneyn, la caabuda. Cibaadada in Alle loo keli-yeelo ayaa la rabaa. "Salaaddana waad hagaajineysaa, salaad toosan ayaad la imanaysaa." Ma dhihin, "iska tuko," ee salaad toosan ayaad la imaneysaa. "Zakada ayaad bixineysaa, bisha Ramadaanna waad soomeysaa, Kacbadana waad u xajineysaa."

Tiirarkii Islaamka ayuu Rasuulka, (عَلَيْهِ الصَّلَاةُ وَالسَّلَامُ) sidaa ugu sheegay. Haddii aad arrimahaa fuliso, Janno waad galeysaa oo arrimo Janno lagu galo weeyaan. Markaa ayuu Rasuulku, (عَلَيْهِ الصَّلَاةُ وَالسَّلَامُ) isaguna markiisii su'aal weyddiiyey, wuxuuna yiri, "Miyaanan ku tusineyn albaabbada khayrka!" Macnuhu waa inuu yiri, "i tus." Haddii aanu hadal ahaan u oran, macnuhu waa sidaa. "Soonku waa gaashaan." Aakhiro Naarta gaashaan ayuu ka yahay, adduunyadana wuxuu gaashaan ka yahay macsida, akhlaaqda xun, cudurrada xunxun iyo wixii la mid ah. Waa hadal aad u gaaban, aadna u qaayo weyn. Sida ay axaadiis kale oo faahfaahinaysa ay tusayaan, wuxuu gaashaan ka yahay wixii xumaan Aakhiro iyo mid adduun ah, kuna saabsan xumaanta xagga caqliga, xagga camalka, xagga caqiidada, xagga dhaqanka iyo akhlaaqda, xagga caafimaadka iyo jismiga iyo wixii la mid ah. "Sadaqadu

dambiga ayey demisaa sida ay biyuhu dabka u demiyaan."
Sidaas oo kale ayey qofka dambigiisa u demisaa. "Qofka tukashadiisa habeenka dhexdiisa uu tukanayo Salaatu-layl, iyana sidoo kale ayey dambiga demisaa." Markaas ayuu Nabigu, (عَلَيْهِ الصَّلَاةُ وَالسَّلَامُ) akhriyey aayad tusaysa ee suuradda Sajda, «تتجافى جنوبهم عن المضاجع ... حتى بلغ: يعملون» Aayaddu waxay ammaanaysaa qofka Salaatu-laylka tukada, hurdadana uga taga tahajudkaa daraaddi waqtiga dadka qaarkood ay jiifaan, iyagoo sidaa u yeelaya rajo ay raxmadda Alle rajeynayaan iyo cabsi ay ciqaabta Alle ka cabsanayaan. Aayaddaa ayuu Salaatu-laylka u soo daliishadey.

Nabigu, (عَلَيْهِ الصَّلَاةُ وَالسَّلَامُ) su'aal kale ayuu keenay oo wuxuu yiri, "Miyaanan kaaga warramaynnin arrinta madaxeeda, tiirkeeda iyo kuriskeeda meesha ugu sarreysa!" Arrimaha diinta ku saabsan saddexda arrimood ee ugu sarreeya miyaanan kuu sheegeyn!

Waxaa la ogyahay noolaha haddii madaxa laga gooyo inaanu noolaaneyn, diintuna wax madaxa oo kale ah ayey leedahay oo haddii laga gooyo aaanay noolaaneyn. Tiirkuna sidoo kale weeyaan, haddii guriga tiirka laga bixiyo inta kale waa isku dumayaa. Sidoo kale, waxaa la ogyahay neefka geela ah kuruska haddii laga gooyo, inaanu qiimo weyn oo sidaas ah yeelaneyn. Haddii uu noolaado, aad ayuu u dhinmayaa. Markaas ayuu Mucaad yiri, "Waxaan ku iri, rasuulkii Ilaahayow, iiga warran." Wuxuu yiri, "Arrinta madaxeedu waa islaannimada." Islaannimada oo la galo. Diin kale ruuxii haysta wax kasta oo camal ah oo uu sameeyo waxba uma tarayo. "Tiirkiisuna waa Salaadda." Salaadda qofkii ka taga diintiisii ayaa duntey. "Kuruskiisa meesha ugu sarraysa waa Jihaadka." Waa halkan meesha aan cinwaanka ka soo qaadannay.

Kaddib, Rasuulku, (ﷺ) su'aal saddexaad ayuu ku celiyey oo yiri, "Miyaanan kaaga warrameynin arrimahaas oo dhan arrinka ay ku xiran yihiin ee xukuma!" Markaas ayaan ku iri, "Haa, Rasuulkii Ilaahayow, iiga warran!" Carrabka intuu isqabtay ayuu yiri, "Midkan iska ilaali!" Carrabka iska ilaali! Carrabka haddii aad ka nabadgasho, shartiisana aad iska ilaaliso, khayrkana aad u isticmaasho, arrimaha oo dhan waa kuu toosayaan. Markaas ayaan iri (inta la yaabay Mucaad), "Rasuulkii Ilaahayow, waxa aan ku hadlayno miyaa naloo qabanayaa!?" Rasuulku, (ﷺ) wuxuu ku yiri, "Hooyadaa ku weydey Mucaadow, oo miyuuba jiraa wax dadka wejiga ugu hanboorriya Naarta, wax carrabkoodu galabsadey mooyaane." Wax Naarta dadka geliya miyaaba jira oo aan ka ahayn danbiyada ay carrabkooda ku kasbadaan.

Xadiiska cinwaanka ahi midkaa ayuu ahaa iyo dooddaa/hadal-isweydaarsigaa xiisaha leh (ظريف) ee dhexmaray Rasuulka, (ﷺ) iyo saxaabigiisa, si gacaltooyo iyo tacliin ahna u dhexmaray. Xadiisku waa xadiis saxiix ah, waxaana weriyey Al imam Tarmidi, Xaakim, Ibnu Maajah, Bayhaqi (Shucabul Iimaan) iyo Dabaraani.

Xadiiskaa haddii aan si fiican u dhuuxno, waa nagu filnaan lahaa. Rasuulku, (ﷺ) sida uu jihaadka u qiimeeyey ayaa nooga muuqata. Waxyaabo kale ayaan xadiiska ku sii dareynaa, waxaanan u gudbaynnaa mawduucii labaad.

Aayadaha Jihaadka Ka Hadlaya

Aayadda koowaad:

ALLAAH wuxuu yiri:

﴿وَقَٰتِلُوا۟ ٱلْمُشْرِكِينَ كَآفَّةً كَمَا يُقَٰتِلُونَكُمْ كَآفَّةً وَٱعْلَمُوٓا۟ أَنَّ ٱللَّهَ مَعَ ٱلْمُتَّقِينَ﴾ [التوبة:٣٦]

"Gaalada dhammaantiin la dagaallama, sida ay dhammaantood idiinla dagaallamayaan." Gaalada oo dhan, nooc kasta ha ahaadeen; Mushrikiin, Yuhuud, Nasaara, Shuuciyiin, Wathaniyiin, kulligood col ayey idiin wada yihiin, adinkuna col u wada noqda oo col ka dhigta, hana u kala harina ee la wada dagaallama. Aayaddu waxay si aad ah u muujinaysaa meesha ay gaaladu ka taagan tahay muslimiinta, colaaddoodana ay isugu raacsan yihiin. Waa aayad uu qof walba macneheeda fahmayo, uuna arkayo sida ay gaaladu u dhaqan-gelinayaan ee ay u fulinayaan (تطبيقها العملية). Qofkii la socda, una fiirsada waxyaabaha adduunyada ka dhacaya iyo (waxa) warbaahintu muslimiinta ka sheegayso, iyo sida ay ula dagaallamayaan, sida ay dhibaatadooda ugu dedaalayaan (wuu fahmayaa).

Ayadda labaad:

﴿كُتِبَ عَلَيْكُمُ ٱلْقِتَالُ وَهُوَ كُرْهٌ لَّكُمْ وَعَسَىٰٓ أَن تَكْرَهُوا۟ شَيْـًٔا وَهُوَ خَيْرٌ لَّكُمْ وَعَسَىٰٓ أَن تُحِبُّوا۟ شَيْـًٔا وَهُوَ شَرٌّ لَّكُمْ وَٱللَّهُ يَعْلَمُ وَأَنتُمْ لَا تَعْلَمُونَ﴾ [البقرة:٢١٦]

"Alle wuxuu idinku waajibiyey, dadkiinna muslimiinta ahow, dagaal aad la dagaallantaan gaalada, kaas oo aad neceb tihiin oo dabci ahaan aad u neceb tihiin. Waxaa suurtowda wax inaad neceb tihiin oo uu khayr idiin yahay, waxna aad jeceshihiin oo uu shar idiin yahay. Alle ayaa og, adinkuna ma ogidin."

Carabtu jaahiligii dagaalka waxay ku magacaabi jireen "الكريهة". Isagoo Alle ogyahay inay naftu neceb tahay oo uu dhibaatooyin leeyahay, ayuu haddana waajibiyey, waayo nacfi ayaa ka dambeeya oo Alle ogyahay. Wuxuu Alle ku soo khatimay inuu isagu ogyahay wixii maslaxadiinna, dantiinna, sharaftiinna iyo wanaaggiinnu ku jiro, adinku ma ogidin. Waxa aad adinku neceb tihiin, naftiinnuna neceb tahay oo dagaalkaas ah ayaa khayrkiinnu ku jiraa. Waxyaabaha naftiinnu neceb tahay, khayrkuna idiinku jiro ayuu ka mid yahay, sidaa darteed ayuu idiin amray.

Aayadda Saddexaad:

﴿ٱنفِرُواْ خِفَافًا وَثِقَالًا وَجَٰهِدُواْ بِأَمْوَٰلِكُمْ وَأَنفُسِكُمْ فِى سَبِيلِ ٱللَّهِ ذَٰلِكُمْ خَيْرٌ لَّكُمْ إِن كُنتُمْ تَعْلَمُونَ﴾ [التوبة:٤١]

"Gurmada oo baxa, dagaalkana u wada baxa, adinkoo fudfudud iyo adinkoo culculusba, kuna dagaallama jidka Alle, maalkiinna iyo naftiinnana geliya. Kaas ayaa khayr idiinku jiraa haddii aad wax garanaysaan." Kuwiinna fudfudud ee dhallinyarada ah ee caafimaadka qaba, xaasas iyo waxyaalahaasna aanay ka dambaynnin, firfircoonidana haya, iyo kuwiinna culculus, sida waayeelka, naafada iyo kuwa ay ku taxalluqaan xaasas iyo carruur; kulligiin wada baxa. Culimmada muslimiintu waxay sheegaan in xaaladdani imanayso waqtiga uu dagaalku aad u darnaado, dhulka muslimiintana meelo laga qabsado, markaana uu qof walba waajib ku noqonayo. Waa sida hadda jirta oo dad muslimiin ah dhulkoodii la qaatay, dadkoodiina la gumaado, lana gumeysto.

Aayadda Afraad:

﴿إِنَّ ٱللَّهَ ٱشْتَرَىٰ مِنَ ٱلْمُؤْمِنِينَ أَنفُسَهُمْ وَأَمْوَٰلَهُم بِأَنَّ لَهُمُ ٱلْجَنَّةَ ۚ يُقَٰتِلُونَ فِى سَبِيلِ ٱللَّهِ فَيَقْتُلُونَ وَيُقْتَلُونَ ۖ وَعْدًا عَلَيْهِ حَقًّا فِى ٱلتَّوْرَىٰةِ وَٱلْإِنجِيلِ وَٱلْقُرْءَانِ ۚ وَمَنْ أَوْفَىٰ بِعَهْدِهِۦ مِنَ ٱللَّهِ ۚ فَٱسْتَبْشِرُوا۟ بِبَيْعِكُمُ ٱلَّذِى بَايَعْتُم بِهِۦ ۚ وَذَٰلِكَ هُوَ ٱلْفَوْزُ ٱلْعَظِيمُ﴾ [التوبة: ١١١].

Waa aayad dheer oo suuradda Tawba ah. "Alle wuxuu ka iibsadey dadka muslimiinta ah maalkooda iyo naaftooda." Waxaa la og yahay, qofku markii uu wax iibsanayo, waxa uu aamminsan yahay waxa uu soo iibsanayo inuu uga faa'iido roon yahay waxa uu iibinayo ee uu bixinayo. ALLAAH, (سُبْحَانَهُ وَتَعَالَىٰ) nafta banii'aadamka oo marka loo fiiriyo adduun ahaan meesha ugu sarreysa ah, ayuu leeyahay, "waan idinka iibsadey." Nin shiikh ah waa isagii yiri, «والجود بالنفس أقصى غاية الجود»[1] Macnaha, wax ka fiican ayaa Alle idiinku beddeley, waa inaad naftiinna iyo maalkiinna dar Alle u hurtaan, isaguna wax ka fiican uu idin siiyo. Waxa ka fiican ee uu idiinka iibsadey waa Janno oo Janno ayaad leedihiin. Maxay sameynayaan oo naftooda ku bixinayaan oo ay Jannada ku helayaan!? "Dar Alle ayey u dagaallamayaan, markaas ayey wax laynayaan, iyagana la laynayaa," illeyn dagaal aan cid ku dhimaneyn ma jiree. "Waa ballanqaad Alle uu ballanqaaday oo xaq ah, oo aanu guud-yeeleyn, kuna ballanqaadey Tawraat, Injiil iyo Quraanka. Alle qof ballanta ka oofin badani ma jiro. Ku bishaaraysta dhiiggiinna aad iibsateen iyo tijaarada aad Alle la gasheen, taas ayaana liibaantii ugu weyneyd ah." Macnuhu waxaa weeye, Alle waa idiin oofinayaa haddii aad xaggiinna ka oofisaan. Qof maalkiisa iyo naftiisa keen la leeyahay, ayaa la leeyahay, "Markii aad maalkaaga iyo naftaadiiba aad hurto, guushii weyneyd ayaad gaartey,

---

(١) مسلم بن الوليد الأنصاري في قوله ليزيد بن مزيد.

maadan khasaarin." Haddii maalku ku dhacmo, haddii qaraabadaadii iyo dadkaagii ku le'daan, haddii aad adigu ku dhimato, ma ahan inaad khasaartay ee waad liibaantey. Guul ayaa Alle ka dhigayaa.

Aayadda Shanaad:

﴿لَّا يَسْتَوِى الْقَاعِدُونَ مِنَ الْمُؤْمِنِينَ غَيْرُ أُولِى الضَّرَرِ وَالْمُجَاهِدُونَ فِى سَبِيلِ اللَّهِ بِأَمْوَالِهِمْ وَأَنفُسِهِمْ فَضَّلَ اللَّهُ الْمُجَاهِدِينَ بِأَمْوَالِهِمْ وَأَنفُسِهِمْ عَلَى الْقَاعِدِينَ دَرَجَةً وَكُلاًّ وَعَدَ اللَّهُ الْحُسْنَى وَفَضَّلَ اللَّهُ الْمُجَاهِدِينَ عَلَى الْقَاعِدِينَ أَجْرًا عَظِيمًا ۞ دَرَجَاتٍ مِّنْهُ وَمَغْفِرَةً وَرَحْمَةً وَكَانَ اللَّهُ غَفُورًا رَّحِيمًا﴾

[النساء:٩٥-٩٦].

Aayaddu suuradda Nisaa ayey ku jirtaa, tii horena waa ka dheer tahay. "Ma sinna kuwa dagaalka ka hara ee muuminiinta ah ee aan ahayn kuwa ducafada ah iyo kuwa dagaalka galaya, maalkooda iyo naftoodana gelinaya." (ضرر) dhibaato oo dhanna waa la yiraahdaa, indhola'aantana waa la yiraahdaa. Aayaddu waxay ku soo degtey nin indhoole ahaa oo arrintaa ka cawday, lana oran jirey Ibnu Abii Maktuum. Indhoolaha waxaa la mid ah ciddii noociisa oo kale ah ee naafo ah, ama da'weyn, ama jirran. Kuwaas ayaa Alle u cudurdaarayaa. Kee ayaa fadli badan? Alle ayaa ka jawaabey: "Wuxuu fadilay kuwa naftooda iyo maalkooda jihaadka gelinaya, darajo weynna wuu ka fadilay. Kuwa taagta daran ee haddii ay caafimaad qabi lahaayeen, jihaadka geli lahaa, iyaguna kuma jiraan oo ajarkoodii ayey leeyihiin." Alle markaas ayuu leeyahay, "Dhammaan, mar haddii ay dadku muslimiin yihiin, wax wanaagsan ayuu u ballanqaaday, laakiin kuwa jihaada ayuu ajar weyn kaga fadilay kuwa ka fariistay." Ajar weyn, darajooyin waaweyn, dambi-dhaaf iyo raxmad Alle ayuu kaga fadilay. Wuxuu ku soo khatimay, "Alle waa mid dambi-dhaaf badan oo naxariis badan."

Aayadda Lixaad:

$$\bigg\{ \text{يَا أَيُّهَا الَّذِينَ آمَنُوا هَلْ أَدُلُّكُمْ عَلَىٰ تِجَارَةٍ تُنجِيكُم مِّنْ عَذَابٍ أَلِيمٍ ۝ تُؤْمِنُونَ بِاللَّهِ وَرَسُولِهِ وَتُجَاهِدُونَ فِي سَبِيلِ اللَّهِ بِأَمْوَالِكُمْ وَأَنفُسِكُمْ ۚ ذَٰلِكُمْ خَيْرٌ لَّكُمْ إِن كُنتُمْ تَعْلَمُونَ ۝ يَغْفِرْ لَكُمْ ذُنُوبَكُمْ وَيُدْخِلْكُمْ جَنَّاتٍ تَجْرِي مِن تَحْتِهَا الْأَنْهَارُ وَمَسَاكِنَ طَيِّبَةً فِي جَنَّاتِ عَدْنٍ ۚ ذَٰلِكَ الْفَوْزُ الْعَظِيمُ ۝ وَأُخْرَىٰ تُحِبُّونَهَا ۖ نَصْرٌ مِّنَ اللَّهِ وَفَتْحٌ قَرِيبٌ ۗ وَبَشِّرِ الْمُؤْمِنِينَ} \bigg\}$$

[الصف: ١٠-١٣].

"Dadkiinna muuminiinta ahow, ma idiinka warramaa ganacsi idinka nabadgeliya cadaab xanuun kulul." Cadaabka xanuunka kulul mid aakhiro keliya ma ahan, mid adduunyona waa jiraa. Waan arki doonnaa aayadaha kale ee arrintaa ka warramaya. Ganacsi idinka bedbaadinaya faqri, dulli iyo cadaab aakhiro, haddii aad dhimataanna aad Janno gelaysaan, haddii aad noolaataanna aad ku noolaanaysaan nolol wanaagsan, cisi iyo sharaf. Macnuhu "Haa" weeyaan. Alle wuxuu yiri, "Alle iyo Rasuulkiisa waa inaad rumaysaan, dar Allena aad maalkiinna iyo naftiinna ugu jihaaddaan, taas ayaana idiin khayr badan." Bal hadalkaa u fiirsada! Taa iyo inaad sidaa yeeshaan ayaa idiin fiican. Alle iyo Rasuulkiisa intaad rumaysaan, haddana naftiinna iyo maalkiinna ku dagaallantaan oo jihaadka u hurtaan ayaa idiin fiican. Kuma khasaaraysaan ee waad ku guuleysaneysaan. "Haddii aad garaneysaan, Allena idin garansiiyo," ayuu ku soo khatimay.

Alle xikmaddiisa xeesha dheer ee uu ka leeyahay ayaa inoo muuqanaysa markaan fiirinno dadka qaar wasaawista iyo waxa la midka ah ee qalbigooda ku jira. Wayna garanayn! Muxuu Alle markaa idin siinayaa? "Dunuubtiinna ayaa Alle idiin dhaafayaa, wuxuuna idin dhexgelinayaa beero hoostooda ay qulqulayaan webiyaal kala geddisan; kuwo caano ah, kuwo biyo macaan oo xareed ah, kuwo malab ah, kuwo khamro ah oo midda adduunka aan ahayn, malabkana ka macaan, caanahana ka cad, iyo guryo wanaagsan oo dahab iyo fiddo ka dhisan, kuna dhexyaal beero aan laga guureyn oo aan laga dhimanayn, lagana gaboobeyn, weligoodna la deggen yahay, kaas ayaana liibaantii weyneyd ah." Adduunyada ayaa dadku aad u jecel yahay, marka Alle dareenkooda iyo rabitaankooda ayuu ilaalinayaa, markaas ayuu leeyahay, "Mid kale oo adduunyada ah oo aad jeceshihiin waad helaysaan; Guul Alle idin siiyo iyo furasho." Nasriga iyo furashadu waa isku macne. Dawladnimo, sharaf iyo cisi aad ku noolaataan iyo cadowgiinna oo aad ka guuleysataan ayuu Alle idiin ballanqaadayaa.

Axaadiista Jihaadka Ka Hadlaysa

Aayadaha noocaas ah ee jihaadka guubaabinaya ee waajibinaya, dadka muslimiinta ahna ugu yeeraya, una ballanqaadaya (wanaag), aayadahaas ayaa ka mid ah, waana faro badan yihiin. Haddana aan isku dayno inaan wax ka sheegno axaadiista noocaas ah, aad ayeyna u faro badan yihiin. Haddii aan isku dayno inaan wada sheegno, baakado badan oo cajalado ah ayey buuxinayaan.

Xadiiska Koowaad, Labaad iyo Saddexaad.

Saddexda xadiis ee ugu horreysa waan is raacineynaa, waxayna sheegayaan saddexdooduba in Rasuulka, (عَلَيْهِ ٱلصَّلَاةُ وَٱلسَّلَامُ) la weyddiiyey camalka ugu fadliga badan, ama ugu khayrka badan, ama Alle ugu jecel yahay. Su'aalo noocaas oo kale ah ayaa la weyddiiyey, wuxuuna ku jawaabey, «الايمان بالله ورسوله». Haddana waxaa la su'aaley waxa ku xiga, markaas ayuu yiri, «الجهاد في سبيل الله» Waxa ku xiga ayaa haddana la weyddiiyey, wuxuuna yiri, «الحج المبرور»
Saddexdaa xadiis waa isku nooc, rag kala duwan ayaana Nabiga, (عَلَيْهِ ٱلصَّلَاةُ وَٱلسَّلَامُ) weyddiiyey. Saddexdaa shay, iimaan Alle la rumeeyo, jihaadka jidka Alle iyo xaj si sharciga waafaqsan loo guto ayuu ka dhigay acmaasha kuwa ugu fadliga badan. Riwaayadaha qaar ayaa midka saddexaad beddelaya oo "baarrinnimada waalidka" ka

dhigaya, laakiin mar walba jihaadku saddexda xadiisba waa ku jiraa, meel uu ka geloba, midka labaad noqoyaa ama midka saddexaad. Saddexdaas xadiis oo isku mid ah duudduubkaa ayaan isaga dhaafaynaa.

Xadiiska Afraad:

Rasuulkii Alle, (عَلَيْهِ الصَّلَاةُ وَالسَّلَامُ) wuxuu yiri, "Jarmaado jidka Alle lagu jarmaado, ama baqoolo jidka Alle lagu baqoolo, ayaa adduunyada oo dhan ka fiican oo ka fadli badan." Macnaha, hal gelin, gelinka hore ha ahaado, ama midka dambe, oo jihaadka jidka Alle lagu jiro, ama la wado, ama loo sii socdo oo aan goobtii la gaarin, ayaa ka fadli badan adduunyada oo dhan oo qofka la siiyey; qaaradaheeda, korkeeda, hoosteeda, badaheeda iyo berrigeeda, waayo waxa uu helayo ayaa aad uga qiimo badan. Marka adduunyada la yiraahdo waxaa loola jeedaa inta Aakhiro ka horreysa. Midda aan ku nool nahay, midda inaga sarraysa, midda inaga hoosaysa, laga soo bilaabo Carshiga Alle ilaa dhulka meesha ugu hoosaysa adduunyo weeyaan. Qofka intaa la siiyo, mulkigiisana ay noqoto nimcada iyo boqortooyada uu helayo waan qiyaasi karnaa. Janno ayuu ku helayaa, jannaduna waa miduu rasuulku, (عَلَيْهِ الصَّلَاةُ وَالسَّلَامُ) ku sheegay,

«موضع سوط أحدكم الى الجنّة خير من الدّنيا وما فيها» [1] "Shaabuug qaddarki oo dhulka Jannada ka mid ah, waxa ka dhisan iyo beeraha ku yaal aan ahayn, ayaa adduunyada oo dhan ka fiican." Shaabuuggu hal mitir ama hal mitir iyo xoogaa inuu noqdo ayaa suurowda.

Xadiiska Shanaad:

Rasuulka, (عَلَيْهِ الصَّلَاةُ وَالسَّلَامُ) ayaa la weyddiiyey, "Dadka yaa ugu fadli badan?" Wuxuu yiri, "Dadka waxaa ugu fadli

---

(١) وأحمد وغيرها البخاري.

badan qof muumin ah oo naftiisa iyo maalkiisa jidka Alle ugu jihaadaya." Midka ugu quraan-akhriska badan iyo kan ugu xajka badan ma dhihin, ee qofka muuminka ah ee naftiisa iyo maalkiisa jihaadka gelinaya ayaa ugu fadli badan. Haddana waxaa la weyddiiyey, "yaa kale oo ku xiga?" Wuxuu yiri, "Qof muslim ah oo iska deggen meel baaddiye ah oo buuro dhexdooda ah, rabbina caabudaya, shartiisana dadka kala fogaanaya, khayrkana kala qaybqaadanaya." Baaddiyaha oo la dego iyo dadka ka dhex-bixiddiisu (marka ay fiican tahay) oo uu qofku intuu xoogaa ari ah, xoogaa lo' ah iyo xoogaa beer ah meel ku sameysto nafaqadiisa kala soo baxa, dadkana isaga dhexbaxo, waa waqtiga fitanta ee Aakhiro-samanka. Waa xilliga hadda lagu jiro oo kale, ee mar walba ma ahan. Ruuxii jihaadka noolayn kara, isaga waxaa u khayr badan inuu dadka ku dhexjiro.

Xadiiska Lixaad:

Rasuulka, (ﷺ) ayaa wuxuu yiri, "Hal maalin oo Jihaadka heegan loo ahaado ayaa adduunyada oo dhan iyo waxa ku dhexjira ka khayr badan." Ribaad ayaa la yiraahdaa, waana heegan ahaanshaha dagaalka loo tooghayo ee aanu weli dhicin, sida meelihii dagaalka laga geli lahaa oo heegan lagu ahaado. Adduunyada dhammaanteed oo khayr iyo nimcooyin ah, sida dad, adduunyo, beero, macdan, lacag, hal maalin oo jihaad heegan loo ahaado ayaa ka khayr badan. Hal shaabuuq qaddarki oo dhulka jannada ah, ama hal gelin, gelinka hore, ama midka dambe oo jihaadka lagu jiro ayaa adduunyada oo dhan ka khayr badan.

Xadiiska Toddobaad:

Rasuulka, (ﷺ) ayaa wuxuu yiri, "Maalin jihaad heegan loo ahaado ayaa waxay ka khayr badan tahay bil dhan oo salaad iyo soon lagu jiro." Waa hal maalin ah! Qof aan dhinaca dhulka dhigeynnin oo aan afureyn, soon iyo salaadna ku jira bil dhan, waxaa ka khayr badan qof markaa aan jihaad ku jirin, laakiin diyaar u ah. Qofkaas haddii uu ku dhinto isagoo heegankaa ku jira, jihaadkiina aan weli gelin camalkiisii waa u sii soconayaa. Camalkiisa la xiri maayo, kumana jiro dadka camalkooda la xirayo oo diiwaankooda la isku laabayo. Camalkiisii uu sameynayey oo dhan waa u soconayaa, risqigiisii waa u soconayaa, imtixaanka qabrigana Alle waa ka bedbaadinayaa.

Xadiiska Siddeedaad:

Waxaa werinaya Fuddaalata Ibnu Cubayd, wuxuuna leeyahay, "Nabiga, (عَلَيْهِ ٱلصَّلَاةُ وَٱلسَّلَامُ) ayaa wuxuu yiri: Qof kasta oo dhintaba camalkiisa waa la xiraa oo waa la joojiyaa. Marka naftu ka baxdo ayaa ugu dambaysa camal u socda, illaa qofka isagoo heegan jihaadka jidka Alle ah dhinta mooyaane." Xadiiskii hore qayb ka mid ah ayuu la xiriiraa. Macnaha, isagoo heegan jihaadka u ah dhinta. Isagoo jooga xeryaha laga dagaal-gelayo, xeryaha tababarka ee jihaadka loogu tabo-barto. Qofka sidaas ku dhinta camalkiisu ilaa Qiyaamaha waa u soconayaa, imtixaanka qabrigana waa ka bedbaadayaa.

Xadiiska Sagaalaad:

Abuu Hurayra ayaa werinaya, wuxuuna leeyahay, "Rasuulku, (عَلَيْهِ ٱلصَّلَاةُ وَٱلسَّلَامُ) wuxuu yiri: Alle labo arrimood ayuu u kafaalo-qaaday qofkii jihaadka u baxa. Inuu soo celiyo isagoo nabad-qaba oo bedbaado qaba, iyo inuu inta jihaadka ku dhinto janno galo." Labadaa arrimood middood ayuu helayaa, inuu dhinto oo Janno galo, ama isagoo ajar iyo qaniimo midkood wata uu soo noqdo. Mana khasaarayo, laakiin waa inaanu jihaadka waxaan ahayn aanu u bixin oo ay niyaddiisu hagaagsan tahay. Markaas ayuu haddana Rasuulku, (عَلَيْهِ الصَّلَاةُ وَالسَّلَامُ) yiri, "Qofkii jihaadkaa lagu dhaawaco maalinta Qiyaame wuxuu imanayaa isagoo nabarkiisu la mid yahay maalintii uu ku dhacay markii uu ugu dhiig badnaa oo uu sidii uga qulqulayo. Dhiigga midabkiisu waa mid dhiig, caraftiisuna waa mid miski." Riwaayo kale waxay tiraahdaa, midabkiisu waa mid sacfaraan. Miskigu waa midka ugu carafta badan waxyaabaha udgoon. Dhiiggu ur xun ayuu leeyahay, naftuna waa dhibsataa. Alle qof walba wuxuu ku soo bixinayaa sidii uu ku dhintay. Qofkii nabar ku dhacay markii uu nabarku ugu dhiigga badnaa isagoo ah ayaa la soo bixinayaa. Midabkiisa ayuunbaa midab dhiig ah mooyaane, caraftiisu waa miski oo kale oo ur dhiig iyo wax u dhow ma leh. Markaa ayaa Nabigu, (عَلَيْهِ الصَّلَاةُ وَالسَّلَامُ) dhaartay oo yiri, "Alle ayaan ku dhaartaye haddii aanan ka baqaynnin inaan ummaddayda dhibo oo ay ku jiraan qaar taag-taran oo aan i raaci karin, waxay igu raacaanna aan haysan, naftooduna aanay raalli ku noqoneyn inay iga haraan, guuto kasta oo jihaadka u baxda waan raaci lahaa." Sidaas darteed ayuu mararka qaarkood intuu ciidanka diro uu uga hari jirey. Haddana wuxuu yiri, "Waxaan tabanniyey inaan dar Alle u duulo oo la igu dilo, haddana la i soo bixiyo. Mar kale aan duulo oo la igu dilo oo la i soo bixiyo. Saddex jeer ayuu Nabigu, (عَلَيْهِ الصَّلَاةُ وَالسَّلَامُ) yiri. Nabigu, (عَلَيْهِ الصَّلَاةُ وَالسَّلَامُ) jihaadka wuu ka qayb-geli lahaa, meeshii dagaal ka dhacayo oo muslimiinta lo dirayona wuu raaci lahaa, haddii aanu tixgelineyn muslimiinta taagta daran.

Xadiiska Tobnaad:

Rasuulku, (عَلَيْهِ الصَّلَاةُ وَالسَّلَامُ) wuxuu yiri, "Qofkii jihaadka gala, dar Allena u dagaallama hal xiskinteed, Janno ayaa u waajibeysa." Ragga geelleyda ah waa yaqaannaan markii hasha la maalo, ama ilmuhu nuugo muddo kaddib in candhadeeda caano ku soo dhacayaan, mar labaadna la maali karo, ama ilmuhu nuugi karo. Waa muddo yar, muddadaa yar ee ay hal ku xiskimayso qofkii jihaad ku jira Janno ayaa u waajibeysa. Qofkii dar Alle loo dhaawaco, ama turunturro iyo masiibo yari soo gaadho, maalinta qiyaamaha wuxuu imanayaa isagoo sidii dhiiggu uga da'ayo, midabkiisuna mid sacfaraan uu yahay, caraftuna mid miski.

Xadiiska Kow iyo Tobnaad:

Waa qiso uu Abuu Hurayra werinayo, waxayna leedahay, "Nin asxaabtii Nabiga, (عَلَيْهِ ٱلصَّلَاةُ وَٱلسَّلَامُ) ka mid ah ayaa wuxuu soo maray meel labo buurood dhexdooda ah, durdur biyo macaan lehna uu ka socdo, hareereheedana nabaad iyo wax lagu noolaan karo oo nafaqo leh ay ka baxeen. Meesha degmadeeda ayaa la fiicnaatay markaas ayuu yiri, "Alla meeshan degmadeedu wanaagsanaa! Cibaado Alle iyo nolol ku wanaagsanaa! Haddii aan halkan iska dego oo ishan biyaha ah iska cabbo, biyaha hareerahoodana aan wax ku beerto, nabaadka iyo khudaarta iiga soo baxdana aan isaga noolaado, isagana cibaadeysto, fiicnaan lahaydaa! Laakiin ma yeelayo illaa aan Rasuulka, (عَلَيْهِ ٱلصَّلَاةُ وَٱلسَّلَامُ) weyddiiyo." Arrintii ayuu Rasuulka, (عَلَيْهِ ٱلصَّلَاةُ وَٱلسَّلَامُ) u sheegay oo uu fasax kaga dalbanayo iyo inuu goshaa iska dego, noloshaa isaga la fiicnaatayna uu ku noolaado. Nabigu, (عَلَيْهِ ٱلصَّلَاةُ وَٱلسَّلَامُ) wuxuu ku yiri, "Ha yeelin sidaa! Qofku joogiddiisa uu Jihaadka hal maalin dhexjoogo ayaa uga fiican salaaddda uu gurigiisa ku tukado toddobaatan sannadood. Miyeydaan rabin in Alle idiin dambi dhaafo, jannana idin geliyo!" Soo sidaas ma rabtaan! Arrintaa waxa aad u dooranaysaan soo cibaado ma ahan oo cibaado ma rabtaan! Duula oo jihaadka jidka Alle ka qayg-gala. Rasuulku, (عَلَيْهِ الصَّلَاةُ وَالسَّلَامُ) wuxuu yiri, "Hal xiskinteed qofkii jihaadka jidka Alle ku dagaallama janno ayaa u waajibtey."

Axaadiistaa oo dhan waa wada sixiix ama xasan, waana la wada qabsan karaa. Waxaan u soo gaabinaynaa, sharraxooda oo keliyana u sheegeynaa waa waqtiga. Waxaan rabnaa intii ay suurtogal tahay inaan cajaladdan ku soo koobno.

Xadiiska Labo iyo Tobnaad:

Nin ayaa Nabiga, (عَلَيْهِ الصَّلَاةُ وَالسَّلَامُ) ku yiri, "Rasuulkii Allow, waxaad ii sheegtaa camal u dhigmi kara Jihaadka." Nabigu, (عَلَيْهِ الصَّلَاةُ وَالسَّلَامُ) wuxuu ku yiri, "Ma kareysaan." Ninkii labo ama saddex jeer ayuu su'aashii ku celiyey, nabiguna, (عَلَيْهِ الصَّلَاةُ وَالسَّلَامُ) mar kasta wuxuu lahaa, "Ma kareysaan." Markii dambe ayuu Nabigu, (عَلَيْهِ الصَّلَاةُ وَالسَّلَامُ) yiri, "Qofka jidka Alle ku dagaallamaya wuxuu la mid yahay qof habeen iyo maalin salaad u taagan oo soomman oo aan ka daaleyn." Qof cibaadeysanaya oo dhinaca aan dhulka dhigeyn oo koob biyo ah aan cabbeyn ayuu la mid yahay. Qof salaad markuu ka baxaba mid kale xiranaya, habeen iyo maalinba sidaa ku jira, soonna uu u xiran yahay, qof kari karaa ma jiraa!? Waa maya. Camalkaa weeye midka u dhigmi lahaa jihaadka jidka Alle.

Qisada si kale ayaa loo weriyey. Ninkii markii uu Nabiga, (عَلَيْهِ الصَّلَاةُ وَالسَّلَامُ) ku yiri, "Ii sheeg camal jihaadka u dhigma." Ayuu ku ku yiri, "Kuuma helayo." Markii dambe ayuu ninkii ku yiri, "Miyaad kareysaa marka qofka mujaahidka ahi uu jihaadka u baxo inaad masjidkaaga gasho oo aad salaad isku taagto, soonna aad xirato, salaaddaana aadan ka baxayn, aanadna afurayn." Ninkii wuxuu yiri, "Yaa kari kara!" Waa runtii oo qof kari karaa ma jiro, nabiguna, (عَلَيْهِ ٱلصَّلَاةُ وَٱلسَّلَامُ) jawaabtii hore ayuu u sheegay, qofkaas oo keliya ayaana u dhigmi kara.

Xadiiska Saddex iyo Tobnaad:

Abuu Hurayra ayaa werinaya. Nabigu, (عَلَيْهِ ٱلصَّلَاةُ وَٱلسَّلَامُ) wuxuu yiri, "Dadka maciishaddooda waxaa ugu fiican oo ugu nolol wanaagsan qof faraskiisa xariggiisa haysta oo jihaad ugu diyaar ah, meeshii uu qaylo ka maqlo ee la yiraahdo, "Meeshaas ayaa gaalo soo gashay, meeshaas ayaa jihaad ka socdaa, meeshaa ayaa dagaal looga baahan yahay," faraskiisa ku boodaya, una ordaya meeshii ay qaylo ka soo yeertaba. Ha ka fogaato oo ha ahaato, Afgaanistaan, Bosniya, Shiishaan, Soomaali Galbeed, Ereteriya, meeshii dhulka muslimiinta, "dagaal baa ka dhacay" la yiraahdoba u ordaya, mehered kalena aan rabin. Iyo "Qof muslim ah oo xoogaa xayn ari ah haysta, meel buuro dhexdooda, ama dhakadooda ahna deggen, arigiisa hilibkiisa iyo caanihiisa ku nool, halkaana ku cibaadeysanaya, martidana marti-gelinaya, salaaddaha dadka muslimiinta ah u imanaya, dadkana shartiisa kala fogaanaya." Labadaa nin ayaa ugu nolol wanaagsan ayuu Nabigu, (عَلَيْهِ ٱلصَّلَاةُ وَٱلسَّلَامُ) leeyahay.

Nabigu, (عَلَيْهِ ٱلصَّلَاةُ وَٱلسَّلَامُ) ma oran, "Waxaa ugu nolol wanaagsan, nin guryo waaweyn dhista oo qaboojiyeyaal ugu rakiban yihiin, wax kasta ay u yaalliin; TV iyo video uu daawado, cunto nooc walbaba haysta," iyo wixii la mid ah. Nabigu, (عَلَيْهِ ٱلصَّلَاةُ وَٱلسَّلَامُ) waaba necbaa. Haddii aan labadaa qof u fiirin lahayn waxa aan nolol wanaagsan casrigan u naqaan, nolol dhibaato ah ayaan u arki lahayn, Nabiguna, (عَلَيْهِ الصَّلَاةُ وَالسَّلَامُ) nolosha midda ugu wanaagsan ayuu u arkayey.

Xadiiska Afar iyo Tobnaad:

Rasuulku, (عَلَيْهِ الصَّلَاةُ وَالسَّلَامُ) wuxuu yiri, "Jannada waxaa ku taal boqol darajadood oo mujaahidiinta jidka Alle ku jihaada uu ugu talogalay, dad kalena aan la siineyn. Labadii darajoba waxaa u dhaxaysa cirka iyo dhulka inta u dhaxaysa oo kale." Cirka iyo dhulka inta u dhaxaysa inay tahay 500 oo sannadood ayuu Nabigu, (عَلَيْهِ الصَّلَاةُ وَالسَّلَامُ) xadiis kale ku sheegay. Darajo waxaa la yiraahdaa waxa aan jaranjaro ama sallaan u naqaan ee guryaha lagu koro. Labadiiba inta u dhaxaysa hal tallaabo waa ka gaaban tahay, laakiin jihaadka darajooyinka lagu helayo, ee darajooyinka Jannada ah, labadiiba waxaa u dhaxaysa 500 oo sannadood.

Sannadahaa uu Rasuulku, (عَلَيْهِ الصَّلَاةُ وَالسَّلَامُ) sheegayo inta lagu qiyaasayo inay sanooyinka caadiga ah yihiin iyo inay sannadaadkooda (kuwa Jannada) yihiin, Alle ayuunbaa og. Macnahu waxaa weeye, inay aad u kala fog yihiin.

Xadiiska Shan iyo Tobnaad:

Abuu Saciid Alkhudriyi ayaa Rasuulka, (عَلَيْهِ الصَّلَاةُ وَالسَّلَامُ) ka maqlay, «من رضي بالله ربًّا وبالإسلام دينًا وبمحمّد رسولًا أوجبت له الجنّة» Abuu Saciid ayaa jeclaystay, markaas ayuu yiri, "Rasuulkii Ilaahayow, iigu celi!" Rasuulkuna, (عَلَيْهِ الصَّلَاةُ وَالسَّلَامُ) waa ugu celiyey. Markii uu arkay sida Abuu Saciid arrintaa u xiisaynayo ayuu ugu sii daray, "Mid kale ayaa jirta oo aan kuu sheegayo, Abuu Saciidow, Allena uu addoonkiisa ku dallacsiinayo boqol darajo, labadii darajana inta u dhaxaysa ay tahay inta cirka iyo dhulka u dhaxaysa." Abuu Saciid ayaa taana la sii yaabay oo yiri, "Maxay tahay, Rasuulkii Ilaahayow!" Wuxuu yiri, "Waa jihaadka jidka Alle." Labo jeer ayuu ku celceliyey.

Xadiiska Lix iyo Tobnaad:

Waa qiso dhacday dadkii muslimiinta ahaa oo jihaad ku jira. Iyadoo gaaladii la is-horfadhiyo, jihaadkiina uu bilaabanayo, ayaa Abuu Muusa Al-Ashcari oo ciidanka muslimiinta hoggaaminayey uu ciidankii u khudbeeyey. Wuu guubaabiyey, wuxuuna uga warramay jihaadka fadligiisa, axaadiistii Nabiga, (عَلَيْهِ الصَّلَاةُ وَالسَّلَامُ) mid ka mid ahna waa sheegay. Wuxuu yiri, "Rasuulkii Alle ayaan ka maqlay isagoo leh, Jannada albaabbadeedu waxay ku hoos jiraan seefaha harkooda." Seefuhu waxay ahaayeen hubkii lagu dagaallamayey hubkii ugu wanaagsanaa. Macneheedu ma ahan inay muslimiintu yiraahdaan, "Nabigu, (عَلَيْهِ الصَّلَاةُ وَالسَّلَامُ) seef ayuunbuu sheegay oo seef ayaan ku dagaallamaynaa!" Hubka uunbaa laga wadaa, wax kasta oo hub ah oo lagu dagaallamayona fadligaas ayuu leeyahay, haddii uu yahay sawaariikh, taankiyo, dayuurado, maraakiib, ama sawaariikhda qaaradaha isaga gooshta. Waxaa kacay oo arrinkaa si aad ah uga helay, qalbigiisana ugu dhacday nin muslimiinta ka mid ahaa oo aan il-qabasho lahayn (متواضع) qaabkiisa iyo dharkiisuba iska liiteen. Ninkii wuxuu yiri, "Abuu Muusow, ma adigaa arrinkaa Nabiga, (عَلَيْهِ الصَّلَاةُ وَالسَّلَامُ) ka maqlay!" Abuu Muuse wuxuu yiri, "Haa, anigaa ka maqlay." Jannadaa inuu galo ayuu niyeystey, Allena waa ka aqbalay, inshaa ALLAAH. Ninkii intuu kacay ayuu dadkii uu la socday ku noqday oo ku yiri, "Waan idin macasalaameynayaa." Seeftiisii galkeedii intuu kala jabiyey ayuu seeftii oo gal la' gaaladii la dhexgalay, waana dagaallamay ilaa laga diley.

Sidaas ayey saxaabadii ugu degdegi jireen, jihaadka jidka Allena ugu tartami jireen. Markii ay maqlaan shay fadli leh, qof walba wuxuu ku dedaali jirey inuu helo.

Xadiiska Toddobo iyo Tobnaad:

Saxaabi la yiraahdo C/llaahi Ibnu Jabri ayaa werinaya, wuxuuna yiri, "Rasuulka (ﷺ) ayaan ka maqlay isagoo leh, `qofkii ay lugihiisu dar Alle iyo jihaadka jidka Alle ay ku booroobaan, naari ma taabanayso.'" Waa boor oo keliya, qaaca iyo holaca hubka la ridayo uu dhalinayo iska dhaaf! Socodka uu socdo, ama fardaha iyo baabuurta gaashaaman, ama dadka mujaahidiinta ah habaaska ay kicinayaan oo lugaha hoose oo keliya ka gaarey, naari inaanay taabanay ayuu Nabigu, (ﷺ) sheegay. Madaxa iyo sanka qofka ay ka galaan oo ay caloosha u dhacaan, waan arki doonnaa nusuusteeda.

Xadiiska Siddeed iyo Tobnaad:

Abuu Hurayra ayaa ka maqlay Nabiga, (ﷺ) oo leh, "Naarta ma gelayo qof Alle cabsidi u ooyey, illaa caanuhu candhadii laga soo lisay ay ku noqdaan. Qofna kuma kulmayaan boor iyo habaas jidka Alle ku gaarey iyo qaaca jahannamo." Caano inay candhadii laga soo lisay ku noqdaan waa waxaan suurtoobeyn! Qofkii uu jirkiisa taabto boorka jidka Alle, uurka ha u dhaco oo sanka iyo afka ha galo, ama timaha, madaxa, lugaha iyo jirka kale ha ka gaaro, qaaca Jahannamo ma taabanayo.

Xadiiska Sagaal iyo Tobnaad:

Waxaa weriyey C/llaahi Ibnu Cabbaas, wuxuuna leeyahay, "Waxaan maqlay Rasuulkii Alle oo leh,`labo indhood naari ma taabanayso. Il dar Alle u oydey oo wax yar oo ilmo ahi ay cabsida Alle uga soo baxday, iyo il ku baridey iyadoo waardiyeynaysa jihaadka jidka Alle, dadka muslimiinta ahna gaalada ka waardiyeyneysa." Labadaa indhood naari ma taabanayso. Macnuhu ma ahan labada indhood ayaaney taabanayn jirka intiisii kalena waa cunaysaa, labadaa indhood qofkii u isticmaala labadaa arrimood iyo qofka ay ku yaalliinba naari ma taabanayso. Waxaa ka mid ah jihaadka jidka Alle in muslimiinta laga waardiyeeyo in magaalooyinkooda ay gaaladu soo gasho oo ay nabad ku seexdaan. Ha ahaato meel gaar ah oo dhaqdhaqaaqa cadowga lagala socdo, diyaarado ama maraakiibna lagu waardiyeynayo, ama meel foore ah iyo xuduudka gaalada lala wadaago ha joogo, ama xeryaha ciidammada iyo meelaha hubka muslimiintu yaallaan ha waardiyeeyo. Wuxuu noqonayaa qof dar Alle iyo jidka Alle wax u waardiyeynaya, isaga iyo naarina isma arkayaan.

Xadiiska Labaatanaad:

Xadiiskani wuxuu ku saabsan yahay taakulaynta dadka mujaahidiinta ah la taakuleeyo. Taakulayntaasi waxay noqon kartaa waxay u baahan yihiin oo loo diyaariyo, marka ay baxayaan oo alaabta lala xirxiro, lana diyaariyo oo la ambabixiyo. Reerahooda oo loo sii dhaqaaleeyo, ubadkooda iyo xoolahoodana wakiil looga sii noqdo waa noqonaysaa. Xadiiska waxaa werinaya saxaabiga la yiraahdo Saciid Ibnu Xaarith Aljuhani, wuxuuna leeyahay, "Waxaan maqlay

Rasuulkii Alle oo leh,

«من جهز غازيا في سبيل الله» «فقد غزا ومن خلف غازيا في أهله بخير فقد غزا»

"Qofkii qabanqaabiya, ama qalqaaliya qof jihaadka u baxaya jihaadkii wuu ka qaybgalay" Gaadiidkii uu u baahnaa ha u diyaariyo, hubkii uu ku dagaallami lahaa ha u diyaariyo, alaabtii ha la xirxiro oo baabuurka ha u saaro, ha sii sagoontiyo, waxay noqotaba waa jihaadkii oo uu ka qayb-galay. "Qofkii qof jihaadka u baxay ehelkiisii ula sii jooga, si wanaagsanna u sii dhaqaaleeya, una baylah-tira, isna qof jihaadka ka qayb-galay ayuu noqonayaa." Isaga iyo qofkaa uu taakuleeyey isku ajar weeyaan.

Xadiiska Kow iyo Labaatanaad:

Xadiiskani wuxuu ku saabsan yahay maalka loogu tabarruco jihaadka jidka Alle. Dadkii jihaadka galayey waxay u baahan yihiin raashin, gaadiid, dhar, daawo, waxaas oo dhanna maal lagu soo iibiyo ayey u baahan yihiin. Xadiiska waxaa werinaya Abuu Umaama Al-baahili, wuxuuna leeyahay, "Rasuulkii Ilaahay ayaan ka maqlay isagoo leh,

أَفْضَلُ الصَّدَقَاتِ ظِلُّ فُسْطَاطٍ فِي سَبِيلِ اللَّهِ وَمَنِيحَةُ خَادِمٍ فِي سَبِيلِ اللَّهِ أَوْ طَرُوقَةُ فَحْلٍ فِي سَبِيلِ اللَّهِ

"Sadaqo waxaa ugu fadli badan teendho ama khaymad ay mujaahidiintu Qorraxda iyo roobka ka hoos galaan, iyo caariyeyn adeege u adeega iyo hal awr-qaad gaartey iyo xilligii awrku abaahin lahaa oo loogu tabarruco." Khaymad ay guri ka dhigtaan iyo adeege mujaahidiinta u adeega, cuntada u kariya, guryaha u dhisa, qofkooda dhaawacma dhaawiciya, ha ahaado mid uu ujro siiyey, ama ilmo uu dhalay, qaraabadi ha ahaado, iyo wixii la mid ah saddexdaa ayaa ugu fadli badan ayuu Rasuulku, (عَلَيْهِ الصَّلَاةُ وَالسَّلَامُ) leeyahay. Mid waa guri, midna waa adeeg loo qabto, midka kalena waa gaadiid.

Xadiiska Labo iyo Labaatanaad:

Nabiga, (عَلَيْهِ ٱلصَّلَاةُ وَٱلسَّلَامُ) ayaa waxaa u yimid nin dhallinyaro ah oo jihaadka inuu ka qaybgelo rabey, laakiin wuxuu ku baxo aan haysan. Wuxuu ugu yimid inuu taakulo weyddiisto. Rasuulku, (عَلَيْهِ ٱلصَّلَاةُ وَٱلسَّلَامُ) wuxuu siiyo maanu hayn, laakiin wuxuu u tilmaamay nin kale, wuxuuna ku yiri, "Orod u tag ninka hebel la yiraahdo oo isdiyaariyey, alaabtiisiina isku hagaajistey, laakiin jirradey oo aan bixi karin. Waxaad ku tiraahdaa, Rasuulkii Alle wuxuu ku amrayaa inaad i siiso wixii aad diyaarsatay." Ninkii sidii ayuu yeelay oo ninkii ayuu u tagey, wuxuuna ku yiri, "Rasuulkii Alle, (عَلَيْهِ ٱلصَّلَاةُ وَٱلسَّلَامُ) ayaa ku soo salaamayey, wuxuuna ku amrayaa inaad i siiso wixii aad diyaarsatay aan ku jihaad-galee. Ninkii arrinkii wuu aqbalay, haweentiisiina wuxuu ku yiri, "Heblaayooy, ninkan soo sii wax Alle wixii aan diyaarsaday ee aan jihaadka ku aadi lahaa. Waxba ha kala harin oo ha ka qarsan, sababtoo ah, iyadoo Rasuulkii Alle, (عَلَيْهِ ٱلصَّلَاةُ وَٱلسَّلَامُ) na amray inaan siinno haddii aan wax kala harno Alle inoo barakayn maayo. Wax alla wixii uu diyaarsaday oo hub, sahay iyo gaadiid ahaa ayuu ninkii siiyey. Markii uu soo noqday ee uu u sheegay ayaa Nabiga, (عَلَيْهِ ٱلصَّلَاةُ وَٱلسَّلَامُ) wuxuu yiri, "مَنْ دَلَّ عَلَى خَيْرٍ فَلَهُ مِثْلُ أَجْرِ فَاعِلِهِ" "Qofkii mid kale tusiya khayrka, isaguna ajarkaas oo kale ayuu leeyahay." Qofkii tusiya qof kale sidii uu jihaadka ku aadi lahaa, ama ku guubaabiya oo yiraahda, "War ka kac meesha oo dagaalka gaalada ka qayb-gal, ajar miyaadan rabin!" Qofkii sidaa ku guubaabiya wuxuu la mid yahay qof jihaadkii ka qayb-galay.

Xadiiska Saddex iyo Labaatanaad:

Xadiiska soo socda wuxuu ka warramayaa in jihaadka lagu kaltamo, dadka muslimiinta ahna ay iscaawini ka dhaxayso. Labadii qof oo, ama daris ah, ama saaxiibbo ah midkood uu cidda u haro oo dhaqaaleeyo, illeyn nolosha adduunyada waa wax loo baahan yahaye, midna uu jihaadka aado. Xadiiska waxaa werinaya Abuu Saciis Al-khudri, wuxuuna leeyahay, "Rasuulka Alle, (عَلَيْهِ الصَّلَاةُ وَالسَّلَامُ) wuxuu dhihi jirey, labadii ninba midkood ha baxo ajarkuna waa u dhexeeyaa." Macnaha, mid cidda ha la sii joogo weeyaan. Riwaayo kale ayaa waxay leedahay, "Nabigu (عَلَيْهِ الصَّلَاةُ وَالسَّلَامُ) wuxuu dhihi jirey, `labadii ninba midkood ha baxo, midkii sii jooga oo cidaha dhaqaaleeyona wuxuu la mid yahay qofka baxay ee jihaadka aadey.'" Haddii uu reerihii si wanaagsan u sii dhaqaaleeyo isku ajar weeyaan.

Xadiiska Afar iyo Labaatanaad:

Xadiisku qiso ayuu ka warramayaa ku saabsan qof jihaad mooyaane aan camal kale lahayn oo janno ku galay. Baraa Ibnu Caasib ayaa ka warramaya, wuxuuna leeyahay, "Nabiga (عَلَيْهِ الصَّلَاةُ وَالسَّلَامُ) ayaa isagoo jihaad aadaya wiil u yimid, isagoo soo gashaday dharkii dagaalka, sida koofidii iyo daricii, hubkiisiina diyaar u yahay. Wuxuu yiri, "Rasuulkii Ilaahayow, ma dagaallamaa, mise waan islaamaa?" Nabigu (عَلَيْهِ الصَّلَاةُ وَالسَّلَامُ) wuxuu ku yiri, "Horta islaam, kaddibna dagaallan." Ninkii sidii ayuu yeelay oo waa ashahaatey, dagaalkiina wuu galay, wuuna ku dhintay. Nabigu (عَلَيْهِ الصَّلَاةُ وَالسَّلَامُ) wuxuu yiri, "عمل قليلا وأجر كثيرا" "Wax yar ayuu sameeyey, ajar badanna wuu helay." Wuxuu sameeyeyba inuu ahaa camal dhawr daqiiqo ah ayaa laga yaabaa.

Qof cimrigiisii oo dhan salaad, soon, quraan-akhris, sadaqo iyo xaj ku jirey, dhabarkuna soo gotey oo indhihii gureen sidu soon iyo salaad u badinayey, inuu ka ajar bato qof daqiiqad keliya dagaallamayey ayaa laga yaabaa. Laga yaabaa ma ahee, waa dhacdo xaqiiqo ah!

Xadiiska Shan iyo Labaatanaad:

Waa xadiis la macno ah xadiis aan soo marnay ee Nabigu (عَلَيْهِ ٱلصَّلَاةُ وَٱلسَّلَامُ) tamaniyi jirey in hadba la dilo oo la soo bixiyo. Wuxuu ka warramayaa dadka shuhadada ah ee aan annagu u maleynayno inay dhinteen sida ay u arkayaan markii ay arkaan shahaadada ajarkeeda. Nabigu (عَلَيْهِ ٱلصَّلَاةُ وَٱلسَّلَامُ) wuxuu yiri, "Ma jiro qof intuu dhintay oo janno galay, haddana jeclaan lahaa in adduunyada lagu soo celiyo, adduunyada oo dhanna la siiyo, shahiidka mooyee." Ma ahan ehelkaagii, carruurtaadii iyo xoolahaagii keliya ayaad u noqonaysaa, ee waa adduunyada oo dhan adiga ayaa iska leh. Qofka shahiidka ah waa aqbali lahaa, waana tamannin lahaa, sababta uu u aqbali lahaa oo uu u jeclaan lahaana ma ahan inuu adduunyada ku raaxaysto. Wuxuu u jeclaan lahaa inuu jihaadka mar labaad ka qaybgalo oo la dilo, oo hadba inta la soo bixiyo la dilo.

Taa waxaa la mid ah arrin dhacday oo Rasuulku (عَلَيْهِ ٱلصَّلَاةُ وَٱلسَّلَامُ) ka warramay. Dagaalkii Uxud raggii ku dhintay waxaa ka mid ahaa C/llaahi Ibnu Caamir Ibnu Xaraam, Jaabir aabbihi. Jaabir oo aabbihii deyn badan iyo gabdho badan oo agoommo ah kaga tagey, wiil dhallinyaro ahna ahaa oo murugaysan ayuu Rasuulku (عَلَيْهِ ٱلصَّلَاةُ وَٱلسَّلَامُ) arkay. Wuu u bishaareeyey oo maaweeliyey, wuxuuna yiri, "Jaabirow, ma kuu bishaareeyaa! Alle qof banii'aadam ah oo uu si toos ah ula hadlay ma jiro, aabbahaa mooyee. Aabbahaa markii uu dhintay ayaa Alle soo bixiyey oo la hadlay, wuxuuna ku yiri, "Wax iga qabso, addoonkaygiiyow." Wuxuu yiri, "Rabbiyow, waxaan kaa qabsadey inaad adduunkii ii celiso, si aan jihaadka mar labaad u galo." Waa tamanniyey C/llaahi Ibnu Caamir.

Xadiiska Lix iyo Labaatanaad:

Maalin ayuu Rasuulku (ﷺ) istaagey, isagoo dadka jihaadka ku guubaabinaya, markaas ayuu yiri, "Iimaanka iyo jihaadka jidka Alle ayaa camalka oo dhan ugu ajar badan." Nin ayaa istaagey oo yiri, "Rasuulkii Ilaahayow, waxaad iiga warrantaa, haddii aan jihaadka jidka Alle ku dagaallamo, dambigaygii ma la ii dhaafayaa?" Rasuulku (ﷺ) wuxuu yiri, "Haa, dambigaagii oo dhan waa laguu dhaafayaa haddii aad dagaallanto adigoo ka run sheegaya, ajarna Alle ka doonaya, niyad kalena aan lahayn, gaaladana ku sii jeeda oo aan ka soo cararayn." Adiga oo soo cararaya haddii ay dhabarka kaaga dhacdo ma ahan, ee waa adigoo gaaladii ku sii jeeda. Saddexdaa arrimood; ka run sheegid, ajar doon iyo gaalada oo aad ku sii jeeddo, haddii aad la timaaddo. Mar labaad ayuu Nabigu (ﷺ) ku celiyey, wuxuuna ka soo reebay daynka. Waxaan daynka ka ahayn oo dambi ah qofka mujaahidka ah ee jihaadka ku dhinta waa loo dhaafayaa.

Xadiiska Toddobo iyo Labaatanaad:

Xadiiskaa hore ayuu la mid yahay. Jihaadkii Badar markii lagu jirey ayaa Rasuulku (ﷺ) dadka guubaabiyey. Nin ayaa wuxuu ku yiri, "Rasuulkii Ilaahayow, haddii, intaan dagaallamo, la i dilo, xaggeen aadayaa?" Wuxuu ku yiri, "Janno ayaad aadeysaa." Arrintaa ayuu ninkii aad u jeclaystay, waxaana la dheeraatay timir yar oo uu gacanta ku haystey oo uu cunayey. Intuu boodey oo timirtii iska sayray, seeftiisiina qaatay ayuu gaaladii la dhexgalay oo lagu diley. Waa guubaabadaa uu Rasuulku (ﷺ) guubaabiyey!

Xadiiska Siddeed iyo Labaatanaad:

Qofku haddii uu Alle shahiidnimo weyddiisto, xataa haddii aanu shahiidnimo ku dhiman oo uu iska dhinto, ajarkii shahaadada ayaa la siinayaa. Waa haddii arrinkaasi run ka yahay, haddii ay u suurogashana uu ka qaybgeli lahaa. Saxaabiga Sacad Ibnu Abii Waqaas wuxuu Rasuulka (عَلَيْهِ ٱلصَّلَاةُ وَٱلسَّلَامُ) ka werinayaa inuu yiri, "Qofkii Alle shahiidnimo weyddiista, qalbi run ahna ku weyddiista, Alle wuxuu gaarsiinayaa darajada shahiidnimada, xataa haddii uu gogoshiisa ku dhinto." Haddii uu qalbigiisa ka yiraahdo, "Ilaahow, waxaan ku weyddiisanayaa inaan shahiidnimo ku dhinto." Ama uu yiraahdo, "Ayaan badanaa qof shahiidnimo ku dhintay!" ajar shahiidnimo ayaa Alle siinayaa.

Xadiiska Sagaal iyo Labaatanaad:

Xadiiskan wuxuu ka hadlayaa sida Alle ugu dhib yareynayo (Mujaahidka) xanuunka uu dareemayo marka uu dhimanayo. Xanuunka ayaa laga baabi'inayaa, mana xanuunsanayo, annaguna waxaan moodeynaa inuu dhibtoonayo oo aan u naxno marka aan aragno nabarka ku dhacay weynaantiisa iyo meesha xabbaddu kaga dhacday, sida madfacu jirkiisa u googooyey iyo sida uu u gubtey. Alle dhibkaa wuu ka daboolayaa. Xadiisku waa xadiis xasan ah, waxaana werinaya Abuu Hurayra, wuxuuna leeyahay, Qofka "ما يجد الشهيد من مس القتل إلا كما يجد أحدكم من مس القرصة" shahiidka ah ma dareemayo xanuunka dilka sida uu qofku u dareemo qanjaruufo mooyaane." Xanuunka xabbad ku dhacday, waran, billaawe iyo wixii la mid ah, wuxuu u dareemayaa sida qof la qanjaruuftay ama shinni qaniintay. Cayayaanka noocaas ah qaniinyadooda (قرصة) waa la yiraahdaa, ciddida la isku qanjaruuftana waa la yiraahdaa. Alle xanuunka waa halmaansiinayaa oo ka qarinayaa, xanuun weynna ma dareemayo.

Xadiiska Soddonaad:

Xadiisku wuxuu ka warramayaa jihaadka sida looga qaybgelayo. Anas Ibnu Maalik oo xadiiska werinaya wuxuu sheegay in Rasuulku (عَلَيْهِٱلصَّلَاةُوَٱلسَّلَامُ) yiri, "جاهد المشركين بـأموالكم وانفسكم والسنتكم" "Gaalada kula dagaallama xoolihiinna, naftiinna iyo carrabkiinna." Carrabku waxa weeye waxyaabaha laga jeediyo idaacadaha ee dadka muslimiinta ah lagu guubaabinayo, gaaladana looga warramayo. Maqaallada la qorayo, gabayada, khudbadaha dadka muslimiinta ah lagu guubaabinayo; kulligood jihaadka jidka Alle waa soo geli karaan. Jihaadku wuxuu noqonayaa tabarrucaadka la bixinayo, idaacadaha dadka looga dhiirriggelinayo inay tabarrucaadka bixiyaan iyo inay ka qaybgalaan. Wax alla wixii hadal ku saabsan ee ka qaybqaadanaya jihaadka wuu soo gelayaa.

Ka Haridda Iyo
Fududaysiga Jihaadka

Mawduucii hore ayaa nala dheeraaday, marka dhawr xadiis ayaan ka soo qaadanayaa.

ALLAAH wuxuu yiri,

﴿ يَٰٓأَيُّهَا ٱلَّذِينَ ءَامَنُوا۟ مَا لَكُمْ إِذَا قِيلَ لَكُمُ ٱنفِرُوا۟ فِى سَبِيلِ ٱللَّهِ ٱثَّاقَلْتُمْ إِلَى ٱلْأَرْضِ أَرَضِيتُم بِٱلْحَيَوٰةِ ٱلدُّنْيَا مِنَ ٱلْءَاخِرَةِ فَمَا مَتَٰعُ ٱلْحَيَوٰةِ ٱلدُّنْيَا فِى ٱلْءَاخِرَةِ إِلَّا قَلِيلٌ ۝ إِلَّا تَنفِرُوا۟ يُعَذِّبْكُمْ عَذَابًا أَلِيمًا وَيَسْتَبْدِلْ قَوْمًا غَيْرَكُمْ وَلَا تَضُرُّوهُ شَيْـًٔا وَٱللَّهُ عَلَىٰ كُلِّ شَىْءٍ قَدِيرٌ ﴾ [التوبة:٣٩].

Labadaa aayadood Alle wuxuu ku canaananayaa dadka muslimiinta ah ee markii jihaadka jidka Alle loogu yeero isnabaya. Haddii ay tabarrucaad noqoto aan bixineyn, haddii ay bixitaan iyo ka qaybqaadasho tahayna aan ka qaybqaadaneyn. Markaas ayuu Alle leeyahay, "Dadkiinna muuminiinta ahow, maxaa idiinku wacan marka jihaadka u soo baxa la idin yiraahdo waad isnabeysaan, oo dhulka ayaad isku nabeysaane. Ma nolosha adduunyo ayaad ku raalli noqoteen oo aad janno iyo jihaadka jidka Alle ka doorateen. Haddii aad sidaa yeeli weydaan oo aad jihaadi weydaan, Alle wuxuu idin cadaabayaa cadaab daran oo kulul, dad kale oo idinka fiicanna waa idinku beddelayaa, waxna Alle yeeli maysaan, wax walbana Alle waa karaa." Alle adinka waa idin baabi'inayaa, dad kale oo idinka fiicanna waa keensanayaa, Allena idiinma baahna ee adinka ayaa u baahan. Alle cadowga waa idinku imtixaanayaa mooyaane, adinka idiinma baahna.

Ka Haridda Iyo Fududaysiga Jihaadka

Aayad kale Alle wuxuu ku leeyahay,

﴿ قُلْ إِن كَانَ ءَابَاؤُكُمْ وَأَبْنَاؤُكُمْ وَإِخْوَانُكُمْ وَأَزْوَاجُكُمْ وَعَشِيرَتُكُمْ وَأَمْوَالٌ ٱقْتَرَفْتُمُوهَا وَتِجَارَةٌ تَخْشَوْنَ كَسَادَهَا وَمَسَاكِنُ تَرْضَوْنَهَا أَحَبَّ إِلَيْكُم مِّنَ ٱللَّهِ وَرَسُولِهِ وَجِهَادٍ فِي سَبِيلِهِ فَتَرَبَّصُوا حَتَّىٰ يَأْتِيَ ٱللَّهُ بِأَمْرِهِ وَٱللَّهُ لَا يَهْدِي ٱلْقَوْمَ ٱلْفَاسِقِينَ ﴾ [التوبة:٢٤].

Aayaddan wuxuu Alle ku tirinayaa waxyaabaha ay suurtowdo inay dadku jihaadka jidka Alle uga haraan. Intuu tiriyey qaraabo, cashiiro, ehel, maal iyo guryo, ayuu wuxuu rasuulka (ﷺ) ku yiri, "Dadka jihaadka ka haraya ee isnabaya waxaad ku tiraahdaa, haddii aabbeyaashiin, wiilashiinna, qaraabadiinna, cashiiradiinna, haweenkiinna, maalkiinna, ganacsi idiin fiican oo inuu idinka xumaado aad ka baqaysaan iyo guryo qurux badan oo aad jeceshihiin inaad ku noolaataan oo aad ku raaxaysataan, aad ka doorateen oo aad ka jeceshihiin Alle, Rasuulkiisa iyo jihaadka aad Alle darti u jihaaddaan, suga waxa idinku dhici doona." Waa gooddi kulul oo Alle u jeedinayo, gooddigaa nooca uu noqon doonana xadiis sheegaya ayaa jira. Nabigu (ﷺ) wuxuu leeyahay, "Qofka aan weligi duulin, jihaadna aan ka qayb-gelin, aananna qalqaalin qof ka qayb-gelaya, ama qof jihaadka ka qayb-gelaya ciddiisii iyo ehelkiisii si fiican ugu sii dhaqaalayn, Alle qiyaamaha horteed wuxuu ku ridaa masiibo weyn." Saddexdaa midna qofkii aan yeelin! Aakhiro marka la tago ciqaabta ku dhacaysa xadiis ka warramaya ayaan sheegi doonaa.

Xadiis kale Rasuulku (ﷺ) wuxuu ku yiri, "Qofkii dhinta isagoon duulin, jihaadka jidka Allena aan ka qayb-gelin, aan niyeysanna inuu jihaadka ka qaybgalo, qayb munaafaqnimo ah ayuu ku dhimanayaa." Qof munaafaq ah weeyaan! Xadiisku waa gooddin kulul, dadka jihaadka diiwaankooda ka saaray, camalkoodana aan ku darin jihaadka jidka Alle inay si uun uga qayb galaan, munaafaqnimo inay ku jirto ayuu Nabigu (عَلَيْهِ ٱلصَّلَاةُ وَٱلسَّلَامُ) sheegayaa. Maxaad u malaynaysaa dadka wahsi-gelinaya (مبطّن) ee dicaayadda dadka muslimiinta ah ee jihaadka ku jira la dhexwareegaya, waswaasna gelinaya, waxyaabo aan Alle wax xujo ah u soo dejinna kula dhex-wareegaya. Kuwo leh, "Kuwaasu mujaahidiin ma ahan ee waa xornimo-doon, xornimo iyo dhul ayey u dagaallamayaan." Kuwo shuruud Alle iyo Rasuulkiisu (عَلَيْهِ ٱلصَّلَاةُ وَٱلسَّلَامُ) aanay sheegin u shardinaya. Dadka waswaaska qaba oo sidaas oo kale dadka u waswaasinaya, waa kuwa dadka wahsi-geliya (مبطّن) ee Alle uu Quraanka kaga digey. Munaafiqiintii waqtigii Rasuulka (عَلَيْهِ ٱلصَّلَاةُ وَٱلسَّلَامُ) joogtey ayey la nooc yihiin. Iyagoon isgaraneyn ayey nifaaq ku dhaceen. Arrin aad u kulul weeye, dadkaasna waa inay ka waantoobaan.

Waa inay, ama nifaaqaa isaga raalli noqdaan, iyagu haddii ay doonayaan oo aanay naftooda khayr la doonayn, noloshoodana ay jecel yihiin iyo inay raaxadaa isaga jiraan oo ay dadka muslimiinta ah nabad-geliyaan. Ama dadka muslimiinta ah ha kala qayb-galaan jihaadka oo noocyada ka qayb-galka ah ee nusuustu ay sheegtay ha uga qayb-galaan.

Waswaaska Muslimiinta Qalbigooda Lagu Ridey

Waxaan u gudbeynaa waxyaabaha wasaawista ah ee dadka muslimiinta ah qalbigooda lagu ridey, shaydaan jin ah ama mid insi ahna ay ku rideen. Waxaa ka mid ah, dadka qaarkoodna u qaateen, inuu jiro jihaadka wax ka khayr badan, Alle iyo Rasullkiisuna (عَلَيْهِ الصَّلَاةُ وَالسَّلَامُ) ay sheegeen. Waxaa jira xadiis-ku-sheeg dadka muslimiinta ah la dhexgeliyey, laguna faafiyey. Wuxuu sheegayaa inuu jiro labo jihaad; mid weyn iyo mid yar. Jihaadka yar waa midka gaalada lala dagaallamo, midka weynina waa midka nafta lala dagaallamo. Inuu qofku naftiisa ka adkaado oo uu kula dagaallamo cibaadooyinka nusukiyada ah, sida salaadda, soonka, ismuujin la'aanta (تواضع), iyo wixii la mid ah. Arrintaa xadiis beeninaya waan soo marnay, kuna saabsanaa ninkii isha biyaha ah soo maray iyo sidii uu Nabigu (عَلَيْهِ الصَّلَاةُ وَالسَّلَامُ) u waaniyey.

Xilligii Atbaacu taabiciinta[1] ayaa arrini ka dhexdhacday labo nin oo a'immo ah. Mid waxaa la oran jirey C/llaahi Ibnu Mubaarak, kan kalena Fudayl Ibnu Cayaad. Waxay ahaayeen labo nin oo a'immo ah, muxadithiin ah, Alle ka cabsi badan, laakiin labo dariiqo oo kala geddisan ayey lahaayeen,

---

(1) Atbaacu taabiciin waxaa la yiraahdaa dadkii la kulmay kuwii saxaabadii arkay.

midda C/llaahi Ibnu Mubaarak ayaana wanaagsaneyd. Ibnu Mubaarak wuxuu ahaa nin maal-qabeen ah, caalim ah, mujaahidna ah. Wuxuu ahaa ninka la isweyddiiyey inuu jiro wax khayr ah oo akhlaaq iyo camal wanaagsan ah oo C/llaahi Ibnu Mubaarak aanu samayn. Caado fiican ayuu lahaa, sannadna xajka ayuu aadi jirey, sannadna jihaadka. Sannadka uu xajka aado dadka raaca oo dhan isaga ayaa masruufi jirey.

Fudayl, isagu wuxuu jeclaa cibaadooyinka kale, sida suhdiga, adduunyo ka-fogaansho, oohinta, iyo wixii la mid ah. Xaramka intuu degey ayuu doortay inuu isaga cibaadaysto. C/llaahi Ibnu Mubaarak culimada noocaas oo kale ah, jidkii toosnaana ka leexday wuu waanin jirey. Gabaygan ayuu u diray Fudayl, wuxuuna yiri,

لعلمت أنك في العبادة تلعب	يـا عابــد الحــرمين لــو أبصــرتنا
فنحورنــا بـــدمائنا تتخضــب	مـن كـان يخضـب جيـده بدموعـه
فخيولنا يـوم الصـبيحة تتعـب	أو كـان يتعــب خيلــه في باطــل
وهـج السنابك والغبار الأطيب	ريـح العبـير لكـم ونحـن عبيرنـا
قـول صـحيح صـاعق لا يكـذب	ولقـد أتانـا مـن مقـال نبينـا
أنـف امـرئ ودخـان نـار تلهـب	لا يســتوي غبــار خيــل الله في
لـيس الشـهيد بميـت لا يكـذب	هــذا كتــاب الله ينطــق بيننــا

"Ninkaagan labada xaram ku cibaadeysanayow, haddii aad na arki lahayd markaan jihaadka ku jirno, waxaad ogaan lahayd inaad ciyaarayso oo waxaagu aanu cibaado ahayn, taayaduna ay cibaadadii runta ahayd tahay. Ninka dhabannadiisa illintiisa ku cillaamayow, annagu dhuuntayadu maalinta ay dagaalka ku jirto, dhiiggayaga ayey ku qoydaa." Macnaha, dhiiggayaga ayaa jirkayaga ku qulqula marka aad halkaa ku ooyeyso, naarta cabsideeda aad u ooyeyso. Illintaa kaa qulqulaysa waxaa ka fiican dhiigga annaga naga qulqulaya ee uu jihaadki naga keenay. "Qofkii fardihiisa bilaash ku daaliya oo ku ciyaara, fardahayagu maalinta aan dagaalka ku jirno ayey jihaadka aan cadowga kula jirno ku daalaan." Haddii fardihiinnu fardo lagu ciyaaro yihiin oo aad u samaysateen in lagu baratamo oo lagu dalxiiso, laguna ugaarsado, iyo wixii la mid ah, annagu kuwaa ma nihin. "Idinku waxaad leedihiin barfuun iyo udug aad isku shubtaan, annaga catarkayagu waa fardaha qoobkoodu habaaska uu kicinayo." Haddii aad catar isku shubtaan maalinta jimcaha ee aad masjidka aadeysaan, annaga boorkaa udgoon ayaa catar, barfuun iyo boolbare noo ah! "Waxaa noo yimid hadalkii Rasuulka (عَلَيْهِ الصَّلَاةُ وَالسَّلَامُ) oo sixiix ah, beenna aan ahayn oo leh, ma kulmaan fardaha Alle boorka ay kiciyaan iyo naarta Jahannamo qaaceedu, qof muslim ah sankiisana kuma kulmaan. Kitaabkii Alle waa kan hadlaya, wuxuuna leeyahay, qofka shahiidka ahi inuu nool yahay oo aanu dhiman, beenna aan ahayn."

Arrintaa waxaad mooddaa inay u dhacayso dadka labada Xaram (Makka iyo Madiina) iyo agagaarkooda ku nool, kuna nool nolosha barwaaqada ah, cibaadooyinka qaarna badinaya, sida ictikaafka tobanka dambe ee Ramadaan, cumro iyo xaj; cibaadooyinka noocaas ah ku gaabsada, jihaadkii jidka Allena aan iska xilsaareyn. Inuu maanta dadkaa la hadlayo ayaad mooddaa. Xaramaynka cibaadadoodu waa wanaagsan tahay, waana acmaal wanaagsan, laakiin waxaa jira acmaal ka wanaagsan. Saxaabadii intay Xaramaynka ka tagaan ayey meelo aad uga fog ku dhiman jireen, kana jihaad-geli jireen.

Qiimeyn Dagaalka Dhulka Muslimiinta Ka Socda

Waxaan uga sii gudbeynaa qiimeyn aan ku samaynno dagaallada dhulalka muslimiinta ka socda, gaar ahaan dadka Af-soomaaliga ku hadla ee aan la hadlayo dagaallada ay qaarkood gaalada kula jiraan.

Waxaa la isweyddiiyaa in jihaadkii jidka Alle jiro. Culimada qaar ayaa waxay ku sheegeen dagaal xaq ah, laakiin jihaad inay ku sheegaan way ka gaabsadeen. Dadkaa waxaan oron lahaa, "Mar haddii ay dagaal xaq ah ku sheegeen, uma qummana kan kalena inaanay raacin. Waa inay yiraahdaan, jihaad jidkii Alle weeyaane gala, ka qayb-gala, taakuleeya oo aada."

Jihaadka Jidka Alle maxaa la yiraahdaa? C/llaahi Ibnu Cumar ayaa inoo fasiray, xadiiskaasna Bukhaari ayaa kitaabkiisa Adabul Mufrad ku soo saaray. Labo nin ayaa isula yimid C/llaahi Ibnu Cumar. Mid ayaa wuxuu leeyahay, "Aabbahay ayaa awr ka dhigay waqaf iyo in jihaadka lagu galo, ninkan oo adeerkay ah ayaa i weyddiisanaya, wuxuuna leeyahay, hebel kooxdiisa ayaan ka mid ahay, dagaalkayaga ayaana jihaad ah, aniga isii jihaadka aan ku galee." Waqtigii dadka muslimiinta ah ay dagaalladu dhexmareen ayey ahayd. Ibnu Cumar wuxuu yiri, "Nimankan adduunyo ayey ku dagaallamayaan, markii aad aragto gaalo iyo muslimiin dagaallamaya, kaas ayaa jihaadkii jidka Alle ahe sii awrka aabbahaa dardaarmay." Ibnu Cumar wuxuu ku fasiray jihaadka jidka Alle meeshii muslimiin iyo gaalo ku dagaallamayaan. Haddii aad aragto muslimiin iyo gaalo dagaallamaya innaba waswaas ha isgelin, hana isdhihin, "yey yihiin, yaa madax ka ah, maxay u dagaallamayaan!?" Ruux walbow niyaddaada ayaad leedahay, gaalada dhankaaga ka gal, maalkaaga iyo naftaadana ku bixi.

Waxaan caddeyneynaa, af-buuxana ku sheegeynaa dagaallada ay dadka muslimiinta ah ay gaalada kula jiraan, sida kan Boosniya ka socda, kan Afgaanistaan ka socdey, intii aanay iyagu isku soo harin, Shiishaan, Falastiin, Soomaali Galbeed, kulligood jihaadkii jidka Alle inay yihiin. Qofkii u gala inuu kor u qaado kalmadda Alle, sidaana ku dhinta, waa mujaahid iyo shahiid.

Iskuma xirna dadka hoggaaminaya ee madaxda u ah iyo iyagu, inkastoo aan ku ognahay dadka Soomaali Galbeed hoggaaminaya inay yihiin dad culimo ah, Alle ka cabsada, kuna ognahay inay niyaddoodu tahay jihaad, kor u qaadid kalmadda Alle iyo dedaal ay u dedaalayaan in la sameeyo, lana dhiso dawlad ku socota sharciga Alle, khayr badanna aan ku oganahay. Haddiiba aynaan sidaas ku ogeyn, inaan waswaas isgelinno meesha wax iman kara ma ahan. Cajalad aan dhegaystey oo uu leeyahay Salmaan Alcawda, cinwaankeedana uu ka dhigay: تحرير الأرض وتحرير الانسان ayaa wuxuu ku leeyahay, "Dadka muslimiinta ah dhulkooda in laga xoreeyo, lagana daahiriyo xumaanta gaalada, dhibaatadana laga dulqaado, haddii ay taa keliya niyeystaan jihaadkii jidka Alle weeyaan." Sababtoo ah, kor yeelidda kalmadda Alle xaalado dhawr ah ayey yeelataa. Diinta oo dhulka si fiican loogu xukumo waa midda ugu sarreysa mooyaane, keligeed ma ahan.

Alle markuu dadka muslimiinta ah jihaadka farayey, labo arrimood inay u dagaallamaan ayuu faray. Alle wuxuu yiri:

﴿ وَمَا لَكُمْ لَا تُقَٰتِلُونَ فِى سَبِيلِ ٱللَّهِ وَٱلْمُسْتَضْعَفِينَ مِنَ ٱلرِّجَالِ وَٱلنِّسَآءِ وَٱلْوِلْدَٰنِ ٱلَّذِينَ يَقُولُونَ رَبَّنَآ أَخْرِجْنَا مِنْ هَٰذِهِ ٱلْقَرْيَةِ ٱلظَّالِمِ أَهْلُهَا وَٱجْعَل لَّنَا مِن لَّدُنكَ وَلِيًّا وَٱجْعَل لَّنَا مِن لَّدُنكَ نَصِيرًا ﴾ [النساء:٧٥].

"Maxaydaan ugu dagaallamaynnin jidka Ilaahay oo jihaadka jidka Alle u galeynnin, iyo maatadii oo rag, dumar iyo carruurba leh, kuwaasoo Alle baryaya oo leh, Ilaahayow, naga hoos bixi meeshan dadkeedu daalimiinta yihiin, noona yeel kuwo na aanaysta oo noo gargaara." Macanaha, maxaad ugu dagaallami weydeen kor yeelidda kalmadda Alle iyo bedbaadinta dadka muslimiinta ah ee taagta daran, isuguna jira ragga, haweenka iyo carruurta, gaaladana ku hoos nool ee ay dullaysato, Allena ka baryaya inuu gaalada ka hoos bixiyo, una soo bixiyo dad muslimiin ah oo ka xoreeya. Dadka sidaas leh inaad ka xoreysaan maxaad ugu dagaallami la'dihiin! Dad muslimiin ah oo la haysto, lana gumeysto bedbaadintoodu arrin fudud ma ahan.

Waxaa laga yaabaa dadka qaar inay daliil ka dhigtaan arrintii Afgaanistaan oo ay yiraahdaan, "Markii ay gaaladii iska xoreeyeen, iskana kiciyeen ayey dib iyagii isugu noqdeen. Taasi waxay tusinaysaa in waxay soo galeen aanu jihaadkii jidka Alle ahayn." Dadka sidaa ku fekereya waxaan xusuusineynaa markii Rasuulku (ﷺ) uu ummaddiisa saddex arrimood Alle uga baryey in labo laga aqbalay, midna laga diidey. Wuxuu ka baryey, inaan abaar wada dhammaysa Alle ku laynnin, in cadowgoodu aanu ka xoog roonaannin oo aanu wada qabsan, iyo inaan dagaal dhexdooda ah aanu ka dhex dhicin. Middan saddexaad markii laga diidey wuu aqbalay, wuxuuna yiri, "Middan ayaa kuwii hore ka fudud."

Inkastoo inay dadka muslimiinta ah dhexdooda isdulmiyaan ay arrin xun tahay, haddana waa ka fududdahay iyadoo cadowgoodu qabsado oo uu dulleysto, kuna amar-ku-taagleeyo. Waswaas waa inaan la isgelin, dadka muslimiinta ah ee dagaalka ku jira waa in arrinkooda loo qaato inuu yahay jihaadkii jidka Alle. Mid ka mid ah noocyadii ka qayb-qaadashada ee aan soo sheegnay mid ka mid ah waa in looga qayb-qaataa, laguna fekeraa, waswaas in la isgeliyona ma ahan. Qofkii aad ka maqashaan wax waswaas ah waa inaad ogaataan, ha garanayo, ama yaanu garannin, inuu yahay qof cadowga Alle u adeegaya.

Waxaa laga yaabaa dadka qaar inay yiraahdaan, "muslimiintu waa tabar yar yihiin oo ma dagaallami karaan." Taas oo kale waa tii Alle ka digey, wuxuuna yiri:

﴿الَّذِينَ قَالَ لَهُمُ النَّاسُ إِنَّ النَّاسَ قَدْ جَمَعُوا لَكُمْ فَاخْشَوْهُمْ فَزَادَهُمْ إِيمَانًا وَقَالُوا حَسْبُنَا اللَّهُ وَنِعْمَ الْوَكِيلُ ۝ فَانقَلَبُوا بِنِعْمَةٍ مِّنَ اللَّهِ وَفَضْلٍ لَّمْ يَمْسَسْهُمْ سُوءٌ وَاتَّبَعُوا رِضْوَانَ اللَّهِ وَاللَّهُ ذُو فَضْلٍ عَظِيمٍ ۝ إِنَّمَا ذَٰلِكُمُ الشَّيْطَانُ يُخَوِّفُ أَوْلِيَاءَهُ فَلَا تَخَافُوهُمْ وَخَافُونِ إِن كُنتُم مُّؤْمِنِينَ﴾ [آل عمران:١٧٥]

Qofkaas inuu carrab shaydaan ku hadlayo waa in la ogaado, isagoo isgaranaya, ama aan isgaranayn. Cidda ka faa'iideysaneysa waa gaalada oo keliya.

Dadka muslimiinta ah wasaa'ilu quwa waa haystaan,

laakiin waanay isticmaaleyn. Tiradoodu ma yara, tayadoodu ma xuma, cilmigooda iyo aqoontoodu ma liidato, maalkoodu aad ayuu u badan yahay, dhul weyn oo istaraatiiji ahna waa haystaan. Dad isku geeya oo awooddooda ka faa'iideeya ayey u baahan yihiin. In la guubaabiyo oo la jeclaysiiyo (jihaadka) ayey u baahan yihiin, laakiin in wahsi-gelin (تثبيط) lagu sameeyo oo la yiraahdo, "Ma dagaallami kartaane gaalada isku dhiiba," wax meesha ku jira ma ahan.

Nin ayaa maalin wuxuu igu yiri, "Dadka muslimiinta ah mastarad ma sameysan karaan!" Mastarad maxay u sameysan waayeen! Hubka kan ugu fiican ayey sameysan kari lahaayeen haddii ay u madax bannaan yihiin oo ay isticmaalaan awooddooda Alle siiyey. Culimadoodii oo wax walba ku takhasustay waa buuxdaa. Wax ka faa'iideysta markii ay waayeen, ayey gaalada aadeen oo u faa'iideeyaan, una shaqeeyaan. Cilmi kasta oo hubka ku saabsan oo muslimiintu u baahan yihiin, laga bilaabo bastoolad ilaa qumbulatu durriyaha ugu sarreysa, culimo muslimiin ah oo ku takhasustay waa la heli lahaa, maalkii lagu soo iibsan lahaa, ama lagu soo saari lahaana waa la heli lahaa. Dhibaatada muslimiinta haysata waa awood kala daadsan iyo dedaal beeddaroobey (جهود ضائع) mooyaane, wax la'aan ma ahan. Dadka muslimiintu waxay u baahan yihiin in awooddooda la dareensiiyo oo la yiraahdo, "Gaalada la dagaallama, lana dirira oo iska dhiciya!" In la yiraahdo, "War ma dagaallami kartaane, isdhiiba," waxay la mid tahay tii dagaalkii Uxud dhacday, Allena sida aadka ah uu uga digey. Dadka noocaas ah, wax kasta iyo magacyo waaweyn ha wataane, waa inaan dheg jalaq loo siin. Gaal isku dhiib qofka ku yiraahda, qofowna ha aqbalin.

Waxaan ku soo xireynaa aayad, xataa waqtigii saxaabadu joogeen, ay dadka qaarki si xun u fahmeen, arrintaana ku saabsan. Aayaddu waxay leedahay:

﴿وَلَا تُلْقُوا بِأَيْدِيكُمْ إِلَى التَّهْلُكَةِ وَأَحْسِنُوا إِنَّ اللَّهَ يُحِبُّ الْمُحْسِنِينَ﴾ [البقرة: ١٩٥].

Aayadda dadka qaar ayaa u soo daliishada oo yiraahda, "Halaag weeyaan gaalada ha lala dagaallamo haddii la yiraahdo." Aayadda nin saxaabi ah ayaa si fiican u fasirey. Waqtigii Mucaawiye Ibnu Abii Sufyaan uu khilaafada hayey ayaa, ciidan ka dagaallamayey magaalada Qisdandiiniya la oran jirey, haddana Istanbuul loo yaqaan, saf weyn oo ciidankii gaalada ah ku soo baxay. Nin muslimiinta ka mid ahaa ayaa, inta seeftiisii qaatay, bartanka gaaladii u galay. Dadkii ayaa la yaabay oo yiri, "مه مه لا اله الا الله يلقي بأيديه الي التهلكة" "Qofkan is halaagaya fiiriya! Allena wuxuu yiri, ﴿وَلَا تُلْقُوا بِأَيْدِيكُمْ إِلَى التَّهْلُكَةِ﴾ Isagoo keligi ah ayuu gaalada dhexgalayaa!" Saxaabi halkaa joogey oo Abuu Ayuub Al-ansaari la oran jirey, sidii uu jihaadkaa ugu jireyna halkaa ku dhintay oo lagu aasay, ayaa istaagey oo yiri, "Aayaddan si xun ayaad u fahanteen, annaga ayaana idinka naqaan oo annaga ayey nagu soo degtey. Markii Alle muslimiinta taageeray, gaaladiina la dulleeyey, ayaa waxaan isniri hadda gaaladii ka guulaysanney, maalkeenniina waa naga baylahmay aan maalkeennii ku noqonno, jihaadkana aan iska joojinno. Markaas ayey aayaddu soo degtey." Jihaadka oo aad iska dhaaftaan oo gaaladu idin dulleysato ayaa halaag ah.

Xadiis kale oo arrintaa sii sharraxaya ayaa jira, Rasuulkuna (عَلَيْهِ ٱلصَّلَاةُ وَٱلسَّلَامُ) uu leeyahay,

«إِذَا تَبَايَعْتُمْ بِالْعِينَةِ وَأَخَذْتُمْ أَذْنَابَ الْبَقَرِ وَرَضِيتُمْ بِالزَّرْعِ وَتَرَكْتُمُ الْجِهَادَ سَلَّطَ اللهُ عَلَيْكُمْ ذُلًّا لَا يَنْزِعُهُ حَتَّى تَرْجِعُوا إِلَى دِينِكُمْ»

"Markaad ciino wax ku kala iibsataan oo aad lo'da dabadeeda qabsataan, beero-qodashadana aad raalli ku noqotaan, jihaadkana aad ka tagtaan, Alle wuxuu idinku ridayaa dulli aanu idinka dulqaadeyn illaa aad diintiinna u noqotaan." Wax kala iibsiga markii ay dadku xumeeyaan, oo ay ribo iyo mucaamalaad baadil ah ku shaqeystaan, iibkii xalaasha ahaana ay ka tagaan, qof walbana midka kale inuu ka cad-goosto oo dago uu fakarkiisu yahay, dulli ayaa Alle dulsaarayaa. Ciinadu waa nooc macaamalada xun ka mid ah oo ribada loogu xeelaysto. Wax kasta oo xun oo faasid ah waa la mid, sida badeecada oo wax lagu qariyo, caanaha oo biyo iyo caano-boore lagu badiyo, xoolaha oo la gaaxiyo, iwm. Mucaamalo kasta oo khiyaamo ku jirto, dadka xoolahoodana baadil loogu cuno waa la mid. Arrinkaasu wuxuu aad uga turjumayaa xaaladda ay muslimiintu hadda ku jiraan. Markaad xoolo dhaqasho doorataan oo aad lo'-jir noqotaan, duurkana u baxdaan oo reer baaddiye noqotaan, beero-falashana ku qanacdaan, had iyo goorna aad beero-falasho ku jirtaan, jihaadkana ka tagtaan dulli ayaa Alle idin badayaa. Reer-baaddiyannimada, xoolo-dhaqashada iyo beero-qodashadu ma xuma, laakiin meesha arrintu isugu biyo-shubanayso waa labada kale. Arrintaa ka bixi maysaan illaa aad mucaamalada aad xumayseen aad hagaajisaan, waxaad qabanaysaanna aad si sharci ah ku sameysaan, jihaadkana aad nooleysaan.

Waa arrinta hadda jirta, lagana bixi maayo, wax kasta oo la sameeyoba, illaa in diinta, oo qaar badan laga tagey, loo soo noqdo mooyaane. Dulliga hadda muslimiinta haysta waa diin-ka-taggooda ee ma ahan in diintoodu dhib u keeneyso. Diintoodu iyadaa cisi iyo sharaf u keeneysa haddii ay qabsadaan, waana sidii ay dadkoodii hore ku gaareen.

Xadiis kale ayaa wuxuu Nabigu (عَلَيْهِ الصَّلَاةُ وَالسَّلَامُ) ku yiri,

»يوشك أن تداعى عليكم الأمم كما تداعى الأكلة إلى قصعتها، فقال قائل: من قلة نحـن يومئذ؟! قال: بل أنتم يومئذ كثير، ولكنكم غثاء كغثاء السيل، ولينزعن الله مـن صـدور عدوكم المهابة منكم، وليقذفن الله في قلوبكم الوهن، فقال قائل: يـا رسـول الله! ومـا الـوهن؟ قال: حب الدنيا وكراهية الموت«

"Waxaa aad iyo aad u dhaqsan doona, una dhici doona inay ummaduhu isugu kiin yeertaan oo idin qaybsadaan, idinkana xoog roonaadaan oo idin xukumaan, sida ay dadka wax cunaya ay xeerada isugu yeertaan oo ay hareeraha uga fariistaan, ninba meeshiisa uu gacanta uga gashado. Saxaabadii waxay weyddiiyeen, Rasuulkii Ilaahayow, ma faro-yaraan ayaa na haysa oo sidaa noogu wacan, ummaduhuna na qaybsanayaan? Rasuulku (عَلَيْهِ الصَّلَاةُ وَالسَّلَامُ) wuxuu yiri, maya, waad faro-badan tihiin, laakiin waxaad noqonaysaan xunbo iyo abur iyo xaabka uu daadku qaado ee daad-xoorta la yiraahdo ee aan qiimo lahayn." Wax buuran oo weyn, wax fiican inuu yahayna loo malaynayo, laakiin marka hoos loo eego abur iyo qashin ah ayaad noqonaysaan. Nabigu (عَلَيْهِ الصَّلَاةُ وَالسَّلَامُ) wuu sii wadey, wuxuuna yiri, "Alle cadowgiinna qalbigiisa ayuu ka qaadi doonaa haybadda ay idinka haybeystaan."

Idinma qiimeynayaan, idinmana daryeelayaan, idiinmana arkayaan banii'aadam, waa idin quursanayaan. "Alle wuxuu idinku ridayaa wahan. Waxay weyddiiyeen waxa wahanku yahay, wuxuuna yiri, waa adduunyo-jacayl iyo geeri nacayb." In ummaduhu idin qaybsadaan oo idin xukumaan, idinna kala qaataan ayaa dhaqso u dhici doonta. Wahan ayaa Alle idinku ridayaa, wahankuna waa dacfiga iyo dulliga. Geerida aad ka cararaysaan ayaa si dullinnimo ah idiinku imaanaysa. Cadowgiinnii aad is lahaydeen, "iska daaya waad ku dhimanaysaane," ayaa inta idin qabsada idin laynaya, raggiinnana addoonsanaya, carruurta, haweenka iyo xoolihiinnana qaadanaya.

Qofka muslimka ah waa inuu sharaf ku dhinto, isagoo cadowgiisa la dagaallamaya, ama uu sharaf ku noolaado inta uu guuleysto. Waa inuu noqdo labadii wanaagsanayd ee Alle uu u ballanqaaday mid ka mid ah. Waxaa laga rabaa inuu noqdo sidii ninkii shaacirka, muslimka ahaa, lana oran jirey Abuu Dayib Al-mutanabi ee yiri, Noolow " (عش عزيزاً أو مت وأنت كريم ... بين طعن القنا وخفق البنود) adigoo cisi iyo sharaf leh, ama dhimo adigoo kariim ah, waajibkaagiina gutey, cadowgaagiina la dagaallamaya, kuna dhimo meel muslimiinta iyo gaaladu ku dagaallamayaan." Labadaa yaanay kaaga dhaxaynnin, labadaa wixii ka dhexeeyana waa dulligii Alle ka digey.

Tix kale wuxuu ku leeyahay,

(ومن لم يمت بسيف مات بغيره ...... تعددت الأسباب والموت واحد)

"Qof kii aan dagaal ku dhiman, bas ayuu isaga dhimanayaa. Geeridu waa hal keliya, laakiin sida loo dhinto ayaa kala duwan." Dadku waxay kala noqonayaan mid cisi ku dhinta iyo mid dulli ku dhinta, laakiin geeridu waa lama huraan.

Abuu Bakar As-sadiiq (رَضِيَٱللَّهُعَنْهُ) ayaa laga sheegay, isagoo la dardaarmaya Khaalid Ibnu Waliid oo uu ciidan muslimiin ah madax uga dhigay, inuu ku yiri,

(احرص الموت توهب لك الحياة)

"Geerida ku dedaal, oo inaad dhimato ku dedaal nolol ayaad helaysaa." Macnaha, ha ka baqin oo ka laabannin goobta dagaalka, naf-jeclaysina ha uga laabannin. Marka, jihaadka ayaa nolol lagu helaa, jihaad la'aantana waxaa lagu helaa dulli.

Xadiiska soo socda wuxuu noo caddeynayaa sida shaydaanku uu dadka muslimiinta ah khayraadka uga horistaago oo uu waswaas u geliyo. Arrimaha uu waswaaska ka geliyo waxaa ka mid ah arrintan aan hadda ka hadlayno ee jihaadka. Shaydaanku banii'aadamka jid walba oo khayr ugu jiro waa u fariistay, taasina waa middii uu ku dhaartay ee uu ku ballanqaaday markii Jannada laga soo saaray. Alle hortiisa ayuu kaga dhaartay inuu jidadka khayrka oo dhan u fariisanayo, dhan walbana uga imaanayo, jidka Allena ka horjoogsanayo. Wuxuu yiri, "Allow, mar haddii aad i lacnadday, oo aad Aadan sababtiisa ii lacnadday, aniguna ubadkiisa ayaan duufsanayaa, lana dagaallamayaa. Jidkaaga toosan ee aad rusushaada ku soo dirtay ayaan u fariisanayaa. Dhan walba; midig, bidix, kor, hoos waan uga imaanayaa, markaas ayaadan helaynnin cid kugu shukrida oo jidkaaga soo raacda." Alle arrintaa waa u oggolaadey iyo dadka intiisa badani inay raacaan, inyar oo uu ku magacaabay addoomadiisa mukhlisiinta ah mooyaane, Allena Quraanka uu ku sheegay, oo uu yiri,

﴿ إِنَّ عِبَادِى لَيْسَ لَكَ عَلَيْهِمْ سُلْطَانٌ إِلَّا مَنِ ٱتَّبَعَكَ مِنَ ٱلْغَاوِينَ ﴾ ۞ ﴿ وَإِنَّ جَهَنَّمَ لَمَوْعِدُهُمْ أَجْمَعِينَ ﴾ [الحجر:٤٢-٤٣]

Arrintaa iyada ah ee uu ku dhaartay inuu samaynayo, sida uu u samaynayo ayuu Rasuulku (ﷺ) xadiiskan kaga hadlayaa.

Saxaabiga Sabratu Ibnu Faakir wuxuu yiri, "Waxaan maqlay Rasuulka Alle (ﷺ) oo leh, `shaydaanku, marka ugu horreysa, dadka islaannimada ayuu u fariisanayaa, qofkuna inaanu islaannimada soo gelin ayuu kala dagaallamayaa. Wuxuu ku leeyahay, ma islaamaysaa oo diintaadii iyo diintii awoowayaashaa ayaad ka tageysaa, diin kale oo ummado kale leeyihiin ayaad qaadaneysaa. Markaa ayuu inta ka diido islaannimada soo galeyaaa, waana qofkii Alle waafajiyo. Alle waa u dambi dhaafayaa oo wixii islaannimada ka horreeyey ee dambi ahaa ayuu ka mayrayaa. Marka xiga jidka hijrada ayuu u fariisanayaa. Markuu damco inuu hijroodo, dhulka gaaladana ka soo hijroodo oo dhulka muslimka aado, ayuu jidkaa u fariisanayaa, kana celinayaa oo oranayaa, `miyaad haajireysaa oo ehelkaagii iyo qaraabadaadii iyo meeshii lagugu yaqaanney ee aad ku soo kortay ayaad ka tageysaa oo dhul aad qariib ku tahay ayaad aadeysaa.' Wuu diidayaa oo haajirayaa. Jidka jihaadka ayuu haddana u fariisanayaa. Wuxuu ku oranayaa, `miyaad jihaadeysaa oo dagaal ayaad aadeysaa, naftaada iyo maalkaagana waad dhibeysaa. Dagaal ayaad galeysaa, kaddibna inta lagu dilo ayaa haweentaadii la guursanayaa, maalkaagii ayaa la qaybsanayaa, carruurtaadii ayaa agoontoomeysa.' Waa diidayaa oo jihaadayaa. Qofkii sidaa yeela oo shaydaanka intaas oo dhan ku caasiya, sidaana jihaadkii ugu dhinta, Alle waxaa xaq ku ah oo uu isa saaray inuu jannnada geliyo."

Haddii uu badda ku maanshoobo oo doontu la degto, ama diyaaraddii la dhacdo, ama gaarigii la gaddoomo, sidoo kale weeyaan, Alle waxaa xaq ku ah janno inuu geliyo. Haddii uu gaadiidkii ka dhaco oo qoorta ka jabo, ama baabuurkii uu maro, isna waxaa xaq ku ah inuu janno gelinayo.

Xadiisku waxaa weriyey Nisaa'i, Ibnu Xibbaan(saxiixiisa), iyo Bayhaqi, waana xadiis saxiix ah.

Sida Gaaladu Muslimiinta Jihaadka Ugala Dagaallanto

Gaaladu waxay dadka muslimiinta ah kala dagaallantay inay mar kale jihaadka soo celiyaan. Markii ay arkeen jihaadku qiimaha uu muslimiinta u leeyahay, goobtii dagaalkana ay kaga guuleysan waayeen ayey wax la yiraahdo la dagaallanka maskaxada (الغزو الفكري) u sameeyeen, shir-qoolna u maleegeen, si ay jihaadka u nacsiiyaan.

Waxaan soo qaadaneynaa hadal uu leeyahay nin ditoor ah oo la yiraahdo Idiris Maxamed Cali:

أخطر ما أصيب به الجهاد في تاريخه، من النكسة، تقسيمه الي جهاد أكبر وأصغر، وقديما عرف أعداء الاسلام خطورة الجهاد عليهم، وأنه لا بقاء لهم مع باطلهم ولا تدول لهم دولة مادام الجهاد باقيا، وعرفوا ان المسلمين اذا أعلنوا الجهاد بصوت واحد، وخرجوا باسم اللّه وعلي بركة اللّه، لم تقم أمامه قائمة، لأنهم طالبو أحدي الحسنيين واللّه ناصرهم وممدهم. عرفوا ذلك كله من صفحات سلف هذه الأمة حينما فتحو نصف كرة العالم في أقل من نصف قرن. ومن هنا بدأوا يفكرون لحل هذه المشكلة العويصة الرهيبة، وجدّوا واجتهدوا، ووجدوا حلولا كثيرة، وأحكمها وأنجحها وأوفاها بالقرض هي صرف المسلمين عن الجهاد بطريقه سلمية، وفعلا حلّت مشكلتهم، وجلسوا علي موائدهم يأكلون ويشربون آمنين مطمئنين، واستراحوا من الجهاد واستولوا علي البلاد واستعبدوا العباد. وهذه الطريقة التي صرفت المسلمين عن الجهاد وأقعدتهم أذلاء لمدة طويلة حتي يومنا هذا هي : تقسيم الجهاد الي أكبر وأصغر، فقالوا : الجهاد الأصغر مجاهدة الكفار، والجهاد الأكبر مجاهدة النفس والشيطان، وهؤلاء الأعداء أذكياء يعرفون أن النفس والشيطان لا يتخلص منهما الانسان مادام حيا يرزق، وأعطوه وظيفة تشغله عن الجهاد مدة بقائه في هذه المدة، ووضعوا له في ذلك حديثا مكذوبا علي رسول اللّه ﷺ لما يعلمون عظمة رسول اللّه ﷺ في قلوب المسلمين.

فقالوا : الجهاد الأصغر مجاهدة الكفار، والجهاد الأكبر مجاهدة النفس والشيطان، وهو حديث: «رجعنا من الجهاد الأصغر الى الجهاد الأكبر»، ودسوه في كتب المسلمين، ولما وجده أخونا المسكين المغبون في دينه قال: اذا كان مجاهدة النفس والشيطان جهاد أكبر فماذا أصنع بالجهاد الأصغر، فأخذ سبحته الطويلة ودخل صومعته ويعبد ربه بمجاهدة هواه وشيطانه. ولربما بعضهم الذي لم يزل الخير فيه ينوي في نفسه الجهاد الأصغر، عندما ينتهي من الجهاد الأكبر، فأنى له ذلك.

"Jihaadka islaamka taariikhdiisii dheerayd masiibada ugu weyn ee ku dhacday waxay ahayd iyadoo labo loo qaybiyo; mid weyn iyo mid yar. Cadowga islaamku mar hore ayey ogaadeen khatarta uu ku hayo jihaadka ay muslimiintu wadaan, iyo inaanay sii socaneyn kufrigooda iyo baadilkooda, dawladna aanay u dhisnaaneyn inta ay muslimiintu jihaadka wadaan. Waxay ogaadeen, mar haddii ay muslimiintu israacaan oo jihaad iclaamiyaan, hal cod oo keliyana isugu baaqaan, magaca Allena ay jihaadka ku galaan, in cid is-hortaagi karta aanay jirin, Alle ayaana ah kan taageeraya ee taakulaynaya. Arrintaa waxay ka ogaadeen taariikhdii ummaddan dadkeedii hore markii ay ku qabsadeen dunida aan ku nool nahay barkeed wax ka yar qarni barki. Halkaa ayaa waxay ka bilaabeen qorshe (تخطيط) iyo sidii ay mushkiladdan dhibka badan u xallin lahaayeen.

Aad ayey u dedaaleen, awooddoodii oo dhanna isugu geeyeen. Xal badan ayey soo bandhigeen iyo sidii ay muslimiinta jihaadkooda uga guuleysan lahaayeen. Xalkii ugu fiicnaa ee ay ku guuleysteen, dantoodiina ay ku gaareen wuxuu ahaa inay dadka muslimiinta ah ka jeediyaan jihaadka. Halkaas ayey mushkiladdoodii ku xallisantay markii ay muslimiinta ka fariisiyeen jihaadka. Qummaati ayey isaga fariisteen, nabad iyo dhib la'aanna ku cuneen oo ku cabbeen, kuna seexdeen. Waxay ka nasteen jihaadkii, muslimiintiina, intay ku soo duuleen ayey dhulkoodii qabsadeen, dadkiina addoonsadeen. Dariiqaas isaga ah, muslimiintana ka fariisiyey jihaadkii, dullina dulsaaray, muddo dheerna ay dulligaa ku jireen, illaa haddana ay ku jiraan, waa qaybinta jihaadka loo qaybiyey mid weyn iyo mid yar, waxayna yiraahdeen, midka yar waa la dagaallanka gaalada, midka weynina waa naftaada oo aad ka adkaato iyo shaydaanka oo aad la dagaallanto. Nimankaa cadowga ah ee caqliga badan, waxay garanayaan inaanu qofku naftiisa iyo shaydaanka ka adkaan karin, iyaga haddii uu israaciyona weligii inuu iyaga ku mashquulsanaanayo. Waxay u sameeyeen hawl uu jihaadka kaga sii jeedayo inta uu nool yahay oo dhan. Arrintaa waxay u sameeyeen xadiis ay ku been-abuurteen Rasuulka (عَلَيْهِ الصَّلَاةُ وَالسَّلَامُ), iyagoo og sida uu Rasuulku (عَلَيْهِ الصَّلَاةُ وَالسَّلَامُ) ugu weyn yahay muslimiinta, xadiiskaa oo jihaadka gaalada inuu mid yar yahay ku sheegaya, naftoo lala dagaallamo iyo cibaadooyinka kale oo la badiyana uu ka hormariyey. Waxay dhexgeliyeen oo ku dareen kutubtii muslimiinta. Dadkii muslimiinta ahaa, ee aan diintooda waxba ka aqoon, ayaa kutubtii muslimiinta ku dhex arkay, iyagoon kala saari karin baadilka cadowga muslimiintu uu kutubta u dhexgeliyey iyo waxa saxiixa ah ee xaqa ah. Wuxuu leeyahay, ' Nafta iyo shaydaanka oo lala jihaado haddii uu jihaadkii weynaa yahay, maxaan jihaadka yar isugu mashquulinayaa!?' Tusbaxiisa intuu qaato saawiyaddiisa (mawliciisa) (صومعة) galo ayuu halkaa Rabbi ku caabudayaa, shaydaankana la dagaallamayaa, quraan-akhris, soon, soo jeed iyo cibaadooyinka noocaas ah ayuu isku mashquulinayaa. Waxaa suurtowda intooda uu qalbigooda khayr ku jiro inay arrintaa khayr ula niyoonayaan, rabaanna inay jihaadkii yaraa u soo jeestaan marka ay midka weyn dhammeeyaan. Sidee arrintaasi u suurtoobeysaa!"

Arrintu waxayba gaartey in qaar muslimiinta ka mid ah, ahna kuwa makasta ah ee wax-magaratada ah ayba rumaystaan inay gaaladu wax xukunto mooyaane inaanay muslimiintu xaq u lahayn inay isxukumaan.

Xilligii ay Soomaalidu bilowdey gobonnimo-doonka, afartanaadkii, dadka intooda badani, gaar ahaan kuwii reer magaalka ahaa, waxay xusuustaan inuu Xayle Salaase uruuriyey culimo culimmadii muslimiinta ka mid ah ee joogtey dhulkii uu xukumayey. Waxay u sameeyeen wax ay xadiis ku sheegeen oo ay Soomaalida dhaqdhaqaaqeeda ku canbaareynayaan, gaalona ay ku sheegayaan. Waxay sheegeen inuu Rasuulku (عَلَيْهِ ٱلصَّلَاةُ وَٱلسَّلَامُ) ka sii hadlay. Xadiiskaa waxay u tiiriyeen saxaabigii Xudayfa Ibnu Yamaam ee "sirta Rasuulka (عَلَيْهِ ٱلصَّلَاةُ وَٱلسَّلَامُ)" lagu magacaabi jirey. Xadiis-ku-sheeggu wuxuu leeyahay, "Aakhiru-samanka waxaa soo bixi doona niman "Kulub" la yiraahdo oo gaalo ah, mahdiguna la dagaallami doono." Waxaa la weyddiiyey sida mahdigu ula dagaallami doono iyagoo muslimiin ah oo ummadda ka mid ah. Waxay ku jawaabeen, "انهم في ذلك اليوم علي الكفر" "Gaalo ayey noqonayaan." Soomaalidu markii ay dhaqdhaqaaqa bilaabeen waxay la baxeen "Kulub." Magacaa ayey ku hal-qabsadeen, markaas ayey yiraahdeen, "Rasuulka (عَلَيْهِ ٱلصَّلَاةُ وَٱلسَّلَامُ) ayaa ka sii warramay, gaalo weeyaan, in la raacona ma bannaana, waxaana ka fiican Xayle Salaase." Dad muslimiin ah oo makas ah ayaa arrintaa ku dagmay, iyagoo ka sheekaynayana la arkay. Xataa, annagoo dhallinyaro ah, dad culimo ah oo ka sheekaynaya ayaan maqalnay. Dadka makasta ah ayey waxyaabahaa ku duufsan jireen, culimada intooda badanina waa ka fayoobeyd, dadkana waa ugu digi jireen.

Waxyaalahaasi waxay ka mid yihiin shirqoolka (دسائس) ay gaaladu muslimiinta kula dagaallamayeen, dadka muslimiinta ahina waa inay ka feejignaadaan.

Hadda waxaa dhacday in culimadii dadkii u horseedayaan, kutubna ay ka allifeen. Nin Urduni ah oo la yiraahdo Ibraahim Shaqar ayaa wuxuu qoray kutub uu ku sheegay in wax jihaad la yiraahdo aanu jirin. Hadalkiisii waxaa ka mid ahaa, "أفضل الجهاد اليوم ترك الجهاد" "Maanta jihaadka waxaa ugu fadli badan, jihaadka oo la iska dhaafo." Dad badan ayaa arrintaa ka rumaystay.

Ingiriisku markii uu qabsaday Hindiya, Bakistaan iyo Bangaaladheesh, hal waddanna ay ahaayeen, ayaa muslimiintii ka hor yimaadeen, jihaadna ku bilaabeen. Ninkii Qaadayaani la oran jirey ayuu kireystey oo uu diintiisii ka iibsadey, wuxuuna sheegtay nabinnimo. Dadkii muslimiinta ahaa wuxuu ugu baaqay inay jihaadka joojiyaan, dawladda Ingiriiskana ay addeecaan, daacadeeduna ay waajib tahay. Qaababka sidaas oo kale ah ayey gaaladu adeegsadaan, arrimahaana waa in laga feejignaado oo la iska ilaaliyo.

Qof alla qofkii aad ka maqashaan inuu muslimiinta ugu baaqayo inay jihaadka ka fariistaan, ama tashwiishinaya waa inaad ogaataan inuu yahay qof la soo ijaartay oo cadowga islaamka dabodhilif u ah, ama waa qof waswaas qaba. Waxyaabahaa waswaaska ah waa inaad maskaxdiinna ka xoreysaan.

وصلى الله على نبينا محمد وعلى آله وصحبه وسلم
سبحانك اللّهم وبحمدك أشهد أن لا إله إلا أنت أستغفرك وأتوب إليك

www.ingramcontent.com/pod-product-compliance
Lightning Source LLC
Chambersburg PA
CBHW011613290426
44110CB00020BA/2577